教師のための 授業実践学

学ぶ力を鍛える創造的授業の探究

梅野圭史・林 修 編著

ミネルヴァ書房

はしがき

　「授業実践学」は，文字通り「授業」を研究対象とするものです。この「学」の成立の根底には，授業を創造的な営みとして視る必要があります。教えるべき内容（教育内容）はすでに所与のものであり，教える方法（教授方法）も定型化されているのであるならば，「授業実践学」は成立しません。

　確かに「授業」は，一面では「科学」「芸術」「文化・スポーツ」の研究成果に規定されていますし，他面では子どもの認識とそれまでに身につけた表現力にも規定されていることに間違いはありません。これらの要件を前提としつつ，その上で教材と子どもとが一体化していく過程（教授＝学習過程）は，きわめて創造的で人間的な行為と見做すところに「授業実践学」は成立します。ゆえに「授業実践学」は，授業一般を研究対象とするのではなく，創造的な授業（優れた授業の創造過程）と共にあります。しかも，そうした創造的な授業の主たるねらいは，子どもの学ぶ意志力を鍛え，自己の学習能力を自律的に高めていくところにあります。

　他方，これまで学校教育現場においては，「優れた授業」を生み出す実践知が経験的に実践者個々人のレベルで蓄積されてきていますし，それらの知は，総体として日本の授業実践史として蓄積されてきています。当然のこととして，それらの実践知は世代継承され，多くの教師によって反復化・再現化されてくるものです。このようにして蓄積された実践知を解釈学的（文献学的）に究明していくことがまず考えられます。しかし，これを「授業実践学」そのものと考えることはできません。なぜなら，そこで示される「授業」は，大抵の場合，遠い過去の実践であり，実際にその授業を記述・分析することができないからです。むしろ，そのような実践研究は，「授業実践学」の土台（基礎）と柱（基本）となる経験知の解明と呼べるものなのでしょう。歴史のファイルの中に仕舞い込んでほこりを被らせていくのではなく，歴史のファイルの中にどのような実践がどのように入っているのかを知っておくことはきわめて重要です。

i

ところで，わが国の授業研究は，大正自由教育時代（1920年代）に教師と子どもの逐語記録（教師と子どもの発言を文字化したもの）を作成し，その内容を内観法（分析者の経験と論理的思索による分析で，直観法とも呼ばれている）により検討したのが最初といわれています。

　その後，1960年代から逐語記録をいくつかのカテゴリーに分類し，その頻度を比較・検討するカテゴリー分析法が考案され，学校教育現場に浸透するようになりました。しかし，そこで得られたカテゴリー分析の結果は，教師と子どものコミュニケーションの様相を表現することはできても，学力の向上に資するコミュニケーションとはどのようなものかという点では難点があるとして，カテゴリーによる授業の分析的研究は下火になっていきました。

　1980年代に入って，アメリカで生まれた「プロセス（授業過程）─プロダクト（学習成果）」研究法の影響により，わが国では学習成果（Learning Products）を測る道具の開発研究が台頭してきました（筆者らが開発した「態度測定法による体育授業診断法」もその一つです）。これにより，学習成果（Learning Products）を高める教師の働きかけの研究が多方向から検討され，先達からもたらされた実践知が科学的に裏付けられてきました。その後，2000年頃から量的な授業分析を基盤に据えながら，教師と子どもの教育的関係性（教育的相互作用）を質的な側面から明らかにしようとする試み，つまり「授業の科学」から「授業の探究」へと実践研究のシフトが変わってきました。こうした「授業実践学」の中核的方法である「授業研究」の変遷により，子どもの学びの成長を主軸に「子どもにとって切実な思いを引き出す教材とはどのようなものか」や「子どもの自発的・主体的な学習行為に導く教授活動とはどのようなものか」，さらには「子どもの学習意欲を引き出し高める教材・教具はどのようなものか」など，「子どもの成長と共に歩む教師の仕事」を解明することに主眼が置かれてきました。

　これらの思索に至った背景には，「教師と子どもの教育的関係論」を初めて提唱したドイツのノール（1935）の示唆が通底しているように考えられます。彼は，「教師と子どもの教育的関係」を次のように提唱しました（カッコ内は，筆者による）。

　教育の基本は，熟達した人間（教師）の，成長しつつある人間（子ども）への情熱的関わりなのであり，しかもその人間自身（子ども）のための，つまり人間が自らの生（生きる力）とその生の形式（生き方）に至るための関わりなのであります。

　このように，ノールが提唱した教育的関係の考え方は，あまりにも熱情的であったため，当時の学校の教師たちからは敬遠され，「教師と子どもの教育的関係」を人間関係論として教育実践の周辺事項へと追いやった過去があります。

　今日，ドイツの批判的教育学の研究者（その代表的人物：モレンハウアー）をはじめとして，わが国では1990年頃から多くの研究者によって，ノールの主張する教育的関係は，「授業実践学」の中核に位置する考え方であることが立証されるようになりました（筆者もこれを立証した者の一人です）。こうした過程により，「教師と子どもの教育的関係論」は，「子どもと共に生きる教師のための授業実践学」の基軸をなす原理論として理解されるようになりました。しかし，これとて社会理念の変化や教育機器の発達さらには社会経済の変容によっては，新たな「教師と子どもの教育的関係」を創造していかなければならない状況になるかも知れません。このように，不変で本質的なものに新しい変化を挿入することで，創造的で建設的で幸福な世界を生み出していく必要があります。

　そこで本書では，学習指導の原理を考える端緒として，「第Ⅰ部　学習指導における実践知を学ぶ」と「第Ⅱ部　学習指導における実践課題を考える」の2部構成にしました。前者の論考では，「教師と子どもの教育的関係」を基軸に授業実践学の土台（基礎）と柱（基本）となる実践知を学ぶことで，先達の経験を共有したいと考えました。また，後者の論考では，第Ⅰ部で記載した数々の実践知が学習指導における今日的問題とどのように関係しているのかを検討することで，子どもの学ぶ力を鍛える学習指導のあり方を追求しました。

　読者のご批判・ご指導をお願い申し上げるとともに，本書により子どもと共に生きる先生方の創造的実践に貢献できれば幸せです。

2023年9月

梅野　圭史

iv

大切です。「子どもから学ぶ」とは，そういうことなのです。この
両者の関係の力学的構造を解説します。

　「学力」は，「学んだ力（作用＝過程：学びの足腰）」と「学ぶ力
（結果＝適用：学びのエネルギー）」の2つに分かれますが，「学び取
る能力」を形成するには，この両者を兼ね備えておく必要がありま
す。そのためには，「学ぶ力」と「学んだ力」のそれぞれを目標概
念とする学習過程を組織化し，それらを使い分ける必要があります。

　教師の教える戦略（教授戦略）は，子どもの学習過程を探り，子
どもの学習方向を定めることで，子どもを自力で学習成果に到達さ
せるためにあります。こうした教授戦略を「ゲーム理論」から策定
してみると，5つの子どもの学びを鍛える教授活動が見えてきます。
これより，多様性の教育は，教師の教授戦略にも求められてくるこ
とがわかります。

　教師が教える戦略（教授戦略）を立てて臨むのであれば，子ども
たちも学びの戦略（学習方略）を立てて臨む必要があります。その
ためには，どのような「学び方（学習戦術）」をいつ頃の子どもが
どのようにもっているのかを知らなければならないでしょう。それ
がわかると，教師は授業で学びの戦略（学習方略）を教えることが
できるようになっていくものと考えられます。

　学びの集団（学習集団）は，「集団での学び」と「学び合う集団」
の2つがあります。前者は「学習過程＝学習集団」として機能する

授業の創造を，後者は「仲間と共に教科内容を学び取るための小集団」として機能する学習過程の組織化を，それぞれ志向するものです。しかし，この両者は対立関係になく，教科・教材（教育内容）により相互補完していく必要があります。

「教材」の概念は，「分野・領域としての教材論」と「単元・題材としての教材論」の2つの立場が考えられます。前者からは「教材で教える（代理的提示）」とする考え方が，後者からは「教材を教える（提示）」とする考え方が生じます。いずれも，教科目標の到達に向かう内部事項として相互補完的に機能させる方法について考察します。

教師の実践的力量は，個々人の環境や状況に依存する実践的知識と深く関係しています。この実践的知識は，実践を通して形成される「暗黙知」によって支えられ，実践経験から学ぶ能力を高めることで熟考的で実践的な性格を帯びるようになっていくものです。では，どうすれば実践経験から「実践的知識」を学び取ればよいのでしょうか？

技術的実践と反省的実践の同時性を担保していくためには，感性的で経験的な気づきが基盤になります。その上で，授業展開時でのふり返り（授業をしながら反省する行為）と授業後のふり返り（授業を終えてから反省する行為）を習慣的に行える能力を形成していく必要があります。これらの反省的思考をいかにして高めていくのかについて考えます。

　教師が子どもたちの〈つまずき（予兆）〉に気づくためには，自身の「皮膚感覚能力」を高める必要があります。この「皮膚感覚能力」は，専門的知識を基盤に豊かな実践的知識によって磨かれていくものです。その鍵は，つまずき指導の経験の量（指導の回数）と質（成功体験か不成功体験か）を蓄積した「予想図式」の形成にあります。

　「楽しさの追求」には，「楽しさ深化型」と「楽しさ発展型」の二側面があると考えられます。つまり，「楽しさ深化型」では「自己を超越する努力」が，「楽しさ発展型」では「挑戦課題を克服する勇気」がそれぞれ要請される楽しさ追求です。この両者は往々にして反目し合う様態にありますが，これは楽しみ方の違いであって，どちらも楽しさを追求するには相当の努力が必要です。これより，両者の機能的な連結を追求していく必要があります。

　学校カリキュラムは，教科ごとのカリキュラム（タテのカリキュラム）が一般的に周知されています。一方で　教科の枠を超えた学年カリキュラム（ヨコのカリキュラム）についての関心度は低いようです。この両者を「明瞭調和（Articulation）」と「コーディネーション（Coordination）」の２つの立場から，子どもの学びを鍛える学校カリキュラムを考えます。

　学校教育の本務は，子ども一人ひとりの違いを認め，それぞれの個に応じた学習指導を展開させるところにあります。しかし，個別

化・個性化教育（1977年）は一時のブームにすぎず，むしろ法則化運動に代表されるように，現在では洗練された指導技術の適用により一斉教育がますます強化されています。そのような中で，「多様性の教育」を後押しする実践の観点を学習指導の今日的問題（Practical Issues）として示します。

学級の中には，段階指導（スモールステップ）が必要な子どもと課題解決型学習が効果的な子どもとが混在しています。また，発達に課題をもつ子どもも共に学んでいます。これらのことから，多様性への対応がこれまで以上に求められています。このとき，学習過程を編成する上でどのようなことに気をつけなければならないのでしょうか。また，個々の子どもたちへの支援の量と質のバランスをどのように取っていくことが求められるのでしょうか。

子どもたちの学びが多様化していく中，画一化した一斉指導をいつまで続けるのでしょうか？　この問題は，古くて新しい問題です。この問題を新たな視点から切り込み，その改善方途を検討してみます。具体的には，「学級」を中心とする授業形態からスウェーデンの「活動」中心の授業形態への転換を例に，「チーム学校」として個を尊重することの意味を改めて問うてみたいと思います。

個に応じた指導や少人数指導による効果的な指導として，習熟度別（能力別）指導があります。しかし，この指導法の評判は芳しくありません。また，実施教科も算数・数学科や体育科に限られる現状にあります。学校教育は，子ども一人ひとりの能力に応ずるために機能しなければなりません。習熟度別（能力別）指導を多様に活用する思慮と方途を拓きます。

学習集団の成員には,「グループ内異質―グループ間等質」とい
った異質集団と, 興味・関心別のグループ（目的別集団）や能力の
似通った者同士のグループ（能力別集団）といった等質集団の2つ
があります。後者の小集団はあまり活用されていません。これには,
学習集団を手段として利用しようとする教師の志向が関係している
ように思えます。個別指導も含めて, 学習集団を機能的に運用する
方途を考えてみます。

　　　　　〜総合学習に光！〜

「自律的学習能力」は, 未だに一部の優秀な子どもによってしか
実現されていません。昨今では, この能力の形成を企図した「アク
ティブ・ラーニング」が登場してきました。こうした学習方法の展
開は, 過去の実践経験より再び目先だけの改革に留まるのでしょう
か？　本章では「主体的な学び」と「対話的な学び」の定義を試み,
この双方を掛け合わせた「深い学びのアクティブ・ラーニング」の
実践を行い, その結果を踏まえて「アクティブ・ラーニング」のあ
り方を考えてみます。

過去, 主体的な子どもたちを育てるため, 様々な取り組みがなさ
れてきました。しかし, 依然として子どもの学習意欲の低下は止ま
りません。教科と総合的な学習に加えて道徳や外国語活動が領域か
ら教科になり, キャリア教育やプログラミング教育といった新たな
課題が湧いてきています。子どもたちの主体性を育むためには,
「学び方」それ自体を教える授業を創案していく必要があるのでは
ないでしょうか。

学校に ICT 機器が次々に導入され, 教員にもメディアリテラ
シーが求められています。多様な情報が容易に, また正確に得るこ

とができる ICT 教育はきわめて重要です。しかしながら，一方では本物に触れる機会が減少したり，苦労して体験を積む努力がなくなったりすることが危惧されます。また，映像ではわからない匂いや触覚，雰囲気（肌で感じる感覚）に触れることもできません。こうした二律背反の問題を考えます。

　「聴く・話す」活動は国語科の教育内容にとどまらず，各科教育学習の成果に大きく影響する能力の一つです。これまでの「読む・書く」活動（リテラシー）の能力を高めることはもちろんのことですが，それ以上に「聴く・話す」活動を中心とする音声言語能力は，新たな教育実践の裾野を拡げる可能性が高いものと思念します。そこで，望ましい音声言語能力とはいかなる様態なのか。また，それをどうすれば身につけさせることができるのか。教科学習をより充実させる音声言語教育を考えます。

　学校教育現場では未だに一人ひとりの子どもを看取っているとはいえない現状の中で，様々な差別や格差の問題を含んだ「多様性の教育」が加重してきました。こうした「多様性の教育」について，私たちはどれほどの実践的認識をもっているのでしょうか。インクルーシブ教育の歴史と実践から，「多様性の教育」を学んでみたいと思います。

あとがき

事項索引／人名索引

第 I 部

学習指導における実践知を学ぶ
～実践的・経験的な立場からの授業論議～

先達の実践知から学ぶ

1 「よい授業」の階層性と多面性

　私たち教師は，常時，「よい授業」を志向しているものです。それゆえ，「よい授業の姿」は年代（経験）に応じて変化し続け，定年退職する頃には何層にも積み重ねられた固有の授業観が形成されているものです。

　ここで，教師が抱く「よい授業の姿」の階層性を著者の経験知により想定してみます。

　新卒の頃は，「子ども一人ひとりを大事にし，子どもの目が生き生きと輝き，笑顔が絶えない授業がしたい」と**思う（念じる）**ものです。ここでの「よい授業の姿」は，漠然とした印象・イメージの域を脱し得ない様態にあります。

　それが，20歳終盤〜30歳代半ば（授業実践にある程度余裕が生まれてくる頃）になると，「子ども一人ひとりの違いをしっかりと認め，どの子どもにも自分の考えが発表できる授業がしたい」と**想う（思念する）**ようになってきます。このときの「よい授業の姿」は，子ども一人ひとりの違いを認識しはじめる頃です。

　そして，30歳代半ば〜40歳代半ば（中堅教師となり，校内での発言力も増してくる頃）になると，「落ちこぼれる子どもをなくし，どの子どもにも基礎学力が身につく授業ができるようになりたい。そのためには，どのような指導法を用いればよいのだろうか？」と**考える（思慮する）**ようになってくるものです。これより，「よい授業の姿」は，子どもの基礎学力の格差を認めた上で，学力差を埋める指導法の研鑽に努めるとともに，個性の違いを認め合う授業イメージにあると想像します。このような域に入ると，教授学における二律背反事項を意識する時代を迎えます。具体的には，①教えることが大切か，それとも学

ぶことが大切か（教授と学習の対立），②学ぼうとする意欲・態度が大切か，それとも学んだ結果が大切か（形式的陶冶と実質的陶冶の対立），③この子か，それともみんなか（統合と分化の対立），④有能性を高めることが大切か，それとも人間性を育むことが大切か（陶冶と訓育の対立），⑤わかることが大切か，それともできることが大切か（認識と練習の対立）などです。これより，30歳代半ばから40歳代半ばの10年間は，プロ教師としての人生を決定する時間といえそうです。

　その後の教師人生は，管理職を志向する教師，一般教員を定年まで志向する教師，教育委員会での活動を志向する教師など，多岐にわたっていきます。こうした多様な働き方の中で，学校マネジメントを全体的に捉える必要性と保護者対応の重要性を認識していく点は共通していきます。こうした背景から，学校教育現場の苦悶を払拭する示唆が研究者の提示する学理論から得られることが少ないと感じるようになり，現場の実体に即応した実践論（先達の実践知）を志向する傾向が認められます。このような状況から，これまで思慮してきた二律背反事項の問題解決は遠ざけられ，「よい授業の姿」のイメージを固定化する教師と多様化する教師とに二分化されていくように思われます。前者の教師がもつ「よい授業」の代表的イメージは，教師中心の管理的授業（一斉指導による教育技術の発揮）の重視であり，後者の教師のそれは，子ども一人ひとりで異なる個性を容認する自由主義的授業（個別指導を中心とするフリースクール型）の重視です。その後，これら2つの実践イメージを中核に自身の経験知を付加させ，多様な実践理念が形づくられていく，いわば「信念の拡散化」が生じていくように見受けられます。

　一方で，30歳代半ば〜40歳代半ば頃に「子どもと一日楽しければ，それで十分」というポピュリズム化した授業観を形づくる教師も見受けられます。これは，専門職としての教師を逸脱した思想といえます。なぜなら，「教師と子ども」の関係を教育的関係論として思慮するのではなく，人間関係論として対応しようとしているからです。このような思想をもつ教師が意外と多いことに驚かされます。と同時に，こうした教師の多くが若い頃から人一倍に子ども一人ひとりを大切にした授業をめざしていた教師であった場合が多く，皮肉な現状になっています。

　これまで教師の成長過程を経験的に述べてきました。異論のある方が多いと

想像しますが，それだけに「よい授業の姿」は階層性と多面性を有しているということなのです。

　いずれにしても，確かな「よい授業の姿」の形成は，充実した教師人生を過ごさせてくれる原動力であり，その原動力を心底から湧き立たせているのが「教師と子どもの教育的関係」にあるということは確かな授業原理といえるのではないでしょうか。

2　教師と子どもの教育的関係の歴史的背景——ドイツ語圏を中心として

　「教師と子どもの教育的関係」は，これまで対立するもの，あるいは背反するものとして捉えられる場合がほとんどでありました。平たく言えば，〈教師が出ると，子どもは引っ込む〉という関係として考えられていました。

　では，どうすればこの両者を有機的に結合させることができるのでしょうか。この問題は，古くはコメニウス（1975）をはじめとする近代授業論時代（学校が機能しはじめた1650～1850年）の中で真正面から取り上げられてきましたが，未だにその合意を得ていません。

　ドイツ語圏における近代授業論時代では，「教師と子どもの教育的関係」は，"一対一"として向かい合う関係であるという前提に立って考えられてきました。したがって，授業を構成するもう一つの要因である「教材（学習内容）」は，教える側である教師に内在するものとして考えざるを得ませんでした。

　一方，「教授と学習」の統一という観点からみると，子どもたちの自発性や活動性の重要性を打ち出しても，ヘルバルト（1974）のように「有徳の人」の実現に向けての知識・技術の学習を前提にしての問題（相対的教授者優位の立場）であったり，ペスタロッチ（1989）のように学習者の立場を重視するあまりに学習目標が不明瞭になったりする（相対的学習者優位の立場）といった具合に，教授・学習の相対的な揺れが認められます。

　総じて，近代授業論においては，「教授と学習」を総則的な関係から弁証法的な関係として自覚していった時代でありました。しかし，「教材」に対しての意識が希薄であったために，「教師と子ども」の教育的関係の学理論的な追求が遅延することになりました。

　その後のドイツ語圏では，近代授業論での論争を引き継ぐ形で現代授業論（ヘーゲル哲学の崩壊を境とする1850年〜現在）へと突入します。すなわち，近代授業論で展開された論理は，総じて思弁的な域を脱し得なかったために，そこでの主たる問題意識は，「子どもの内的自然（今日でいう発達の概念）というものがあるとすれば，それは一体どのようなものなのか？」というペスタロッチやルソー（1982）の理論の確証を摑む方向と，「歴史・社会には法則性（普遍的な社会的規範）が存在するのか？」というシュライエルマッハー（1972）らの社会学に対する理論的根拠を究明する方向の２方向でありました。これらの問題意識は，心理学と社会学の学的発展に大きく寄与することになりました。さらに，哲学分野の急速な変化とも相まって，教育の世界においても，その学問性や科学性が論議されるようになり，教育学における課題が教育科学論争に集中することになったわけです。

　そのような中で，「教師と子ども」の教育的関係の学理論的な追求は，「教師の指導性と子どもの主体性」の関係に関する論議に焦点化されていきました。これは，現代授業論前期（1850〜1950年，第二次世界大戦終焉）における「改革教育学」運動と「文化教育学」運動の論争において活気づいてきます。すなわち，子どもの学習行為は，「自発性」にもとづく学習から「主体性」に支えられた学習へと発展・移項させることが望ましいとする見解での一致をみるようになったのですが，これを保障し高めていく「教師の指導性」に関しては，文化（財）との出会いを積極的・意図的に教師が仕込むか否かで大きな異なりをみせたのでした。この時点から，「教師の指導性と子どもの主体性」の関係は，「子どもと文化」といった教育学における二律背反事項と見做されるようになりました。その後，ノール（林，1982）の「自律的教育学」の構想において，「教師の指導性と子どもの主体性」の内奥に存する「教師と子どもの教育的関係」を教育学の中核に位置づける考え方が登場してきます。しかし，ノールが定義した「教育的関係」がきわめて情緒的で情熱的であったため，教育現場の教師たちに受け入れられませんでした。これにより，「教育的関係」論は，総じて人間関係論として狭義な意味へとすり替えられ，教育学における研究対象の周辺に位置づけられてしまうことになりました。

　しかし，現代授業論後期（1950年〜現在）では，第二次世界大戦における敗

戦を契機に「教師の指導性と子どもの主体性」の関係は，根底から見直されることになりました。すなわち，ボルノー（1973）を中心に「人間（子ども）は生まれながらにして諸々の文化土壌にどっぷりと浸かっているとする想定の再認識から出発する必要がある」とする考えが生じ，幾多の根本的二律背反を包み込んだ「実践」そのものを省察の基盤に据えるようになりました。これによって，「教師と子どもの教育的関係」は，「教師の指導性と子どもの主体性」の関係を包括すべき教育学の中心的課題と見做されるようになりました。とりわけ，モレンハウアー（1993）の教育論において，この問題は真正面から取り扱われるようになり，「教師と子ども」の関係が「権威と服従」の巣窟となっていた「主体―客体」関係を，「愛と信頼」に支えられた「主体―主体」関係へと転換させたのであります。この背景には，子どもたちの自己活動を保障する「場」の形成こそが，教育学における根本的二律背反の問題を解消していく基底であるとする認識が流布しています。それゆえ，具体的な授業実践において，子どもの自己活動をかき立てる「場」をいかに形成するかが今日的課題となってきたのです。

3　実践的・経験的な立場からの授業論議

　以上のことから，本書第Ⅰ部では，「よい授業」の姿の形成に不可避な「教師と子どもの教育的関係」を基軸に，現代授業論後期（1950年〜現在）における「授業論（教師論も含む）にみる実践知」を追求したいと考えました。これがためには，先人たちが繋いできた歴史的文脈の中に「いま―ここ」に居る自分を自覚しながら，未来を方向づける必要があります。このとき，次のような2つの時間感覚が指摘されています（片岡，2000）。1つは「現在感覚」であり，もう1つは「現実感覚」です。前者は，現在（いま―ここ）が過去と未来とを切り離した感覚であり，歴史性や将来性とも離れているものとされています。これをわかりやすく表現すると，「今が楽しければ，それでいいのです」「過去なんて，未来なんて関係ない。私には，今が大事！」であります。これに対して後者は，現在（いま―ここ）を過去との繋がりから未来を見通す感覚で，瞬間的な出来事を通してではなく，循環し反復する出来事を通して獲得される多

次元的空間の認識であるとされています。

　本書では後者の時間感覚に立脚し，授業の実践知（Practical Wisdom）を論議したいと考えています。つまり，「よい授業」の思念に関する歴史的文脈を文献学的に検討し，現在（いま―ここ）の授業論に繋げていく作業に努めたいと考えています。具体的に授業の実践知をどのように論考し，導出していくのかについての観点は，以下に示す通りとしました。

① 　子どもの自己活動をかき立てる「場」の論理の立場から，「よい授業」の構造を授業の三要素（教師，教材，子ども）による力発現の様相から論及する。　　　　　　　　　　　　　　　　　　　　　　　　**（実践知1）**

② 　「教師と子どもの教育的関係」の歴史的経緯を踏まえ，「教師の指導性と子どもの主体性」の関係を構造的に検討する。具体的には，「教師が教材と同化した授業」と「子どもと教材が一体化した授業」の構造と性格について論及する。　　　　　　　　　　　　　　　　　　　　**（実践知2）**

③ 　「子どもの主体性」を引き出す学習指導のあり方を最適化論の立場から検討する。具体的には，広岡亮蔵の学力論を考察視座に，「子どもの主体性」を担保する「教師の指導性」を学力の二重構造に即してシステマティックに論及する。　　　　　　　　　　　　　　　　　　**（実践知3）**

④ 　「教える―学ぶ」関係を担保する戦略・戦術論を展開させる。つまり，1つは，「子どもの主体性」を引き出す教授戦略（教え方）をゲーム理論の立場から，もう1つは，子ども自身が「主体性」を発揮したり高めたりする学習戦略（学び方）を学習方略論の立場から，それぞれ論及する。
　　　　　　　　　　　　　　　　　　　（実践知4）（実践知5）

⑤ 　「教師の指導性と子どもの主体性」の関係に強く影響する「学習集団」の構造と機能について検討する。具体的には，過去の「学習集団論争（吉本―大西論争）」を批判的に検討し，「よい授業」を実現させる「集団での学び」と「学び合う集団」のそれぞれ働きとその実践について論及する。　　　　　　　　　　　　　　　　　　　　　　　　　**（実践知6）**

⑥ 　「教師の指導性」と「子どもの主体性」の架橋するのが「教材」である。この「教材」の捉え方の教授学的変遷を検討し，「学習の直接的対

7

象」としての教材論を論及する。　　　　　　　　　　　　　　　（実践知7）

⑦　教師の「実践的力量」を教師教育の立場から考察する。具体的には，まず教師の「実践的力量」を「実践的知識」との関係から検討し，「ふり返り（反省的思考）」の働きと「子どものつまずきに気づける教師」についてそれぞれ論及する。　　　　　（実践知8）（実践知9）（実践知10）

⑧　上記①～⑦までの論議を現実的に授業実践の俎上にあげていくためには，旧態依然とした学校観では困難な点がかなり認められる。そこで，これを乗り越えていくための論議を2点提示する。1つは「楽しさ追求」の教育価値性についてであり，もう1つは「学校カリキュラム」の自立性についてである。前者では，「楽しさのフロー」（チクセントミハイ）を感受する2つの楽しみ方を実践的・経験的な側面からに論及する。後者では，教科内における「タテのカリキュラム」と教科間における「ヨコのカリキュラム」との関係から学校カリキュラムの自主編成について論及する。　　　　　　　　　　　　　　（実践知11）（実践知12）

　以上，第Ⅰ部で論議する8つの観点を示しました。これらの論議が読者である諸先生方の創造的な実践に少なからず役立つことを願っております。

文献

ボルノー，O. F.（1973）『対話への教育──ボルノー講演集』浜田正秀ほか（訳），玉川大学出版部。

コメニウス，J. A.（1975）『大教授学1』鈴木秀勇（訳），明治図書。

林忠幸（1982）「H. ノール　民衆の立場に立つ教育学者」，天野正治（編）『現代に生きる教育思想5　ドイツ（Ⅱ）』ぎょうせい。

ヘルバルト，J. H.（1974）『教育学講義綱要』是常正美（訳），協同出版。

モレンハウアー，K.（1993）『忘れられた連関──〈教える―学ぶ〉とは何か』今井康雄（訳），みすず書房。

ペスタロッチ，J. H.（1989）『基礎陶冶の理論』東岸克好・米山弘（訳），玉川大学出版部。

ルソー，J. J.（1982）『エミール1』長尾十三二他ほか（訳），明治図書。

シュライエルマッハー，F. D. E.（1972）『国家権力と教育』梅根悟・梅根栄一（訳），明治図書。
　　　　　　　　　　　　　　　　　　　　　　　　　　　　（梅野圭史）

授業の場の力の関係性

~一体的・共同的な存在としての教師・教材・子ども~

1-1　授業の「場」の構成——力の均衡を求めて

　授業は，一つの「場」と考えられます。しかし，「場」は目には見えません。これに対して，「場所」は客観的に位置づけられ，目にも見えるものです。例えば，校舎3階の6年2組の教室は「場所」ですが，その教室の「場」の雰囲気は目には見えないものです。そこでの雰囲気は，教室に居る「教師と子ども」あるいは「子どもと子ども」の関係（相互の力関係）の具合によって醸し出されているものです。

　この点に関して，澤瀉久敬（1974）は，「場」を構成する「力」の性質について，次のように述べています。

　　　生の範疇は力である。力は時間と空間，物質と精神を可能にする根源的な生の範疇である。力は余りにも根源的であるために，それを分析すれば必ず部分的な抽象に陥る。その抽象を敢行し，その分析を通して生の全体を再統合する時，生の論理としての生の哲学は成立する。力を根本的に特色づけるものは，action-passion である。action-passion は，二つの corpus（C_1 C_2）の間に成り立つ関係である。力の担体は三次元的な拡がりをもつ物体であり，少なくとも二つの物体が無ければ力は成立しない。しかしながら，ただ C_1 C_2 が存在するというだけでは力の現象とは言えず，両体の関係において力は成立する。そうしてその関係が能動—受動という関係なのである。

　これより，授業は「教師」「教材」「子ども」の三者の力（force）がぶつかり

合う「場（field）」と考えることができます。このとき，力の担体（何らかの役割を担った要素）は三次元的な拡がりをもつ物体（コルプス：corpus）であり，少なくとも２つの物体間に関係性が成立していなければ生まれないといわれています。この論からすれば，授業の「場」は，「教師―教材」「子ども―教材」「教師―子ども」という３つの関係性から発現する力のぶつかり合いということになります。

　一般に，ある構成要因（例えば，教師）が力を能動的に発揮しているとき，他の構成要因（この例では，子ども）は受け身となります。つまり，場の力は「能動態―受動態」の関係で発現されるものなのです。このことから，力の均衡は構成要因間における力の発現が交互にかつ均等に展開されたときということになります。このようにして，授業の三要素間の力が均衡したとき，その授業は教師にとっても子どもにとっても共に"いま―ここ"を生きる場になってくると考えられます。これを，上田薫（1982）は「拮抗せる場（一つの例として，教師も子どもも真剣に考え込んで生まれる"沈黙"を挙げることができます）」と称しました。

　授業における拮抗は，教科の考え方からみた論理的側面と子ども同士での対立といった心理的側面とに分けることができ，両者の"拮抗"の意識が"いきいきした動き"や"切迫感"を生み出すと述べています。つまり，〈教授過程（教師の教える過程）≠学習過程（子どもの学びの過程）〉の状態を積極的に受け入れ，何とかして〈教授＝学習過程〉に仕立て上げていくところに授業の妙味があるということなのでしょう。そして，〈教授≠学習過程〉から〈教授＝学習過程〉に移る授業の転換点として「緊迫せる沈黙の時間（充実せる空白）」を挙げています。これは，教師が教材の本質に触れさせる問いを子どもたちに投げかけたとき，真剣に悩む子どもたちの沈黙を指していると思われます。さらに上田は，教材を通しての指導目的の追及（教師の論理）と教材と対決している子どもの問題追及（子どもの論理）とが同質になるようにすべきであるとする考えから，学問・科学を生きた動的なものとして把握すること（教材に内包されている知識や技術はつねに変化するという意味。例：現在，50年前のバスケットボールのルール・マナー・戦術・技術を教えていますか？）が授業の出発であるとも述べています。

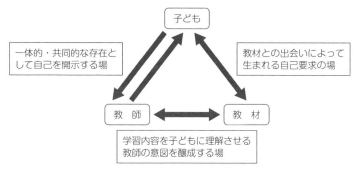

図1-1　授業の場における力発現の様相

出所：梅野，1998

　図1-1は，「教師」「教材」「子ども」の三方向の力発現の様相を示したものです。以下，2つの構成要因間の力の発現様相について考えてみます。

1-2　「教師─教材」関係における力の均衡

　この関係における主要な力発現は，指導計画の立案にあります。つまり，教師側からは教材を通して何を学び取らせるのかを志向させ，教材側からは教材それ自体の面白さや魅力を発動させます。これにより，ここでの関係は学習内容をどのように取り出し，それを子どもたちにいかにして理解せていくかという教師の意図が醸成されていく場と解せられます。

　具体的には，教材に内包されている学習内容を理解させるためにはどのような課題（めあて）があるのか，またそれらをどんな順序で学ばせばよいのかとか，それぞれの課題（めあて）を解決していくための教材や教具にはどんなものがあるのかなど，単元計画を具体化していく方略を思案する場なのです。こうした作業によって，教師は実際の授業展開のイメージが明確になっていきます。これにより，気まぐれで無軌道な教授活動（実際に目に見える形で行われる教師の活動）を防ぐのに役立ちます。それゆえ，「教師─教材」関係は授業を"デザイニングする場"ということになります。ここで，もし教師が教材の面白さや魅力を軽視したり，教師が自分にとって都合よく内容を歪めたりすると，"デザインされた場所"は子どもにとっては「つまらない学びの場」と化して

しまいます。それだけに，教材に対する教師自身の心持ちが大事になってきます。つまり，教材との出会いで子どもに是非とも教えたいとする心のときめきや感動が教師に生まれたかどうかであります。こうした教師の心持ちが教材の開発や選択の原動力になってくるのです。教科書の順序にしたがって順々に教材を教えるということでは，教師にとっても子どもにとっても共に"いま―ここ"を生きる場にはなり得ないでしょう。教材を開発したり選定したりする行為は，教師の生きざまを反映した教授行為といってよいのではないでしょうか。

1-3 「子ども―教材」関係における力の均衡

　続く「子ども―教材」関係における交互作用は，教材側からは教材がもつ面白さや魅力を発動させ，子どもの側からは感じ方・考え方・行い方といった個々人で異なる認知スタイルから生まれる自己要求（楽しみ方，学び方），すなわち子どもにとっての学びたい動機と内容を発動させることになります。つまり，教師が単元開始時に提示した教材に対して，「こんなことが知りたい，わかりたい，できるようになりたい。そのためには，どうすればよいの？　先生，教えて！」といった子ども一人ひとりで異なる学びの動機や内容から生じる自己要求（自己欲求ではありません）の発生です。これは，小野（1971）が指摘する「主体的な関心の表現」，もしくは「問題意識の表現としての問い」に他なりません。

　このように，子どもによって教材に対する自己要求（楽しみ方，学び方）が異なっているため，教師がある一つの課題（めあて）を提示し，その解決を学級全体で展開させていくやり方は一考に値することでしょう。なぜなら，そこでの課題（めあて）は，一部の子ども（たいていは，能力の高い子ども）に適していても，そうでない子どもには，その必然性や意味が理解できないからです。それ以上に，どの子どもにも教材の面白さや魅力を味わわせていくためにはどうすればよいのかということの方がより難しい問題です。

　これらのことから，一人ひとりで異なる楽しみ方や学び方を保障しつつ，どの子どもにも教材がもつ面白さや魅力を感得させるにはどうすればよいのかがきわめて重要な授業実践の問いであることに気づきます。この問いを解決して

いく前提として，子どもの拡散的で多面的な生活様式（一人ひとりで異なる生活のしかたの違い）をなんとか共有化させる授業の工夫が必要となります。そのためには，「子ども─教材」関係で生まれる子どもたちの主体的な問題意識の表現としての"問い"を教師がどれだけ浮き彫りにすることができるかにかかってくるものといえましょう。

1-4　「教師─子ども」関係における力の均衡

　残る「教師─子ども」関係における力の交互作用は，これまでの2つの力発現が直接ぶつかり合う様相となります。このとき，「教師─教材」関係の力発現の様相は子どもには見えないものであり，逆に「子ども─教材」関係における力発現の様相は教師には見えないものです。これらは共に，稲垣・佐藤（1996）のいう「見えない実践」に相当することから，いずれの関係においても「見える実践」への変換が重要になってきます。すなわち，教師は教材の力を子どもに見えるようにしなければなりませんし，子どもは教師に自分たちの要求を示す必要が出てきます。このことから，「教師─子ども」関係における力発現は授業の中核的な場ということになります。それゆえ，ここでは教師と子ども双方のコミュニケーションの確立が不可欠であり，両者の人格が交じり合った一体的で共同的な存在（教師と子どもとが一緒になって，よい授業を創り上げる存在）として自己を開示すること（自分を素直に表現すること）が望まれます。言い換えますと，ここでの関係では，「目的（めあて）─手段（方法）」関係が交互にしかも共時的に展開されることが重要になってきます。これは，教師と子どもの教育的関係を「主体─客体（教える者─教わる者）」関係から「主体─主体（教える者─学ぶ者）」関係へと捉え直すことの大切さを意味しています。このような「主体（教える）─主体（学ぶ）」関係としての教師と子どもの教育的関係を「教育的相互作用」（Mollenhauer, 1972）と呼び，今日の世界的な関心事であると同時に現代教育学の研究課題でもあります（森田ら，1992）。

　ところで，授業過程は，一般に「課題（めあて）の形成過程」と「課題（めあて）の解決過程」とに大別することができます。

　「課題（めあて）の形成過程」における主目的は，課題（めあて）のもつ必然

性や意味を明確に理解させるところにあります。いわゆる，各人や各グループ
での〈目的（めあて）―手段（方法）〉関係を明確にしていく作業であります。
この作業は，一人ひとりで異なる問題意識を仲間同士でなんとか共有化させて
いこうとする学びの行為を要請します。つまり，他の仲間がどのような感じ
方・考え方・行い方をしようとしているのかを互いに知ろうとする行為です。
そこでは，自分の感じ方・考え方・行い方が仲間とどの程度に異なっているの
か，また外れているのかを知ろうとするのです。いわゆる，「他者志向による
自己理解」であります。

　これに対して，「課題（めあて）の解決過程」における主目的は，教師の指導
的評価と仲間からの励まし・支援によって課題（めあて）を解決し，結果とし
ての知識や技術，さらには愛好的態度（その教科の授業の好き嫌いの心意傾向）を
高めるところにあります。このとき，「課題（めあて）の形成過程」において課
題（めあて）の共有化が図られていない場合，課題解決は特定の子どもによっ
てのみもたらされることになります。

　高橋ら（1992）は，エキスパートな教師の「相互作用」として，５つの教師
行動を認めています。それは，「発問（分析的：どうして，なぜ）」「受理（傾聴：
うん，なるほど）」「励まし（なるほどいい考えだね，がんばって）」「肯定的フィー
ドバック（いいね，うまい，うわあ，きれい）」「矯正的フィードバック（次はこう
すればいいよ，こんなふうに考えられないかな，これ間違っているよ）」です。前者３
つの教師行動は主として「課題（めあて）の形成過程」において，後者２つの
教師行動は主として「課題（めあて）の解決過程」においてそれぞれよく活用
される傾向にあります。

　ここで前者３つの教師行動を見てみますと，子どもたちが抱いている様々な
問題意識を教師が詮索したり，論拠を求めたり，確かめたりする手法を含みも
っていることを示しています。また後者２つの教師行動は，「褒めて直す」「直
してから褒める」などの手法により，課題（めあて）の自力解決を志向してい
ることを示しています。

　いずれにしても，高橋らの結果は，「課題（めあて）の形成過程」を重視する
教授活動の意義を教師行動の側面から支持したものといえます。

　これらの事実から，課題（めあて）の必然性や意味を理解させることに力点

を置いた「課題（めあて）の形成過程」を重視した教授活動は，「教師―子ども」関係における力発現の均衡を保たせる本質的な要件であるものと考えられます。

　以上，授業を構成している3つの力（教師，教材，子ども）を均衡させるためには，「教師―子ども」関係で発現される双方のコミュニケーションを一体的・共同的に展開させることがもっとも重要であることがわかると思います。とりわけ，課題（めあて）の必然性や意味を理解させることに力点を置いた「課題（めあて）の形成過程」を重視することの大事さがわかって頂けるものと思います。しかし，こうした教師の働きかけを円滑に発揮するためには，他の2つの関係力を十分に担保しておくことが大切です。すなわち，1つは，教材に内在されている学習内容を子どもたちが学び取れるように課題（めあて）を指導計画に反映させることであり，もう1つは子どもと教材との出会いからもたらされる「問いの構成」を保障することであります。とりわけ，後者の関係は，教師には見えない世界であるだけに，つねに「子どもを探る構え」が教師に要請されます。これは同時に，学習内容を子どもに学び取らせる教師の翻訳的思考を強化させることでもあります。このことを，社会科・合科の実践者で筆者の実践の師である長岡文雄（1977）は，次のように述べています。

　　教育は，教師と子どもとの，くったくのない生き方のなかに成立していく。生きる厳粛さも，その関係の中でこそ共感できる。自然に呼吸が合い，信じ合うことができれば，ゆとりが出てくる。教師らしく構えなくても，子どもは教師を尊敬するはずである。教師である前に，"人間であることに徹すること"が大切だと思う。教師は職業意識が強すぎて，たえず子どもに何かを教えようとしたがる。子どもが迷惑していることがわかっても，"これだけは教えたことにしないと自分の責任は果たせない"と，子どもを自分につき合わせてしまうことさえある。"本当の教育とはどういうものか"と，原点に立ち返って考えてみる必要がある。教師は，教師であるという思い上がりをやめて，子どもと共に，人間として生きることを学ぶべきであると思う。そうするとき，子どもたちは，自分の本音を出してく

る。そして，教師のそばに集まる。……（中略）……私は，子どもたちと
裸になって学び合える教師になりたい。そして，子どもたちの願いが，い
つも聞こえるような耳をもちたい。

　この長岡の実践哲学は，授業の場の力を均衡させる授業論を支える教師の信
念と考えます。

文献

稲垣忠彦・佐藤学（1996）『授業研究入門』岩波書店，90〜99頁。

長岡文雄（1977）『子どもの力を育てる道筋』黎明書房，219〜220頁。

Mollenhauer, K.（1972）Theorien zum Erzuehungsproze - Eine Einfuhrung in erzie-
hungewissenschaftliche, Fragestellungen, 3. Aufl., Munchen: Juventa Verlag.
Ss.64-69.（モレンハウアー，K.（1972）『教育過程の理論』）

森田尚人・藤田英典・黒崎勲・片桐芳雄・佐藤学（編）（1992）『教育研究の現在』世
織書房，115〜160頁。

小野慶太郎（1971）『知識活動の場』理想者，19頁。

澤瀉久敬（1974）『個性について』第三文明社，109〜138頁。

高橋健夫・岡沢祥訓・中井隆司・芳本真（1991）「体育授業における教師行動に関す
る研究──教師行動の構造と児童の授業評価との関係」『体育学研究』36（3），
193〜208頁。

上田薫（1982）『学力と授業』黎明書房，127〜134頁。

梅野圭史（1998）「課題解決的学習の考え方と授業実践」『戦後体育実践論』第3巻，
創文企画，253〜266頁。

（梅野圭史）

実践知 2 教師と子どもの教育的関係
~教師は教える人，子どもは学ぶ人~

2-1 「教師と子ども」の教育的関係——ノールの教育的関係論

　「教師と子ども」の教育的関係の成立と必要性を世界的に明示したのは，ドイツのヘルマン・ノール（Nohl, H.）です。ノールは，「教育の基本は，熟達した人間（教師）の，成長しつつある人間（子ども）への情熱的関わりなのであり，しかもその人間自身（子ども）のための，つまり人間が自らの生（生きる力）とその生の形式（生き方）に至るための関わりなのであります」（Nohl, 1935）と規定し，教育的関係を「教育者の被教育者に対する人格的関係」と定義しました。その上で，高久清吉（1996）によれば，ノールは以下に示す 3 点を教育的関係の中身としました。

　　① 　成人と若い人との間の教育的関係は，あくまでも「若い人間のため」にだけあるのであって，親のためにも教師のためにもあるものではない。ましてや，この他のどのような目的のためにもあるものではない。
　　② 　教育的関係は強制によって引き起こされるものではなく，自発的な相互作用の関係である。
　　③ 　教育的関係の中で生まれる成人と若い人間との結びつきは，教師としての成人の側からみれば，その始めから一時的なものと見なされ，若い人間がこの結びつきからだんだんに離れてひとり立ちしていくような形で作り上げられなければならない。

　こうした思索は，ともすれば知識や技術の習得によってもたらされる「有能性」の教育が「人間性」の教育よりも強く立ち現れることを危惧したからだと

17

考えられます。そのため，ノールは，子どもの生きる力の育成と文化財としての知識や技術の習得を両立させる方途を，子どもの側に立った教育的関係論によって乗り越えようとしたのです（坂越，1988）。具体的には，ノールは教材を媒介にして行う教育的営為である教師の働きかけ，つまり教師の直接的な子どもへの働きかけ（相互作用）が学校教育において中心的位置を占めなければならないと考えたのです（林，1982）。

　こうした教師の直接的な働きかけを重視する考え方は，菊池（1979）によれば，〈母と子〉〈父と子〉といった親子関係を基盤に，〈一対一の向かい合う関係〉として位置づくと述べています。逆に言えば，緊密で情熱的な教育的関係を成立させていくためには，〈母親の愛と父親の権威〉の両方が必要であり，子どもの側からは〈信頼と従順〉が求められることになります。

　では，こうした古典的な教育的関係をなぜ表面化させ，「教師と子どもの教育的関係」を教育実践学の中心的課題に据えようとしたのでしょうか。これには，同時代に活躍していたブーバー（1992）の『我と汝』の思想がノールの「教育的関係」論に何らかの影響を及ぼしているものと考えられます。ブーバーはいいます。

　　　生徒の存在の内における最上の可能性の実現を助けるためには，教師は生
　　　徒を，潜在しているものと顕在しているものとを合わせ持つ固有な人格と
　　　して思念しなければならない。──より正確に言えば，教師は生徒を，
　　　様々な特性や，性向や，抑制の単なる総和として知るのではなく，生徒を
　　　一つの全体として感得し，生徒を一つの全体であるものとして肯定しなけ
　　　ればならない。

　林（1982）は，ブーバーの「潜在しているもの」と「顕在しているもの」のそれぞれの観点から子どもを看取るとする考え方は，ノールの「現実主義的見方」と「理想的見方」との双方が教育的関係に反映されていなければならないとする考え方と対応すると指摘しました。つまり，「現実主義的見方」は子どもの今ある現実を認識する「顕在しているもの」の把握として，「理想的見方」は子どもがいかにあるべきかを思念する「潜在しているもの」の把握として，

それぞれ対応するものと考えました。これら2つの側面からの子ども理解は，先の菊池と同様に，母（現実主義的見方）と父（理想的見方）のそれぞれの側面からの子ども理解そのものであり，「愛と信頼（母的な側面）」「権威と服従（父的な側面）」というきわめて情緒的で熱情的な性格をもっていたものと考えられます。

　当時のドイツでは，こうした情緒的でしかも熱情的な「教師と子どもの教育的関係」は，一般の教師には荷が重すぎる負担と感じられ，学校教育現場ではノールの「教育的関係」論は拒絶されるに至りました。さらに加えて，ノールの示す「教育的関係」論は，教師と子どもの"対立""軋轢""緊張"といった負の関係性をいかにして克服していくのかについて何ら触れておらず，現実離れした理想論にすぎないものと考えられました。その結果，ノールの主張は「人間関係」論の一つとして見做されるようになり（高久，1990），ノールの「教育的関係」論は，教育実践学の中心的課題になり得ないものと見做されるようになったのであります。

　いずれにしても，その後，享年80歳（1960）でその生涯を閉じるまで，ノールは「教育的関係」についての見解を披瀝した論文をまったく発表していませんし，講演も行っていません。ドイツにおける「教育的関係」論の展開は，ノールに後続する諸々の立場の教育学者の手に委ねられたわけであります。しかしこのことは，戦後ドイツ教育学の動向全体を論じること以外の何物でもないと指摘されるほど（助川，1996），今日ではノールの「教育的関係」を教育実践学の中核に据える論理構成を希求するに至っています。

　本節では，ノールの「教育的関係」論を支持しつつ，前節の〈授業の場の力の関係性〉にもとづいて，「教師と子どもの教育的関係」を考えてみたいと思います。言い換えますと，ノールは現実の授業の様態を否定しているのではなく，教育実践における負の問題を「人間（教師）と人間（子ども）」関係を基盤に乗り越えてほしいとする想いがあったものと筆者は想像します。これを一言で表現するならば，「教える―学ぶ」関係の樹立です（モレンハウアー，1993）。

2-2 「教師＝教材」関係を基盤とする授業にみる教育的関係

　前章の「授業の場の力の関係性」では，「教師─子ども」関係における力発現がもっとも重要な場であり，その交互作用は互いの「見えない実践」を「見える実践」にしていくコミュニケーションが大事であることを指摘しました。すなわち，教師は教材の力を子どもに見えるようにしなければなりませんし，子どもは教師に自分たちの要求を示すことの必要性です。これより，教師と子どもの相互作用は，前者のコミュニケーションを重視する立場による授業実践と後者のコミュニケーションを重視する立場による授業実践とに大別することができます。

　この項では，教師が教材の力を子どもに見えるようにする立場（教師と教材が同化した関係，教師＝教材）における教育的関係について考えてみたいと思います。

　図2-1は，教師と教材が同化した関係（教師＝教材）を構造化したものです。つまり，教師の指導性は，子どもの主体性を教材との出会いによって引き出し，彼らを目標に到達させるところに特徴のある教師主導型の授業です。こうした関係による授業は，ほとんどの教師の授業スタイルの中に見られるものです。しかし，このタイプによる「よい授業」の実践は，きわめて困難な要件を具備しています。すなわち，子どもから教師（＝教材）を見た場合，教師は教材そのものに見えることになるため，次の3つの要件が教師に備わっていないと，教材である教師に子どもが積極的にぶつかっていきません。それは，①教師に人並はずれた人間的魅力があること，②深い教材解釈力の持ち主であること，③学級集団を一つの学習集団として組織・運用できることであります。その上で，これら3つの要件をすべて合わせもっていない限り，子どもは教材である教師にぶつかってはいかないと考えられます。つまり，教師に人間的魅力が欠如していると，教師と子どもの関係は対立したり，諦めの感情に支配されたりした授業になるでしょう。また，教師の教材解釈が乏しいと，子どもの課題解決が困難となり，学習の這い回り現象が生じやすくなります。加えて，学習集団を組織・運用する能力が乏しいと，子ども同士の学び合いの習慣が形成され

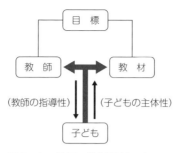

図2-1　教師＝教材関係における
教育的関係

出所：梅野，1998

にくくなり，個々人の勝手な学習が助長されやすくなってきます。

　これらのことから，上記3つの要件のいずれかが欠けても，授業の雰囲気は重く暗いものになることになります。これを避けようとすれば，教師は「権威」をもって子どもを押し込めるか，逆に子どもたち自身による教師の欠点を補完させるしか方法は見当たりません。前者の様態が画一した教え込みの授業ですし，後者の様態が安易な自由放任の授業なのです。いずれも，子どもたちの自発的・主体的な学習行為の形成は難しくなることは自明です。

　次に，3つの要件がすべて備わった教師による授業では，子どもの自発的・主体的な学習行為は生まれてくるのでしょうか。

　確かに，上記3つの要件を具備していると，子どもは「教材である教師」に立ち向かっていくことでしょう。こうした教師の典型として，筆者は，斎藤喜博（1911〜1981年）の実践を挙げたいと思います。彼の実践は，誰にでもできるというものでは決してなく，むしろ3つの要件を教師がすべて具備していると錯覚（勘違い）すれば，「目標」に向かって子どもを教師のペースに引きずり込んでしまいやすく，結局は子どもの自発的・主体的な学習行為を阻害することになります。要するに，子どもの発言を手玉に取って "いい気になっている教師" なのです。

　他方，なぜ上記3つの要件のいずれかが欠けても，画一した教え込みの授業か，安易な自由放任の授業になってしまうのでしょうか。

　これには，教師と教材が同化した関係（教師＝教材）においては，図2-1に

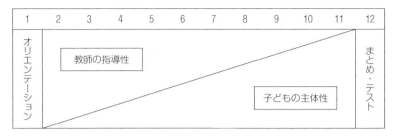

図 2-2　単元計画にみる「教師の指導性」と「子どもの主体性」の調整関係

出所：筆者作成

示しているように「教師の指導性」と「子どもの主体性」が同一のコミュニケーション場面（双方向の矢印部分）でしか発揮のしようがないという構造上の問題があるからです。つまり，図 2-1 の構造でのコミュニケーション場面を教師が取り込むと「教師中心の授業」になりやすく，逆に子どもがそれを取り込むと「子ども中心の授業」になってしまいます。よって，この構造からは，「教師の指導性」と「子どもの主体性」の問題は，教師のバランス感覚に委ねる「調整」によってコントロールしなければならなくなります。

　ここで，学校教育現場で生まれた文言を紹介します。それは，「教師が出ると，子どもは引っ込む。子どもを表に出したければ，教師は引っ込め」であります。いつ教師が出張り，いつから子どもに委ねるのか。この交互作用が図 2-1 の特徴なのです。図 2-2 には，「教師の指導性」と「子どもの主体性」を「調整」によって展開させる単元計画モデルを示しました。

　このように，学校教育現場では日々の授業実践のほとんどが図 2-1 にみる「教師＝教材」関係の授業になっていることが理解されると同時に，このタイプの授業がいかに難しいものかも理解してもらえたと思います。

2-3　「子ども＝教材」関係を基盤とする授業にみる教育的関係

　子どもの自己要求を教師に示すコミュニケーションを重視する立場（子どもと教材が一体化した関係）における教育的関係について考えてみましょう。

　図 2-3 は，子どもと教材が一体化した関係を構造化したものです。これより教師から子どもを見た場合，子どもは教材そのものに見えることになります。

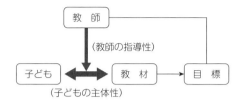

図2-3　子ども＝教材関係における教育
　　　　的関係

出所：梅野，1998

このことから，教師が教材についての理解を深めようとすれば，目の前にいる子どもの学習する筋道（学習過程）を探ることがもっとも重要な要件になってきます。さらに，教師と子どものコミュニケーション場面について見ると，「子どもと教材（双方向の矢印部分）」「教材にぶつかっている子どもと教師（教師から下りている矢印部分）」の2つの場面があることに気づきます。前者は子どもの主体性を確保する方向に，後者はそれを方向づける教師の指導性を確保する方向にそれぞれ働くものと考えられます。このことは，図2-3の構造が「教える―学ぶ」という教師と子どもの本来的な関係に立ち返らせ，子どもの自発的・主体的な学習を成立させやすいことを示しています。こうした教育的関係の考え方に近似するものとして，ボルノー（1992）の「教育的対話論」，モレンハウアー（1972）の「教育的相互作用論」を指摘することができます。さらに，このタイプの教師と子どものコミュニケーション構造は，「戦略的なコミュニケーション」から「理解志向的なコミュニケーション」へと展開させる必要があるとするハバーマス（1986）の主張とも合致するものです。これをわかりやすく言えば，図2-1のような教育的関係（教師＝教材）では，教師は発問を投げかけることで子どもの発言を促し，これを基盤にして子どもを「目標」に到達させるやり方が「戦略的コミュニケーション」です。それゆえ，教師は発問の系列をいかに仕込むかが重要になってきます。これに対して，図2-3のような教育的関係（子ども＝教材）では，子どもの問題意識（興味，関心，問い）を教師が探りつつ，子どもの学ぶ道筋を「目標」に向けて方向づけるやり方が「理解志向的コミュニケーション」です。それだけに，子どもの学習活動を方向づける支援的な働きかけ（褒める，認める，おだてる，励ます）を一人ひ

とりの子どもに行っていくことが重要になってきます。

　こうした「理解志向的コミュニケーション」を成立させるためには，子ども
は本来「自発的で主体的な存在（＝問う存在）」であるという前提に立ち，「教
師の指導性と子どもの主体性」の関係は二律背反するものではなく，一体的・
共同的な関係にあると捉える必要があります。こうした考え方に立つためには，
子どもの自発的・主体的な学習行為を現出させる「場」の確立（教師と子ども
の人間的な温もりと繋がり）が不可欠であり，もしこれが保障されないと自発
的・主体的な人間は永遠に育たないとする信念が必要です。過去，著名な授業
実践家のほとんど（大村はま・国語科，東井義雄・算数科，長岡文雄・社会科，高田
典衛・体育科）がこのタイプの授業構造にあったことを考えると，子どもに教
材の面白さや魅力を味わわせることの難しさを痛感します。つまり，いずれの
実践者も「子どもの生活の論理」を主軸に据え，これに応ずる学習内容を内包
した教材の開発・選定に稀有な能力を発揮したところに共通した特性が認めら
れるからです。

　一面，教師と子どもとの教育的関係を「主体（教える）─主体（学ぶ）」関係
として成立させることのみに捕らわれてしまうと，先述したノールが提唱した
熱情的な教育的関係論へ回帰する危険性，つまり教師と子どもとの教育的関係
が人間関係の問題にすり替えられ，結局は教育実践学の周辺の問題へと追いや
られる危険性がでてきます。

　一つの具体例を挙げてみます。子ども一人ひとりで異なる教材に対する自己
要求（問い）を探るため，子どもの「疑問調べ」に終始する教師がいたとしま
しょう。その教師は，子どもたちの疑問を類型的に分類することに力を注ぎ，
子どもが望む学びを保障しようと努力（指導）するのですが，結果的に客観的
な世界である「目標（到達すべき知識や技術の習得）」を見失うこととなり，子ど
もの学習は這い回ってしまう場合が往々にして認められます。つまり，この教
師は，「どの子どもにも親切な教師（熱情的な教師）」なのですが，「あっ，そう
か。わかった！」という「新しい発見」に子どもを導く教師（冷静な対話者とし
ての教師）ではないのです。これを回避するためには，やはり教師と子どもと
の関係の中に教材のもつ意味や価値を媒介させた相互補完的関係として把握し，
授業の実体が客観的な学習成果にまで結実して初めて「主体（教える）─主体

（学ぶ）」関係が成立したといえるでしょう。

2-4　教育的関係の違いによる授業の使い分け

　ところで，学校教育現場では図 2 - 1 の教育的関係（教師 = 教材）にもとづく授業がほとんどを占めているのが実情です。これには，図 2 - 1 の教育的関係が教科の論理から学習を想定する立場に立っているからです。それゆえ，教えようとする内容が目の前の子どもの能力を超えている状況では，教師中心に教材内容を段階的に指導していくしか手がありません。一例を示せば，学級全員の子どもが平泳ぎ25メートルを泳げない段階で，子どもの自力解決を志向するグループ学習（課題解決的学習）を展開させることはできず，段階的に一斉指導している現実があります。

　一方，義務教育の段階では，子どもの問いの道筋に立脚した問題解決的学習を採ろうが，子どもの自力解決を志向する課題解決的学習を採ろうが，結果としての基礎的・基本的な知識と技術が身についていなければ，学校教育の使命を果たしたとはいえません。これに加えて，カリキュラム内容との関係から大単元構成による授業を展開させる時間的な余裕がなく，細切れ式の単元構成を取らざるを得ない現状も原因しています。

　いずれにしても，子どもの生きる力の育成という「人間性」の教育よりも，基礎的・基本的な知識や技術の習得という「有能性」の教育に力点を置くのが現実なのでしょう（高久，1990）。これより，図 2 - 3 の子どもの問題意識から学習が始動する教育的関係（子ども = 教材）の大切さを自覚しつつも，実際には図 2 - 1 の教育的関係による授業に傾倒してしまっているのが現実です。

　先の図 2 - 1 の教育的関係（教師 = 教材）では，「教師の人間的魅力」「深い教材解釈力」「学習集団を組織・運用する力」の 3 つの要件が揃っていないと，子どもと共に "いま—ここ" を生きる授業，言い換えますと一体的で共同的な関係（教師と子どもとが一緒になって，よい授業を創り上げる関係）を営むことができないことから，図 2 - 3 の教育的関係による授業をいかにして実践していくのかが問題となってきます。

　前章では，子どもたち一人ひとりで教材に対する自己要求（楽しみ方，学び

方）が異なっているため，教師がある一つの課題（めあて）を提示し，その解決を学級全体で展開させていくやり方は一考に値することを述べました。つまり，教師の課題（めあて）の提示による授業では，一部の子ども（大抵は，能力の高い子ども）に適していても，そうでない子どもには，その必然性や意味が理解できないことによるからです。

　では，どうすればどの子どもにも課題（めあて）の必然性や意味を理解せることができるのでしょうか。そのための前提条件として，以下に示す要件が満足されていることが大切です。

　①　課題（めあて）を自力で解決できる最低限度の基礎学力を持っていること（学習レディネスの確認：学習のための準備状態）。
　　例1：物語文「わらぐつの中の神様」の登場人物の相互関係と人物像などを読みとらせるため，仮想の結婚式のスピーチを行わせるとき，視写・書き込みが丹念に出きること（小5）。
　　例2：弥生時代の土器を再現する野焼きを体験させるとき，その時代背景と諸々の知識を持っていること（小6）。
　　例3：わり算の学習を行う前提に，逆の九九が言えること（小3）。
　　例4：月と太陽の関係を推論しながら調べ学習を行うとき，太陽と月の軌道および月の満ち欠けに関する知識を持っていること（小6）。
　②　課題（めあて）の系列が子どもの問いの構成に対応していること。
　　例：課題（めあて）の系列が単線路でなく，子どもの拡散化（多面化）した問いから学習を始め，その後子どもの問いを焦点化していく課題（めあて）を経て，子どもの問いを共通化させる課題（めあて）へと集約していく単元構成を採ること（梅野・片岡，1995）。
　③　個別化学習を活用すること（能力別学習，目的別学習など）。
　　例1：能力別学習集団による実践で差別的意識が生まれない学級集団であること。逆に言えば，能力別集団による授業に対する子どもの経験と理解が図られていること。
　　例2：興味や関心による学習集団が目標に到達する学びの集団になるとは限らないことを，子どもたちが経験的に理解していること。

　まず②の条件についてみてみます。この条件は，基本的に図2‐3の教育的関係（子ども＝教材）にもとづく授業でないと実践できないことから，図2‐1の教育的関係による授業を用いることはできません。ただし，単元終盤に課題（めあて）が共通化した場合，図2‐1の教育的関係による授業を展開させることは可能です。

　次に③の条件についてみてみます。この条件の中で，例1の実践は図2‐1の教育的関係（教師＝教材）による授業によって，例2の実践は図2‐3の教育的関係（子ども＝教材）による授業によって，それぞれ展開される場合の多いことが考えられます。これより，図2‐1の教育的関係による授業の専売的な用い方とはいえません。

　最後に①の条件をみてみます。図2‐3の教育的関係による授業では，子どもは課題（めあて）の必然性や意味を理解し，それを自力で解決していくことが志向されることから，ロングサイズの単元構成（10時間以上）にならざるを得ません。これをできる限り時間数を少なくするためには，どうしても子どもの学習レディネスを揃えておく必要があります。ここで，図2‐1の教育的関係による授業の有用性が認められることになります。ただし，これに要する時間数もできる限り少ない方がよいでしょう。それだけに，図2‐1の教育的関係による授業における教師の教授活動の工夫が望まれてくるのです。

　これらのことから，図2‐1にみる教育的関係（教師＝教材）による授業は主として子どもが自力で課題解決するためのレディネス・アップを目的に系統的・段階的に指導することを目的に活用し，図2‐3にみる教育的関係（子ども＝教材）による授業は子どもの生きる力と基礎学力の双方の両立をめざす課題解決的学習の展開時に用いることが肝要であるものと考えられます。

　これ以外に，カリキュラムに対する柔軟な対応も必要です。つまり，先の2つの教育的関係による授業の使い分けは，教育カリキュラムの上でも位置づけられる必要があります。しかし，これは子どもが変われば，通用しなくなるという欠点が認められます。この点について，筆者の実践の師である長岡文雄は，「カリキュラムは，1年たったら自然に出来ているものです。それを基盤に，毎年，学校カリキュラムを見直しなさい」と述べておられました。

　以上，教師と子どもとの教育的関係には，「主体（教える）―客体（教わる）」関係による授業と「主体（教える）―主体（学ぶ）」関係にもとづく授業とがあり，前者の授業から後者の授業へとシフト変換させていくことの重要性を示唆しました。その上で，よりよい授業実践を展開させていくためには，①「主体（教える）―客体（教わる）」関係による授業における教授活動を工夫することにより，自力で課題（めあて）の解決に資する学習レディネスを整えておくこと，②「主体（教える）―主体（学ぶ）」関係にもとづく授業実践が客観的な学習成果に結実すること，の２点が不可避な要件と考えられました。それゆえ，教師と子どもの教育的関係は，人間関係に回帰することなく，教育実践学の中核として授業実践が営まれていくことが望まれます。

文献

ボルノー，O. F.（1992）『対話への教育』浜田正秀ほか（訳），玉川大学出版部。

ブーバー，M.（1992）『我と汝・対話』田口義弘（訳），みすず書房，172頁。

ハーバーマス，J.（1986）『コミュニケイション的行為の理論（中）』平井俊彦ほか（訳），未來社，21〜22，73頁。

林忠幸（1982）「H. ノール――民衆の立場に立つ教育学者」天野正治（編）『現代に生きる教育思想5　ドイツ（Ⅱ）』ぎょうせい，172，290頁。

菊池龍三郎（1979）「ヘルマン・ノールの教育的関係論（1）」『茨城大学教育学部紀要（教育科学）』28，111〜121頁。

Nohl, H.（1935）Die pädagogische Bewegung in Deutschland und ihre Theorie（ドイツの教育運動とその理論），Frankfurt/M. S.134.（高久清吉『教育実践学――教師の力量形成の道』教育出版，1990において，ノールが提唱した教育的関係について詳述されています。）

Mollenhauer, K.（1972）Theorien zum Erzuehungsproze - Eine Einfuhrung in erziehungewissenschaftliche, Fragestellungen, 3. Aufl., Munchen: Juventa Verlag. Ss.64-69.（モレンハウアー，K.（1972）『教育過程の理論』）

モレンハウアー，K.（1993）『忘れられた連関――〈教える―学ぶ〉とは何か』今井康雄（訳），みすず書房。

坂越正樹（1988）「H. ノールの「教育的関係」に関する一考察――「教育的関係」の独自性と「教育と教育学における相対的自立性」の要請」『広島大学教育学部紀要』第1部，37，1〜10頁。

助川晃洋（1996）「ノールの「教育的関係」論にマカレンコが与えた影響――戦後

　　ノールにおける「教育的関係」把握の変化とその理論的背景」『教育方法学研究』
　　22，21〜29頁。

高久清吉（1990）『教育実践学──教師の力量形成の道』教育出版，130，93〜94頁。

梅野圭史・片岡暁夫（1995）「課題形成的学習における「共有課題」のもつ教育学的
　　意義に関する一考察──モレンハウアーの教育論を考察視座にして」『体育・ス
　　ポーツ哲学研究』17‐2，27〜49頁。

梅野圭史（1998）「課題解決的学習の考え方と授業実践」中村敏雄（編）『戦後体育実
　　践論』第3巻，創文企画，253〜266頁。

（梅野圭史）

実践知 **3**

子どものための学習指導の組織化
～学習指導法における「目的─手段」関係～

3-1　2つの学力観（学ぶ力と学んだ力）

　「学校」は，量的にも質的にも拡張し膨張していく文化（財）を子どもに内面化・主体化させることによって，健全なる発達（知育・徳育・体育）を促進させる働きをもつ一つの社会的制度です。これを一言で表現すれば，文化（財）の「伝達」と「継承」の主たる責任性をもつ教育の「場」と考えられます。しかし，ここでいう「伝達」とは単なる知識や技術の模倣を意味しませんし，「継承」に関しても単なる文化の保持や維持を意味しません。それ以上に，先人の努力と英知を踏まえた文化的精神の創造的な営みをねらうところに積極的な意義をもっています。言い換えますと，文化（財）としての知識や技術は，内容として理解すると共に，作用として機能しなければならないこと（生きて働く力）を意味します。前者は文化（財）としての知識や技術を結果として環境・社会に適用したり活用したりする能力（結果＝適用）を，後者は過程としての知識や技術の生成過程を創造的活動として内面化する能力（過程＝作用）を，それぞれ示しています。

　過去，文化（財）としての知識や技術の習得は「結果＝適用」としての知識力に重点が置かれていましたが，今日では「作用＝過程」としての知識力も同時に形成していく必要のあることが認識されるようになってきました。こうした「学力」を平易に言えば，図3-1に示すように，前者は「学んだ力」と呼ばれており，後者は「学ぶ力」と呼ばれています。とくに，後者の「過程＝作用」としての「学ぶ力」の形成は，知識や技術の習得にとどまらず，よりよい人間の形成に通底する学力として期待されるようになりました。こうした「学ぶ力」の重視について，わが国における学力論の第一人者である広岡亮蔵

図3-1　学力の二側面

出所：筆者作成

(1977) は，次のように述べています。

　1つは，教育的理由である。すなわち，どんな知識能力を形成すべきかについて教育思想が深まってきたこととそれを可能ならしめる教育方法が発達してきたことである。2つは，社会的理由である。すなわち，知識や情報が加速度的に増大する現代社会に生きるには，自ら進んで情報処理をなす能力が万人に要請されるからである。そしてまた，新たな未知なる情報が不断に立ち現れる現代社会では，未知なるものを学び取っていく能力が万人に不断に要請されるからである。

　このように，「学力」は「学ぶ力」と「学んだ力」の2つが一体化した能力であることが理解できます。つまり，学びの足腰といえる「学んだ力」と学びのエネルギーである「学ぶ力」とが合体した学力の形成です。

　にもかかわらず，その形成の重要度は人によって異なる様態にあります。具体的に示しますと，教員養成課程の学生に「「学ぶ力」と「学んだ力」は共に大切な学力なのですが，あえて言えばどちらの力の形成に力を注いで教育したいと思いますか？」と尋ねたら，8：2の割合で「学ぶ力」の形成を重視していました。これに対して，教員免許更新講習に参加された現職の教員に同じ質問を行ったところでは，4：6の割合で「学んだ力」の形成を重視する結果でありました。これより，日々，多様な子どもと接しながら現実社会との関わりから，授業実践のあり方を模索している教員の方が生涯の職業として教員を志望する学生に比べて，ある種の社会的適応（受験，就職，昇進）に通ずる「結果＝適用」としての「学んだ力」を重視するのはそれ相応の理由があるのでしょ

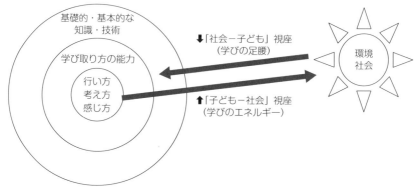

図3-2　広岡亮蔵の学力構造

出所：広岡，1977をもとに筆者作図

う。

　こうした2つの学力を総合的に統括したのが，先の広岡（1977）です。図3-2は，広岡の学力の構造を筆者により加筆したものです。このように，広岡は学力のしくみを3層からなる同心円モデルによって説明しました。つまり，基礎的・基本的な知識や技術の習得は，環境・社会と直接的に接するため外層に位置し，「学び取り方の能力」や「感じ方・考え方・行い方」の態度はそれぞれ中層，内層に位置しています。これには，「感じ方・考え方・行い方」の態度が人格形成にもっとも影響を及ぼす性格をもち，「学び取り方の能力」の形成を内から支える原動力だからです。これを逆に見れば，「学び取り方の能力」は，「感じ方・考え方・行い方」といった態度形成の延長線上で形成される能力であり，この能力によって知識や技術の習得が本物（真正の学力）になっていくものなのです。このことを表現したのが，図3-3です。

　これまで理数系の知識や技術が重視されたり，文科系の知識が重用されたりするのは，基礎的・基本的な知識や技術が外層に位置し，環境・社会と接しているため，社会の変化や要請が敏感に絡んでくるからです。このように，学力の内実が社会によって影響を受ける見方を「社会―子ども」視座と呼んでいます。この視座の迫り方では，「結果＝適用」としての学力は比較的容易に形成できますが，内面的な学力である「学び取り方の能力」や「感じ方」などの態

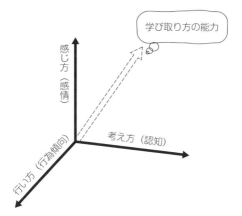

図3-3　学び取り方の能力と態度との関係
出所：筆者作成

度の形成はかなり困難といえます。これより，「社会─子ども」視座に立った学力をきわめて重視する考え方は「能力主義的学力観」と称され，そこで期待される人間像は「社会的適応」あるいは「社会的順応」となります。

　これに対して，子ども一人ひとりで異なる「感じ方」などの態度形成から基礎的・基本的な知識や技術を眺める見方を「子ども─社会」視座と呼び，「作用＝過程」としての学力の形成をねらっています。こうした学力をきわめて重視する考え方は「態度主義的学力観」と称され，そこで期待される人間像は「よりよい社会の変革と創造」となります。

　ところで，筆者の実践の師である長岡文雄は，私の授業を参観し，「あなたの授業に，子どもの生活がでていますか？　子どもの生きる根っこを耕してあげてください」とよく言われたものでした。これは，私の授業に子ども一人ひとりで異なる生活に根づいた「感じ方・考え方・行い方」を拾い上げて，授業のねらいへと結びつけていたかどうかが問われていたものと思います。こうした日々の授業の中で，子どもの「感じ方・考え方・行い方」といった心意を表出させ，互いで練り合わせていくことが図3-2の「子ども─社会」視座からみた学力形成に繋がる実践なのでしょう。

　いずれにしても，「学ぶ力」と「学んだ力」の双方を確かに形成していく学習指導のあり方について考えていく必要があります。

3-2　学習目標と学習過程

　前項の広岡（1977）は，学習指導の内部事項である学習過程に注目し，これを機能させる主要変数として「目標」「教材」「学習者（発達）」の３つを取り出しました。その上で，各変数内の条件がそれぞれの変数で異なれば，現実の学習過程も異なってくるとし，学習過程はあくまでも関数的事態として把握しなければならないことを主張しました。このことは，学習指導の形態を変数システムに即したシステム体として捉える必要性のあることを示唆しています。とりわけ，「目標」変数を基盤に据える学習指導システム，言い換えると「目標」変数の内部条件である高次目標と基礎目標の違いによる学習過程モデルの構築が肝要です。

　ここでいう「高次目標」は，図３-２の学力構造のうち，中層の「学び取り方の能力」の形成をねらうものであり，前章の図２-３にみる「子ども＝教材」関係にもとづく教育的関係による授業の展開となります。これに対して「基礎目標」は，図３-２の学力構造のうち，外層の「基礎的・基本的な知識や技術」の習得を直接的にねらうもので，前章の図２-１にみる「教師＝教材」関係にもとづく教育的関係による授業の展開となります。これより，前者の変数に即した学習過程は，主体的な学習段階（感性的把握〈つかむ・深める〉―本質的把握〈確かめる〉―現実的把握〈身につける〉）を辿ることになります。これに対して，後者の学習過程のそれは系統的な学習段階（導入〈はじめ〉―展開〈なか〉―終末〈おわり〉）を踏んでいくことになります。

　そこで本項では，「目標」変数に即した２つの学習過程モデルを示してみたいと思います。このときのモデリングの要件は，「教材編成」「教授活動」「学習集団」の３つとしました（梅野・辻野，1982）。

　以下に，この理由を述べたいと思います。

　まず，いずれの目標にあっても，そこに子どもを到達させる指導計画を立てなければなりません。そこでは，教材の面白さや魅力を課題化させた「めあて」の系列を考えます。こうした作業を「教材編成」と呼んでいます。

　続いて，指導計画を立てると，今度は実際の授業案を立てることになります。

図 3-4　目標変数に即した学習指導の特質

出所：梅野・辻野，1980

そこでは，直接的な教師の働きかけ（提示・説明，発問，励まし，褒める，認める，おだてる，注意する，叱るなど）だけでなく，間接的な働きかけ（うなずく，首を振る，微笑む，無視する，フィンガーアクションなど）も含めて，教師の「教授活動」が重要になってきます。

こうした教師の「教授活動」に触発されて，子どもの学習活動が生まれてくるわけですが，このとき子ども同士の教え合いや助け合い，さらには励まし合いなどといった「学習集団」の働きも見逃すことはできません。

これらのことから，「目標」変数に即した学習過程を「教材編成」「教授活動」「学習集団」の 3 つの要件として組織化することにしたわけです。これを図示したのが図 3-4 です。

まず，「高次目標（学び取り方の能力の形成）」に立脚した学習過程では，「子ども＝教材」関係にもとづく教育的関係（前章の図 2-3）による授業が基盤になることから，「教材編成」は課題（めあて）を子どもの問いの構成に即して編成する「課題解決的」となります。これによって，教師の「教授活動」は，子どもの自己要求を引き出す探求的な教授活動や「あっ，そうか。わかった！」という自力解決に導く発見的な教授活動が用いられることになります。さらに，こうした教師の働きかけにより，「学習集団」は異質集団であれ等質集団であれ，小集団的に組織・運用することになります。

これに対して，「基礎目標（基礎的・基本的な知識や技術の習得）」に立脚した学習過程では，「教材編成」は，論理的系統であれ心理的系統であれ，課題

35

（めあて）を段階的に編成することになります。これより，教師の「教授活動」
は，課題（めあて）を提示し，その解決法を説明する「提示・説明」による手
法が一般的でしょう。それゆえ，「学習集団」は，学級全体を対象とする一斉
的なものになります。

　これら2つの学習過程は，かなり対立した特徴をもっていますので，それぞ
れの立場から是非論を展開させるよりも，「教材」のもつ特性や学習者の発達
に応じて両者をいかに使い分けるかを論議する方が現実的と考えられます。

3-3　2つの課題解決的学習モデル

　「学校」における授業実践では，子どもの自己活動をかき立てるとともに，
文化的価値に対する主体的な関わりをも形成し得るように学習指導を最適化
（学習成果が最大値となる学習指導の組織化）していく必要があります。とりわけ，
子どもの学び取り方の能力の形成をねらう「高次目標」に立脚した課題解決的
学習の方法原理の究明は重要です。ここでいう課題解決的学習を平易に表現す
れば，「課題（めあて）を持って取り組む学習の総称」ということになります。

　現在，わが国では主として2つの課題解決的学習の実践が認められます。1
つめは，系統学習の欠点を補うものとしての課題解決的学習であり，2つめは
系統学習に対立するものとしての課題解決的学習です。これらは共に子どもの
主体的な学習行為の育成をねらう点では共通していますが，両者の決定的な違
いは「問題の設定状況の違い」にあります。すなわち，系統学習をサポートし
ようとする課題解決的学習では，「課題の解決過程」を重視することによって
科学的・系統的な学習行為を成立させ，子どもの問いかける力（自明を問う
力：運動をすれば心拍が上がる，それはなぜ？：因果関係の認識力）を育成しようとす
るもので，このタイプの課題解決的学習は，「発見的学習」と呼ばれています。

　これに対して，系統的学習に対立する立場の課題解決的学習では，問題状況
を子どもに創り出させる，いわゆる「課題の形成過程」を重視することによっ
て子どもの洞察学習を成立させ，教材の本質を見抜く力（本物を問う力：運動を
すれば心拍が上がる，それは本当か？：合目的性の認識力）を育てようとするもので，
このタイプの課題解決的学習は，「形成的学習」と呼ばれています。

表 3-1　国語科における課題解決的学習の特質

項目 ＼ 累計	イメージ形成型	論理形成型
共　通　性	課題解決的学習（課題性・主体性）	
独自性 表現・理解の仕方の学習力（目的性）	想像力に関わる表現・理解の仕方の学習を主としてねらうもの	思考力に関わる表現・理解の仕方の学習を主としてねらうもの
楽しさと喜びの追求	各学習段階の共通課題による言語活動をそれぞれに楽しむ。	各学習段階の共通課題を順々にクリアーしていく楽しさと共に最終的に課題を解決し、その内容を表現する楽しさを味わう。
教　　材	主として1教材（文学教材中心）	主として複数教材（説明文教材中心）

出所：尾川ら，1992

　これら2つの課題解決的学習の違いがより顕著に表れているのが「教授活動」です。つまり、前者の「発見的学習」では、教師が課題（めあて）を提示し、その解決方法を子どもに自力解決させていく教授活動になります。これに対して後者の「形成的学習」では、子ども自らで課題（めあて）をつくらせ、その解決をも子どもに委ねる教授活動が展開されます。こうした教授活動の違いは、子どもの課題思考が拡散化（多面化）する教材なのかどうかで異なってきます。つまり、教材編成の段階で、子どもの課題（めあて）が直線的な経路を辿る教材の場合は「発見的学習」が適しますが、子どもの課題（めあて）が「拡散化（多面化）→集約化」する教材の場合は、「形成的学習」を用いるのが適当と考えられます。

　具体例に移ってみましょう。表3-1は、国語科における2つの課題解決的学習の内容を示したものです（尾川ら，1992）。

　国語科では「学び取り方の能力」を「表現・理解の仕方の学習力」とし、イメージを形成していく過程を辿らせる場合と論理を形成していく過程を辿らせる場合とで課題解決的学習が異なるとする考え方を示しています。つまり、子どもの心情的読みと論理的読みが混在する拡散化する読み取りが典型である文学教材では「イメージ形成型」を適用する方が望ましく、子どもの読みが論理的読みに限定され、しかも直線的（系列的）になる説明文教材では「論理形成型」を適用する方が望ましいことを示しています。図3-4の「目標変数に即

目　　標	運動特性への迫り方	学習路線	教授活動	学習集団
「運動の仕方の学習力」の形成	ステージ型	拡散（多面化）➡集約型	形成型	小集団学習型
	スパイラル型	直線型	発見型	一斉学習型 個別化学習型
基礎的基本的な技術や知識の習得「運動の仕方の学習力」の形成	直線型	段階型 系統型	提示・説明型	個別的学習型

図3-5　体育科における課題解決的学習の特質

出所：梅野ら，1992

した学習形態の特質」からみると，前者の型は「形成的学習」として，後者の型は「発見的学習」としてそれぞれ見做すことは可能でしょう。

　図3-5は，体育科における2つの課題解決的学習の内容を示したものです。

　体育科では「学び取り方の能力」を「運動の仕方の学習力」とし，ボールゲームや表現・ダンスのような「開放的スキル」を特性にもつ場合では「ステージ型―拡散（多面化）➡集約型―形成型―小集団学習型」が，また陸上運動，器械運動，体つくりのような「閉鎖的スキル」を特性にもつ場合では「スパイラル型―直線型―発見型―個別化学習型」がそれぞれ適当な学習過程と考えられています。ここでいう「ステージ型」とは，山登りでの"3合目""5合目""8合目"というように，子どもの思考が拡散化（多面化）する様態から徐々に頂上に集約される学習ステージを示しています。また「スパイラル型」とは，子どもの思考が直線的に進行するものの，「発見的学習」特有の「行きつつ戻りつつ」を認める学習プロセスを示しています。ここで，国語科と異なる点は，運動教材の特性を踏まえて，「高次目標」をねらいとするのか，それとも「基礎目標」をねらいとするのかの判断が学級の子どものレディネスの状態により選択するところにあります。

　いずれにしても，図3-4に示した目標変数に即した学習指導の特質は，教科の枠を超えて適用可能性の高いものと考えられます。その上で，教材がもっ

ている特性（教科内容としての本質，子どもからみた面白さや魅力）と学習者である子どもの学習レディネスとの兼ね合いで学習指導法が異なるという関数的事態をしっかりと認識しておくことが肝要です。

　本章では，「学力」には学んだ結果としての学力（結果＝適用）と学ぶ過程としての学力（過程＝作用）の２つの側面があり，この両者を統合する学習指導のあり方を論考しました。具体的には，前者の基礎学力の形成をねらう場合では，系統的・段階的な教材編成による提示・説明的な教授活動を一斉的な学習集団により展開させることが，後者の学び取り方の能力の形成をねらう場合では，課題解決的な教材編成による探求的で発見的な教授活動を小集団的な学習集団により展開させることが，それぞれより効果的で効率的であることを論じました。こうした学習指導の組織化では，年間カリキュラムを念頭に置き，子どもたちの学習レディネスを整えていくことが大切です。

文献

広岡亮蔵（1977）『学習過程の最適化』明治図書，9〜35，57頁。

尾川佳己・吉川芳則・柳生利昭（1992）「楽しい国語の授業づくり」『楽しい授業の創造——一斉指導からの脱却』兵庫教育大学附属小学校教育研究会，黎明書房，11〜36頁。

梅野圭史・辻野昭（1980）「体育分野における学習指導の基本的問題」『保健体育科教育の理論と展開』第一法規，197〜213頁。

梅野圭史・辻野昭（1982）「体育科における学習形態と児童の授業に対する態度との関係」『体育学研究』27-1，1〜15頁。

梅野圭史・林修・金田司（1992）「楽しい体育の学習過程」『楽しい授業の創造——一斉指導からの脱却』兵庫教育大学附属小学校教育研究会，黎明書房，207〜232頁。

（梅野圭史）

子どものための教師の教授戦略
~教える戦略と教授活動~

4-1　教える戦略を立てて授業に臨む

　子どもたちが「よくわかった」「うまくなった」と思う授業を展開していくためには，教師に何が必要なのでしょうか。そこでは，子どもたちの自然な学びを保障し，幾多の教授活動を意図的・計画的に構成した戦略（教授戦略）の展開が求められます。こうした教師の「教授戦略」に着目し，実践者の実践を変えることを目的として行われてきた授業研究は，古くは大正自由教育時代にみることができます。以下，その授業批評会の典型例を奈良女子高等師範学校附属小学校で行われた授業批評会（長岡，1986）に求め，当時の授業研究の様子を考察しましょう。

　　理科の授業批評会
　　木下：指導形式について，いつもあの通りであるか。いろいろあるならば
　　　　　それを言ってほしい。
　　授業者：教師の実験を見ることより入る。他児の研究を，又研究の経路を
　　　　　話してきかせるところより入る。書物を参考にすることの指導が先に
　　　　　加わって実物研究に入らせる。
　　木下：要するに実験実習より入り得る場合と然らざる場合と二つあるとい
　　　　　うか。
　　授業者：そうであるが，実験実習でも，児童独自で出来るものと，教師が
　　　　　やって見せなければならぬ場合とがある。もう一つ，物の使用という
　　　　　ことを入口とするものがあると思う。
　　同僚教師：そうも考えられるが，その濃度が場合によって非常に違うと思

　　う。生活から入ると，その材料を通して，電気ならば電気の各性質，
　　法則等を調べさせることになるのであるか。

木下：そこが問題を捉えさせるによいところである。子供は電気のことを
　　よく知っているが，必ずしも自己一人の力であれだけの研究をやり上
　　げたわけではない。父兄から教えられていることも少なくない。で，
　　他児にはわかっていないものも少なくなかろう。そういう子供をいか
　　に指導するかが問題である。

授業者：なるべく黙っている方がよいと考えたくらいである。

木下：あれはむしろ問答教授に近いものである。初めは言わせておいて，
　　後から教師がまとめに教えたに過ぎない。児童に疑問もある。それを
　　確実につかませ，その解決の道を徐々に発見させる導きの如きが，極
　　めて必要なことであると思う。

　附属小学校の主事（校長）である木下竹次は，授業場面における授業者の具
体的な教授活動にもとづき，授業者の意図を引き出す問答を繰り返しています。
すなわち，「指導形式について，いつもあの通りであるか」に次いで「要する
に実験実習より入り得る場合と然らざる場合と二つあるというか」とする問い
の構成です。こうした木下の問いは，単に授業者の「教授方法」の知識を引き
出そうとしているのではなく，学習目標の達成に向けて，「教授方法」の知識
をどのような意図で構成すべきかについて尋ねたものと思われます。

　その後，同僚教師が別の視点から切り込み始めます。その教師は，子どもの
生活経験をもとに課題（めあて）を明確化させる方法があることを提示し，そ
の中から教師がどの方法を選択するかの意思決定の重要性を指摘しています。
これは，意図的・計画的に教授活動を展開すること（教授戦略）の重要性を示
唆しています。これを受けて，木下は「児童に疑問もある。それを確実につか
ませ，その解決の道を徐々に発見させる導きの如きが，極めて必要なことであ
ると思う」と述べ，子どもの学習過程が「目標」に辿るように，教師は教授戦
略を立てて授業に臨むことの必要性を指摘しています。

　このようにして，現場授業批評会での議論は，教師たちに子ども一人ひとり
で異なる学習過程を活かす教授戦略の重要性を自覚させたのであります。

　こうした現場授業批評会の成果は，戦後，大村はま，東井義雄，長岡文雄，斎藤喜博などの優れた実践者の輩出にみることができます。

　本章では，子どもの学習過程を保障する教師の教授戦略（教える行為の構成）とそれにもとづく教授活動（教える行為の具体）について考えてみたいと思います。

4-2　教師の実践的知識と実践的思考様式

　1970年代以降，「授業の科学」の志向により教員同士の協同討議の位置づけが変貌していきます。すなわち，個別事例を主観的な印象やイメージによる意見交流を中心に「物語的思索（ナラティヴ思考）」や「ドキュメントの探求（出来事／予兆への気づき）」を論議する様態から，客観的なデータにもとづく科学的な分析により，授業に内在する法則的事実（「こうすれば，こうなる」という因果関係的事実）を導出しようとする様態に変化しました。

　こうした「授業の科学」の端緒は，わが国では木原（1978）のカテゴリー分析法にあると考えられます。

　木原は，教室の授業における教師と子どもの言語的コミュニケーションに着目し，「子どもの感情を受け入れる・褒め励ます」「子どもに尋ねる」「子どもの，教師に対する応答」といった分析カテゴリーを計12個創案しました。これにより，授業中の教師と子どものコミュニケーションの様相を明らかにしようとしました。しかしながら，この分析方法は，教師と子どもの相互の発話の実態を数量的に把握することはできても，それが教授学的にどのような意味があるのかまで明らかにすることができませんでした。

　その後，アメリカを中心に分析目的に対応したカテゴリーによるパターン分析法が数多く開発されました。例えば，「授業の雰囲気」を分析することを目的としたフランダース法や「授業の形態」を分類するリブル法，さらには「教師の戦術的発話（指し手争い）」を分析するベラック法など99個の分析方法がわが国で紹介されました（加藤，1977）。しかしながら，こうしたパターン分析による授業研究においても，コミュニケーションの類型や教授学的手法の様相を把握することはできましたが，分析方法が多様すぎたため，子どもの学力向上

や行動変容につながる実践の改変までには至りませんでした。

　その後，授業研究は大きな転換期を迎えます。すなわち，アメリカでは，それまでの「授業の科学」への批判が高まり，教師には「理論的知識」とは異なる「実践的知識」が存在するとする教師の実践的指導能力（**実践知 8** 参照）への関心が高まってきました（Schwab, 1969）。これにより，子どもの学習過程の内実を注視した理論的研究が登場してきました。つまり，授業研究者の関心が教師の「実践的知識」の解明に向かっていったのです。

　そのような中で，Shulman（1987）は，教師の実践的知識の領域を以下に示す 7 つとし，総じて「教師の知識構造に関する研究」と称しました。

①　「教科内容についての知識」
②　「一般的な教授方法についての知識」
③　「カリキュラムについての知識」
④　「教科内容を想定した教授方法についての知識」
⑤　「学習者と学習者の特性についての知識」
⑥　「教育的文脈についての知識」
⑦　「教育的目標・価値とそれらの哲学的・歴史的根拠についての知識」

　これを受けて，わが国では吉崎静夫（1987）が Shulman と同様の「教師の知識領域」を提示しました。図 4 - 1 は，これを図示したものです。

　吉崎は，Shulman の場合とは異なり，授業における「教師の知識」が相互に重なり合うことの意味合いを重視しました。それゆえ，「教材内容についての知識」「教授方法についての知識」「子ども（生徒）についての知識」といった「単一的知識」以外に，それらが重なり合う「複合的知識」を「領域」という用語を用いて，別途区別しました。すなわち，「教材内容と教授方法についての知識〈領域 A〉」「教材内容と子ども（生徒）についての知識〈領域 B〉」「教授方法と子ども（生徒）についての知識〈領域 C〉」「教材内容，教授方法，子ども（生徒）についての知識〈領域 D〉」の計 4 つの複合的知識です。その上で，これら 4 つの「複合的知識」が優れた授業を営む「教師の知識」としてきわめて重要であることを示しました。なかでも，3 つの「単一的知識」が重

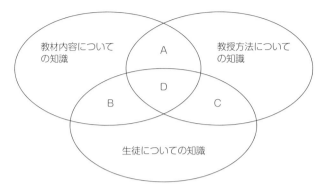

図4-1　教師の知識領域の構造図

出所：吉崎，1987

なり合う〈D領域〉の重要性を指摘しました。両者とも，「教材内容」「教授方法」「子ども」に関する「教師の知識」を基盤にしている点では共通していますが，その内実は大きく異なっていることが理解できるでしょう。つまり，Shulmanの場合，「教師の知識」は，教育方法学や教科教育学などの教育諸科学を母体に各々の知識領域を独立・分類した上で，教授のための教材内容を重視する立場に立っています。これに対して，吉崎の場合は，「教師・教材・学習者」という授業の三要素を中心に，それらの複合する領域を重視している点にあります。

　ここで，「子ども理解」という語の操作概念を「実践知2」で論考した「子どもと教材が同化した関係（子ども＝教材）」から眺めると，吉崎が示した「子ども」を中心とする4つの「複合的知識」が「子ども理解」に対応する「教師の知識」と考えられます。これより，吉崎のモデルの方が子どもの学習過程を保障する教師の知識として有用性の高いことがわかります。

　こうした「教師の知識構造に関する研究」が進展すると，教師の「実践的知識」がどのように形成され，どのように働いているかという問いへの具体的な回答を得る研究へと進みました。それは，「いつ，どこで，誰に，何を決定すればよいのか」という「意思決定（実践的思考）」にどのような「実践的知識」が関係しているのかとする教師の「実践的思考様式」の解明です。

　具体的には，熟練教師（教職経験年数20年頃）と初任教師（教職経験年数1年

頃）の「実践的思考様式」の分析です。これにより，総じて，熟練教師の「実践的思考」は，初任教師に比べて「即興的思考」「状況的思考」「多元的思考」「文脈化された思考」「思考の再構成」という 5 つの性格で特徴づけられることを報告しています（佐藤ら，1990；秋田ら，1991；岩川，1991）。しかしながら，この段階では「実践的思考様式」がどのような「実践的知識」の影響を受けて形成されているのかの解明には至っていません。

　Strauss と Shilony（1994）は，子ども観についての教師のメンタルモデル（育てたい子ども像）を検討した結果，学習成果の高い教師は「子どもは，単に与えられたものを記憶・暗記する存在ではなく，世界を解釈し構成できる活動主体である」と捉えた上で，

① 　教えるべき授業科目の特性
② 　教師は教材と子どもの間の媒介であるとする信念
③ 　多様な教授方法
④ 　子どもの学習環境
⑤ 　子ども一人ひとりの特性
⑥ 　教材が子どもの中に取り入れられていく過程

など，メンタルモデルを多様に構造化していたことを報告しています。

　これに対して初任教師は，子ども一人ひとりで異なることを知っているレベルにとどまり，「素直である」「成績優秀な子どももいればそうでないものもいる」などといった漠然とした見方であったことを報告しています。これより，学習成果の高い教師は，「子ども」を中心とする「複合的知識」が深化していることを強く示唆するものです。

　このように，教師の「実践的思考様式」の豊かな発揮には，「子ども」を中心とする「複合的知識」が深く関与していることが推察されますが，教師の実際的な教授活動はどのようなものなのか，また教授活動の発揮に係る教師の思索とはどのようなものかといった問題意識に欠ける様態にありました。

　では，子どもの学習過程を保障する教師の実際的な教授活動をどのようにして追求していけばよいのでしょうか。その手掛かりは，「ゲーム理論」の中に

あると考えられます。

　「ゲーム理論」は，勝負に勝つため（商売で儲けるため）の様々な「戦略的思考」を駆使して，相互依存関係にある対人間の合理的な行動のしかたと帰結のあり方（問題解決の方向とその実体）を解明しようとする考え方です。

　この理論には，ヴィトゲンシュタインの思索が強く影響しているといわれています。彼は，日常言語と日常生活を包括した全体を「言語ゲーム」と捉え，その思索を深める中で，現実社会で生起する様々な事象は，数学や論理学によって説明できるとする可能性を示しました。

　その後，「ゲーム理論」の発展には2つの潮流が認められてきます。1つは社会学および政治学の分野であり，もう1つは経済学の分野です。これら2つの異なる潮流が生まれた背景には，「合理性（合理的行為）とは何か」とする「ゲーム理論」の根幹をなす問いに対する捉え方の違いにあります。

　前者の社会学および政治学では，「機会主義的行動（ある戦略的行動：自分側に有利な情報や相手に不利な情報を隠したり，圧力をかけたり，裏切るような行動を意図的に採ると，相手は必ず自分に有利な特定の行動を起こすことをねらう行い方）」を容認する立場を採っています。その代表的な思索が「共有地のジレンマ」と呼ばれる考え方です。「共有地のジレンマ」とは，集団のメンバー全員がそれぞれ協力的な行動をとればすべてのメンバーにとってよい結果になることがわかっているにもかかわらず，個々のメンバーが合理的になろうとすると協力的な行動をとらない（周りを見てさぼる行為）という選択をする場合があり，その結果として集団全体にとって不利な状況を招くというものです。このことは，プレイヤーが合理的行為を追求すればするほど，〈協力〉もしくは〈裏切り〉といった二律背反的な選択（行動）の決定が相手を欺くこと（裏切り）に集約していくことを示すものです。このように，「相手がこちらを出し抜こうとしているのを承知した上で，さらにその上をいく行動様式」を追求することで，様々な問題を解決し発展してきたのです（ネイルバフ，1991）。

　これに対して，経済学における合理性は，あくまでプレイヤー（意思決定する主体）が利得や効用の最大化をめざす行動をとることを前提とする考え方です。このとき，経済学では上述の「機会主義的行動」を排除する立場を採ってきました。具体的には，病気に悩む人に効かない薬を売りつける行為や，チラ

シ配りのアルバイトがチラシをゴミ箱に捨ててしまうという行為が挙げられます。こうした行動が横行すると，効かない薬にはあるべき価格より高い価格がつくことになり，チラシを捨てたアルバイトには適正な水準以上の給料が支払われることになります（金子，1998）。経済学では「機会主義的行動」は，倫理や不公正という視点からではなく，経済的な非効率性の視点から問題とされてきたのです。

　これらのことから，「ゲーム理論」を教育学に援用しようとするとき，「合理性（合理的行為）」の捉え方を明確にする必要があります。ここで「合理性（合理的行為）」の捉え方を授業論にアナロジーすると，社会学および政治学での捉え方は〈授業の場における教師と子どもの“騙し―騙され”の方略〉を追求する立場に立つことになります。これに対して，経済学での捉え方は，〈教師の教授効果や子どもの学習成果を最大化するための方略〉を追求する立場に立つことになります。教育学的見地からは，子どもの利得を重視する後者の立場に立つのが望ましいことは自明です。

　以下，経済学に立脚したゲーム理論を主軸に，子どもの学習過程を保障する教師の教授活動のあり方（教授戦略）について考えてみることにします。

4-3　ゲーム理論に立脚した教授戦略と教授活動

　経済学に立脚した「ゲーム理論」では，以下に示す6つの鍵となる戦略が認められます。

① 　インセンティブ：売り手が消費者の行動動機（消費行動）を高める戦略で，CMやチラシ広告の活用などが挙げられます。
② 　スクリーニング：売り手が消費者のニーズを探る戦略で，アンケート調査や街頭インタビューなどが該当します。
③ 　シグナリング：売り手が消費者に有益な情報を仕込む戦略で，地域限定クーポンや，期間限定バーゲンなどが該当します。
④ 　コミットメント：売り手が消費者の消費行動を自らが考える方向性へと導こうとする戦略で，消費者との直接的な交渉が挙げられます。

表4−1　教師の教授戦略の観点と授業場面における教授戦略の内容

教授戦略の観点	授業場面における教授戦略の内容
インセンティブ（incentive）	子どもに課題（めあて）の必然性と意味理解を明確にさせ，彼らの自発的な学習活動を主体的な学習活動へと高めていく教授行為
スクリーニング（screening）	子ども一人ひとりの感じ方や考え方の違いを顕在化させ，彼らの学習過程に即した教授過程を実現させる教授行為
シグナリング（signaling）	子どもに教師の意図（仕込み）を見抜かせる方法の工夫等，学習環境（時間的，物理的，心理的環境）のしくみを子どもたちの学習活動に即させる教授行為
コミットメント（commitment）	子どもたちを教材の面白さや魅力に触れさせる積極的・能動的な教授活動により，彼らの学びの過程を試行錯誤から試行接近へと近づける教授行為
ロック・イン（locking in）	子ども一人ひとりが感じる楽しさを保障しつつ，教材がもつ独自の面白さや魅力を学習活動として顕在化させる教授行為
モニタリング（monitoring）	子ども一人ひとりの課題解決へ向かう活動の有効性を的確に診断・評価し，課題解決を図る教授行為

出所：筆者作成

⑤　ロック・イン：売り手が消費者の購買意欲や消費行動を自らの意図するものに支配する戦略で，メンバーカードの発行などが該当します。

⑥　モニタリング：消費者の消費行動を診断・評価する戦略で，消費者の行動観察や業績・業務指標の分析などが挙げられます。

　表4−1は，上記6つの戦略を授業場面に援用したものです。

①　インセンティブ（incentive）

　大村はまの文学教材の授業では，教室に入った途端に作品に記されている状況がイメージできるように，教室空間が装飾されていました。こうした工夫により，子どもたちを作品の世界に引き込むこと（状況描写の理解の促進）に努めていたのです。これ以外には，詩の学習において同一作者の別の作品を提示するやり方も，この戦略に相当するものと考えられます（国語科：高学年）。こうしたやり方によって，子どもたちは同一作者の作品を自然に比較することになり，結果として作者のものの見方や考え方，さらには表現技法の理解を深めることに繋がっていくわけです。これより，インセンティブ戦略は，子どもたちを「どこに連れていこうとするのか」という教師の意図が戦略として具現化されたものであり，主に「課題（めあて）の形成過程」で発揮される戦略であると考えられます。

② スクリーニング（screening）

　子どもの思考体制を探る一つの方法として，個人ノートやワークシートの活用が挙げられます。これらからは，子ども一人ひとりの学習内容の理解度だけでなく，子どもの教材に対する感じ方や考え方を捉えることが可能となります。これにより，教師に子どもたちの教材に対する自己要求を把握させ，これに即する教授過程が展開されるものと考えられます。

　その他，子どもの思考体制を探る方法として多用される教授技術に「発問」があります。代表的な発問の構造として，1960年代における斎藤喜博の「対比（何が違う？），類比（共通なことってどんなこと？），ゆさぶり（こんなことも考えられないかなあ？），否定（バスケットとサッカーは違うと思うよ！）」を挙げることができます（山下・広山，1997）。また，先のパターン分析を施した結果として，フランダース法では「詮索する（どうして，そんなことを考えたの？　どうするつもりでしたか？），論拠を求める（どういうことですか？　わけを教えてください），確かめる（これでいいのね？　あなたの考えはこういうことですか？）」といった発問も認められます（梅野・辻野，1991）。これら以外にも，教師行動分析法においては，「回顧的（前はどうだったかな？），分析的（なぜ，こんなことになったのかな？），創意的（どうすればよいと思う？），価値的（ルールを決めるのは審判だよ！）」といった発問も認められます（中井ら，1994）。

　こうしたスクリーニング戦略は，子どもの教材に対する自己要求を探る戦略であることから，「課題（めあて）の形成過程」においてもっとも発揮される戦略であると考えられます。

③ シグナリング（signaling）

　シグナリング戦略の効果的な展開例として，情報機器の活用（ICTの活用）が挙げられます。国語科や算数科で自分の書いたノートやワークシートを実物投影機で提示したり，理科の実験や観察ではデジタルカメラやビデオカメラ，タブレットを活用し，実験の前後や観察の経過を比較しやすいように，一部をズームしたり同じ角度から撮影したりといった工夫です。こうした教師のポイントを絞ったズームにより，教師の意図や教材内容の本質を見抜く子どもが出てくることを期待しているわけです。

　これ以外にも，「観察学習」の活用が挙げられます。音楽科や体育科で教師

が合奏や合唱，動きを示範したり，子どもに演示させたりすることにより，課題解決のポイントに気づかせようとする行為です。「観察学習─練習活動」を繰り返しながら，子どもたちの課題（めあて）の自立解決を図るのです。

　また，体育科のボールゲーム学習では，既存のルール（大人のゲームのルール）をそのまま下ろすことは，子どもの発達上の関係からまったくありません。むしろ，独自ルールの設定により，ゲームの作戦づくりを暗示する場合が多いものです（宮本, 2017）。例えば，フリースローレーンの外からのシュートがバスケットリングに当たれば1点，ストレートに入れば3点，それ以外のゴールインは2点という得点のルールにより，子どもたちは，とにかく外からシュートして，リングに当たっても入らなかった場合，そのリバウンドボールを取ってシュートするという作戦を立ててきます。これで，シュートがストレートに入っても3点，そうでない場合でも3点獲得する作戦行動をとることができます。

　こうしたシグナリング戦略は，「課題（めあて）の形成過程」と「課題（めあて）の解決過程」を繋ぐ戦略と考えられます。

④　コミットメント（commitment）

　これは，教師と子どもとの教育的相互作用が相当します。すなわち，教師と子どもの教育的関係が「主体（教える）─主体（学ぶ）」関係を成立させる教授行為の具現化です。「課題（めあて）の形成過程」では「発問」「受理」「励まし」が，「課題（めあて）の解決過程」では「肯定的フィードバック」「矯正的フィードバック」が，それぞれ授業評価を高める教師の「相互作用」行動として認めていることを述べました。これら教授活動はコミットメント戦略に該当するものと考えます。

　他にも，「説明」や「指示」といった教授活動が挙げられます。前者は，教科内容を体系的・集中的に伝達するのに効果的です。また，「発問─応答」の過程で子どもたちの意見を集約したり注釈・補足を加えたりといった「発問」の機能を担保するためにも必要不可欠です。後者は，子どもの学習活動を方向づける（目標から逸脱しない）のに求められる教授行為であり，「簡潔であること」「明確であること」「必然性があること」の条件が踏まえられなければなりません（本田, 1987）。

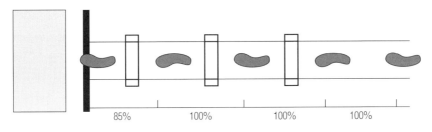

図4-2　横木幅跳びにおける場の設定

出所：梅野ら，1992

　いずれにせよ，コミットメント戦略は子どもたちの試行錯誤の学習から試行接近の学習へと方向づけることから，「課題（めあて）の形成過程」と「課題（めあて）の解決過程」のいずれにおいても用いられる戦略といえます。

⑤　ロック・イン（locking in）

　ロック・イン戦略が具現化された活動例として，体育科における練習の場づくりがもっともよく理解されることと思います。

　図4-2には，走り幅跳びの練習法の一つである「横木幅跳び」を示しました（梅野ら，1992）。この方法は，踏み切り手前1歩の歩幅を狭くして跳躍する動作を身につけるもので，踏み切り手前3歩の歩幅調整を環境要因として固定したものです。こうした練習の場に子どもを置くことで，踏み切り手前のスピードを落とさない踏み切り方が習得されるのです。

　これ以外に，文学教材の学習における「劇化」活動（「くじらぐも」や「かさこじぞう」など）を挙げることができます（国語科：低学年）。これにより，作品の面白さや魅力が身体化されやすく，言語による論理的理解でない動作による感性的理解が容易になってきます。

　また，立体図形（見取り図や展開図）の学習において，方眼紙を用いて立体模型を作成する活動も該当するでしょう（算数科：4年生）。この活動は，3次元の立体的思考により，2次元の平面的思考との往還を容易にさせることから，紙上の問題を解く力の向上が期待されます。

　こうした活動の工夫や施設・用具の工夫は，教材がもつ面白さや魅力を子どもたちに直接的に味わわせることをねらっています。それゆえ，ロック・イン戦略は，「課題（めあて）の解決過程」において発揮される傾向が強いです。

⑥　モニタリング（monitoring）

　これは，教師の教授過程と子どもの学習過程のマッチングを図る包括的な評価活動に相当するといえ，教師が施した手だての有効性を的確に診断・評価する教授戦略です。

　授業場面において，モニタリング戦略が発揮された教授行為として「机間指導」が挙げられます。かつては机間巡視と呼ばれていました。一人ひとりの学習状況（認識の程度）を把握し，それらを情報としてその後の展開（発表による集団の思考深化など）をより意図的・計画的に図るのです。

　高田典衛（1979）は，他の子どもと比較してランク付ける「ヨコの評価」とその子の伸びを認める「タテの評価」を提示しています。すなわち，他者との関係における相対的な評価だけでなく，一人ひとりの学びの文脈を看取り，その子の学習の進歩を的確に評価することの重要性の指摘です。

　これらのことから，モニタリング戦略は，教授過程と学習過程とのズレを察知し，授業のねらいに即した授業展開へと修正する状況的・文脈的な思考を高めるものと考えられ，主に「課題（めあて）の解決過程」において発揮されることが多い戦略です。

　以上，教師の「教える」という行為に関する研究と実践を歴史的に概観してきました。いずれの時代も子どもの学習過程を保障するために，様々な教授戦略を駆使していることが確かめられました。とりわけ，①インセンティブ戦略と②スクリーニング戦略の発揮は，教師の子どもを探る「構え」としてきわめて重要な教授戦略であることが認められました。

文献

秋田喜代美・佐藤学・岩川直樹（1991）「教師の授業に関する実践的知識の成長——熟練教師と初任教師の比較検討」『発達心理学研究』 2（2），88〜98頁。

ディキシット，A.・ネイルバフ，B.（1991）『「戦略的思考」とは何か——エール大学式「ゲーム理論」の発想法』菅野隆・嶋津祐一（訳）TBS ブリタニカ，114〜133頁。

本田敏明（1987）『現代授業研究大事典』明治図書，499〜500頁。

岩川直樹（1991）「教師の実践的思考様式に関する事例研究——学習者中心の授業における教師の思考過程に注目して」『学校教育研究』 6，46〜55頁。

金子郁容（1998）『新哲学講義 6 ——共に生きる』岩波書店，135〜169頁。

加藤幸次（1977）『授業のパターン分析』明治図書，7 〜17頁。

木原健太郎（1978）『学力を高める授業の技法』明治図書，114〜133頁。

長岡文雄（1986）『学習法の源流——木下竹次の学校経営』黎明書房，227頁。

中井隆司・高橋健夫・岡沢祥訓（1994）「体育の学習成果に及ぶす教師行動の影響」『スポーツ教育学研究』14(1)，1 〜15頁。

宮本聖司（2017）「バスケットボール——ポストプレイでズレをつくる」梅野圭史（編著）『小学校ボールゲームの授業づくり——実践理論の生成と展開』創文企画，210〜215頁。

佐藤学・岩川直樹・秋田喜代美（1990）「教師の実践的思考様式に関する研究（ 1 ）——熟練教師と初任教師のモニタリングの比較を中心に」『東京大学教育学部紀要』30，177〜198頁。

Schwab, J. (1969) The practical: A language for curriculum. School Review, 78: 1-24.

Shulman, L. S. (1987) Knowledge and teaching: Foundations of the new reform. Harvard Educational Review, 57(1): 1-22.

Straus & Shilony (1994) Teachers' models children's minds and learning. Mapping the mind:domain specificity in cognition and culture. Cambridge University Press, 455-473.

高田典衛（1979）『実践による体育授業研究』大修館書店，204〜205頁。

梅野圭史・辻野昭（1991）「体育の教授技術（その 2 ）——パターン分析からみた教師行動」『体育科教育』39(14)，76〜79頁。

梅野圭史・新井浩一・塩谷嘉六・門屋浩・辻野昭（1992）「学習課題の組織化とその展開（その 4 ）——6 年・走り幅跳び」『体育科教育』40(3)，72〜77頁。

山下政俊・広山隆行（1997）「授業における評価言の役割と教育的効果①——斎藤喜博の場合」『島根大学教育実践研究指導センター紀要』8，1 〜14頁。

吉崎静夫（1987）「授業研究と教師教育（ 1 ）——教師の知識研究を媒介として」『教育方法学研究』13，11〜17頁。

（山口孝治）

学びの戦略（学習方略）と学び方教育
～子どもが主体的に学ぶ存在になるために～

5-1 「教える―学ぶ」関係を担保するために

　子どもたちの能力格差を教師が縮めることは，至難のわざです。しかし，学習成果の格差は，埋めなければなりません。そのためには，教師と子どもの教育的関係を「教える―教わる」関係図式から，「教える―学ぶ」関係図式へとパラダイムを転換させる必要があります。具体的には，授業を成立させている「教師」「教材」「子ども」の三者の力（force）発現を均衡させる「場（field）」を成立させることです。そして，この三者の力の均衡を図るためには，「見えない実践」である「教師―教材」関係および「子ども―教材」関係の2つの力発現を「見える実践」である「教師―子ども」関係における力発現となって現出させる必要があります（**実践知1**参照）。

　今日，国内外を問わず，学習成果（知識，技能，態度）を高める指導プログラムや教授技術が組織的・体系的に整理されてきています（**実践知4**参照）。このことは，教師が子どもたちの学習成果を高める教授戦術や教授戦略を立てて授業に臨みやすくなったことを示しています。とすれば，学習する子どもたちも何らかの学びの戦術・戦略をもって望む必要があります。そうでなければ，子どもたちの学習行為が受動化する度合いが強くなり，結果的に「教える―教わる」関係を強化することになるでしょう。

　本章では，子どもの学びの戦略（学習方略）とそれにもとづく学び方教育について考えてみたいと思います。

5-2　わが国における学びの戦略（学習方略）の教育

　わが国における学びの戦略（学習方略）の芽生えは，大正自由教育時代に求めることができます。この時代では，総じて「個性の尊重」や「自由の尊重」をスローガンに，欧米における子ども中心主義教育に徹するところに実践の特徴が認められます。なかでも，画一的で教師中心の教え込みの教育から子ども自ら考え，学ぶ子どもを中心に置く教育（自律的教育）へと転換を図ろうとした奈良女子高等師範学校附属小学校校長の木下竹次の果たした役割は大きいものがあります。木下（1972）は，自律的学習について次のように述べています。

　　学習は学習者が生活から出発して生活によって生活の向上を図るものである。学習は自己の発展それ自身を目的とする。異なった遺伝と異なった環境を持っている者が，機会均等に自己の発展を遂げ自己を社会化していくのが学習である。学級的画一教育法を打破した自律学習法は，いずれの学習者も独自学習から始めて相互学習に進み，さらにいっそう進んだ独自学習に帰入する組織法であって，実に性質能力の異なった者は異なったように活動し，しかも，自由と協同とに富んだ社会化した自己を建設創造しようというのである。

　このように，木下は，子どもが自律的に学習内容を学び取っていく力を育てようとしたことがわかります。こうした「自律的学習」は，戦後になって「学び方教育」として組織的に実践・研究されるようになりました。それが，野瀬寛顕が1966年に設立した「日本学び方研究会」です。この「日本学び方研究会」の活動は，3期に分かれています（松田・松川，2000）。

　第1期は，1966年石川勤の下，愛知県刈谷東中学校で「学び方学習」の実践研究が行われ，その後，野瀬により「日本学び方研究会」が設立され，野瀬が亡くなるまでの実践・研究の期間です。

　野瀬（1980）は「学び方」を志向する目的を次のように記しています。

　学び方のめざすものは「学ぶ個の確立」にあるとし，学び方の授業は子ど
もたちの中に無限によどむ「内発性」を開発し育てるために行うものであ
って，内発性の開発にあたっては，学ぶ一人ひとりが明確なめあてを持ち，
計画的にやり抜いていこうとする「学習の行為化」を身につけなければな
らない。これは教えられるものではなく，開発育成するものであって，自
ら問題を持ち，それを追求し，解決しようとする積極的な学習が必要であ
る。

　第 1 期の「日本学び方研究会」では，教科学習における学び方を育成するだ
けでなく，家庭や社会も範疇に入れようとしました。つまり，学校教育の中で
学んだ知識や技術が生活や社会に生きて働く学習作用としての能力にまで育て
ることに力点を置いたのであります。しかし，学習作用に力点を置く考え方は，
時として内容である知識や技術を習得する能力に規定されるため，より能力格
差を拡大させてしまう危険性がありました。これは，教科学習で学ぶ知識や技
術を身につけることができない子どもには，生活や社会に生きて働く学習作用
としての能力も身につかないことを意味します。これにより，学習成果の格差
は拡大することになります。
　第 2 期は，2 代目会長の柴田義松から 4 代会長の石川勤までの期間です。こ
こでは，これまで教師は自分の教え方に工夫を凝らすことはあっても，「何を，
どう学ぶか」とする学び方を子どもに教えるという慣わし，あるいは義務感が
日本の教師には比較的乏しいとする考えから，単に「教えから学びへ」という
「教師中心か，子ども中心か」のレベルの論議ではなくて，学習観そのものの
転換を図ろうとしました（深澤，2007）。つまり，「勉強（learn）」と「学問＝研
究（study）」の区別を捉え直し，子どもたちは学校に「まなざし」と「学問」
を求めて登校してくるのであり，「問うことを学ぶ」授業づくりを確立するこ
との重要性を力説しました。それゆえ，「教室は間違えたり失敗したりすると
ころであり，それをみんなで教え合い，助け合うところが学校である」といっ
た学校観を前面に打ち出しました。
　第 3 期は，4 代会長の石川勤から現在までの期間です。ここでは，第 1 期の
学習作用としての学び方とは異なり，第 2 期の学校での授業づくり中心の学び

表 5 - 1　学年別における 5 つの学習段階で育成される学び方

	低学年	中学年	高学年
問題をさがす	新しい問題や経験に興味や関心をもつこと	知りたい問題やなぜかなどの疑問をもつこと	学習する問題を捉えることに興味や関心をもつこと
学習計画を立てる	実験・観察のしかたが問題解決に必要なことを知ること	実験・観察に必要な器具や遊具を見通すこと	実験・観察の予想と必要な器具遊具の見通しができること
教材のしくみをつきつめる	ある観点でなかまわけすること	問題点を整理して学習することを決めること	学習対象を様々な角度から眺め，問題の所在をつかみ，見通しをもつこと
まとめ確かめる	大切なところができたかどうかを確かめること	大切なところは何か確認すること	自分の予想や計画とどこがどう異なるのか確かめてみること
適用する	新しい学習は学習したものを使うことの大切さを知ること	新しい学習に学習した知識や技能，学習のしかた，考え方の使い方を学ぶこと	新しい学習に学習した知識技能，学習のしかた，考え方を使って自力で試みること

出所：筆者作成

方をさらに高めようとしました。

　こうした学校での学び方を推し進めるために，石川（1975）は，次の 5 つの学習段階に即応して学び方を育成することを志向しました。それは，「問題をさがす」「学習計画を立てる」「教材のしくみをつきつめる」「まとめ確かめる」「適用する」の 5 つです。

　表 5 - 1 は，これら 5 つの学習段階で育成される学び方を学年層別に示したものです。このように，学力の低い子どもたちに知識や技術を生きて働く力として習得させることを基本に，学習成果の格差を縮めることを願っていることがわかります。しかしながら，「日本学び方研究会」の提言は，研究会員である教員の実践の積み重ねにより培われたもので，学術的知見の裏付けを得ていないため，大学の研究機関から等閑視される傾向にありました。

　では，大学の研究機関ではどのような学びの戦略（学習方略）に関する学術的知見が生産されてきたのでしょうか。

5-3　学びの戦略（学習方略）の学術的研究と実践

　学びの戦略（学習方略：Learning Strategy）は，「学習の効果を高めることをめ
ざして意図的に行う心的操作あるいは活動」と定義され，「学習を促進する効
果的な学習法・勉強法を用いるための計画，工夫，方法のことを意味しており，
観察できる行動として現れるものもあるし，現れないものもある」とされてい
ます（辰野，1997）。このことから，学習方略には，目に見える「行動的な側
面」と目には見えない頭の中で行われる「認知的な側面」の二側面があり，学
習心理学の立場では後者について明らかにしようとしてきました。これより，
学びの戦略研究は，「観察できる刺激と反応の結合の形成」と考える行動心理
学から，「観察できない内的過程・認知構造の変化」と考える認知心理学へと
研究の重点化を移したのです。つまり，学習者が頭の中でどのように学ぶのか
という情報処理を研究する視点が重視され，「効果的な学習の仕方（学習方略）」
に注目が集まりました。そして，学びの戦略（学習方略）に関する研究は，主
として，北米における第二言語習得研究の中で発展するようになりました（竹
内，2003）。具体的には，1970年代後半から1980年代後半にかけて，「学習方略」
と称して「すぐれた学習者」の学びの戦略が教育・研究されていた。この手の
教育と研究は，「ラーナーズ・ストラテジー（学習者方略：Learner's Strategy）
研究」と呼ばれています。
　表5-2は，「ラーナーズ・ストラテジー研究」における学び方の具体的内容
を示したものです。左から Rubin（1975），Stern（1975），Naiman ら（1978）の
順に示しています。
　「ラーナーズ・ストラテジー研究」における学び方には，学習者のパーソナ
リティや学習スタイルなどの学習者固有の特性に関わる学び方を重視している
ところに特徴があります。例えば，Rubin のストラテジーでは，パーソナリテ
ィに関わる学び方として②「積極的で誤りをおかすことを恐れない」や⑥
「日々の練習を怠らない」が，学習スタイルに関わる学び方として①「コミュ
ニケーションの指向が強く，実際のコミュニケーションから学ぶ」や⑦「自分
の発話および相手の発話をモニターし，注意を払う」が，それぞれ相当するも

表5-2　第2言語習得研究にみるラーナーズ・ストラテジー研究

Rubin（1975）	Stern（1975）	Naiman et al.（1978）
① コミュニケーションの指向が強く，実際のコミュニケーションから学ぶ ② 積極的で誤りをおかすことを恐れない ③ 推測を厭わず，なおかつ上手に推測する ④ 意味の理解に十分注意を払う ⑤ 言語の形式にも十分注意を払っている ⑥ 日々の練習を怠らない ⑦ 自分の発話および相手の発話をモニターし，注意を払う	① 言語使用の場面を積極的に求めている ② 母語の影響を脱却し，対象言語での思考をおこなうようにしている ③ 対象言語・文化，ならびに対象言語話者に対して，忍耐と共感をもち，積極的に接している ④ 仮説・検証を通して，対象言語の知識を体系化し，その体系をよりよいものへと発展させようとしている ⑤ 意味の理解に重点をおいている ⑥ 定期的に一定時間練習をしている ⑦ 誤りに気づき，そこから学んでいる ⑧ 自分にあった学習方法を見つけ出し，状況に応じてそれらをうまく利用している ⑨ 言語学習上の個別の問題を解決するためのノウハウ（方法）を知っている	A）積極的に学習活動をおこなう 　① 学習の機会を積極的に，最大限活用する 　② 学習内容を関連づけたり，強化したりする 　③ 練習を十分におこなう 　④ 学習上の問題点を認識し，その解決を積極的にはかる 　⑤ 学習のために，自分の活動を最大限に活用する B）言語は体系性をもつという特性を理解する 　① 母語も利用し，対象言語との比較をおこなう 　② 推測などの手段を駆使して，対象言語の分析をおこなう 　③ 言語の体系性を利用した記憶を使う C）言語はコミュニケーションの手段であるという特性を理解する 　① 学習初期には「正確さ」よりも「流暢さ」を重視する 　② 対象言語でのコミュニケーションの機会を自ら求める 　③ 社会言語学的に適切な言語の使用方法に関心をもつ D）フラストレーション・恥ずかしさなどを適切にコントロールし，学習の進歩は直線的でないことも理解する E）自分の言語使用をモニターしながら，問題点を修正していく

出所：竹内，2003より作成

のと考えられます。

　また，Stern のパーソナリティに関わる学び方としては，Rubin の場合と同様に①「言語使用の場面を積極的に求めている」や⑥「定期的に一定時間練習をしている」が，学習スタイルについては⑧「自分にあった学習方法を見つけ出し，状況に応じてそれらをうまく利用している」と⑨「言語学習上の個別の問題を解決するためのノウハウ（方法）を知っている」が，それぞれ対応するものと考えられます。

　これに対して Naiman らの場合では，パーソナリティに関わる学び方は A カテゴリー（積極的に学習活動をおこなう）が，学習スタイルに関する学び方は C カテゴリー（言語はコミュニケーションの手段であるという特性を理解する）が，それぞれ相当するものと考えられます。

　こうした「ラーナーズ・ストラテジー研究」の学び方では，学習者個々人で「学習過程（学びのプロセス）」が異なる可能性の高いことを予想させます。つまり，性格の違いからなる性格特性や何のために学ぶのかの目的性の違いからなる機能的特性，さらには認知スタイルの違いや学習スタイルの違いからなる個人の学習スタイルなど，一人ひとりで異なる個人特性が入り込んでくる可能性です。こうした理由により，結果としての学習成果も個々人によって予想外となることが危惧されてくることになります。言い換えますと，学習成果を高める要因が個人の特性に規定されてしまうところに大きな問題をはらんでいるからです。これより，表5-1に示した学びの戦略は，いずれの場合であっても，学習者の個人特性が学習成果に強く影響を及ぼすことを回避する必要が認められます。

　その後，1990年代になると，学習者の学習過程の内実が学習成果へと繋がることを企図して，学習者の認知スタイルを基軸とした「ラーニング・ストラテジー（Learning Strategy）研究」へと駒が進められました。すなわち，「認知的領域（わかり方）」「社会的領域（関わり方）」「情意的領域（行い方）」の3つを基軸に多様なラーニングスキルを設定したのです。

　表5-3は，第二言語習得学習におけるラーニング・ストラテジー（学習方略）の構造を示したものです。左から O'Malley & Chamot（1990），Oxford（1990），Cohen（1998）の順に示しました。

表 5 - 3　ラーニング・ストラテジー研究にみるストラテジーの構造

研究者	O'Malley & Chamot(1990)	Oxford（1990）	Cohen（1998）
ストラテジーの構造	・メタ認知ストラテジー（Metacognitive Strategies） ・認知ストラテジー（Cognitive Strategies） ・社会・情意ストラテジー（Social/Affective Strategies）	直接ストラテジー（Direct Strategies） ・記憶ストラテジー（Memory strategies） ・認知ストラテジー（Cognitive strategies） ・補償ストラテジー（Compensation strategies）	言語学習ストラテジー（Language learning strategies） ・範疇化ストラテジー（Categorizing Strategies） ・接触ストラテジー（Contact Strategies） ・記憶ストラテジー（Memory Strategies）
		間接ストラテジー（Indirect Strategies） ・メタ認知ストラテジー（Metacognitive strategies） ・情意ストラテジー（Affective strategies） ・社会ストラテジー（Social strategies）	言語使用ストラテジー（Language use strategies） ・検索ストラテジー（Retrieval Strategies） ・リハーサルストラテジー（Rehearsal Strategies） ・偽装ストラテジー（Cover Strategies） ・コミュニケーションストラテジー（Communication Strategies）

出所：筆者作成

　まず，O'Malley & Chamot（1990）は，中学生と高校生を対象に認知心理学者の Anderson（1982）の理論的枠組みを援用して，学習ストラテジーを「メタ認知ストラテジー（自己の学習を整える方略）」「認知ストラテジー（学習内容に直接働きかけて理解や記憶を促す方略）」「社会・情意ストラテジー」の3つに集約しました（佐藤，2004）。これには，第二言語習得学習だけにとどまらず，他の教科における知識学習や技能学習に対しても適用可能なストラテジーとして汎用化させたいとする意図があります。とりわけ，O'Malley & Chamot の学習ストラテジーの構造は，運動学習を主たる学習活動とする体育科，製作・造

形を主たる学習活動とする図工科，歌唱・演奏を主たる学習活動とする音楽科などの学び方に対してもきわめてよく対応する様相にあることがわかります。

　これに対して，Oxford（1990）と Cohen（1998）のストラテジーは，第二言語習得学習に特化させた学習ストラテジーになっています。つまり，Oxford（1990）のストラテジーは，第二言語習得学習を直接的にねらう「直接ストラテジー」を置き，その中の「記憶ストラテジー」を重視する構造になっています。また Cohen（1998）のストラテジーは，「言語の学習」と「言語の使用」に分け，言語の理解と発話との往還的戦略を考えました。その後，これら 2 つの学習ストラテジーにおけるスキルを意図的に指導し，子どもの学習成果を高めようとする研究も認められるようになりました。

　金子・大芦（2010）によれば，学習方略の研究は，「学習全般と個別の教科を扱ったもの」と「自己効力感や価値といった動機づけの要因や自己制御要因との関連を検討しているもの」の 2 つに大別できるとしています。とくに，後者については，学習方略を知識としてもっているだけでは不十分であることを指摘しました。つまり，学習方略を実行に移すためには確かに一定の動機づけが必要であるが，それ以上に自分の立てた計画を積極的に遂行したり，努力を持続したりする自分自身の心や学習過程をコントロールする自己制御力が必要であることが提言されています（辰野，1997）。

　これら以外の研究成果として，植阪（2010）は，問題の間違えた原因を考え，ノートに書き込む「教訓帰納」と呼ばれる方略を学習者に介入した結果，学習方法の改善によって学習成果を実感できるようになると，「繰り返し問題を解く（非認知主義的学習観）」から「間違えたところを分かって問題を解く（認知主義的学習観）」へ変容することを報告しています。

　他方，どの年齢の子どもたちにどのような学習方略使用ができるのかといった発達段階についての研究において，伊藤（1997）は，小学校 4 年生に自己調整学習が可能かどうかを学習方略に焦点を当てて検討した結果，自己調整学習を行う子どもの存在を明らかにしました。また Israel（2007）は，読解方略におけるメタ認知の使用を発達水準別に検討したところ，小学校高学年以後の中等教育段階において，メタ認知能力は伸びることを報告しています。さらに先に示した辰野（2006）の言説も含めて，より，小学校低学年の段階から学び方

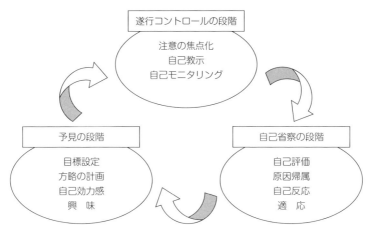

図 5-1　自己調整学習における 3 段階の過程

出所：Zimmerman, 1989 より作成

を使って学習させていくことを経験させ，中学年の段階では，より学び方を意
識させた授業を展開させることで，高学年段階においてメタ認知能力が伸ばす
ことができ，より学習成果を上げやすい自立した学習者へと段階的に育てるこ
との可能性が示唆されます。

　一方，佐藤（2001）は，小・中学校の教師を対象に教師の学習方略の指導の
成果を検討しています。これによると，小学校の場合では学習方略の有効性を
全般的に理解している教師ほど子どもへの学習方略指導が高くなることを，中
学校の場合ではメタ認知的方略の有効性を理解している教師ほど学習方略指導
の必要性も高いことを報告しました。また，同じく佐藤（2004）は，自己の学
習を整える方略である「自己調整方略（メタ認知的方略）」と学習者が学習内容
に直接働きかけて理解や記憶を促すために用いる「処理方略（認知的方略）」の
2 つの方略の関係，ならびに達成目標および学業成績との関連を分析した結果，
メタ認知的な方略が目標を達成するための認知的な方略を選択させることによ
って学業成績を高めることを示唆しました。

　これらのことから，学習方略の研究と実践は，子どもに「生きる力」や「自
ら学ぶ力」をつけるためにあるものの，学習方略のメカニズムの説明や実証的
な知見にもとづく実践による科学的な裏付けがより多く提示されることが望ま

れています。とくに,「自ら学ぶ力」を育てる学習法として「自己調整学習」の実践が待たれるところです。

　Zimmerman（1989）は,「自己調整」の考え方を「学習者が,メタ認知,動機づけ,行動において,自分自身の学習過程に能動的に関与していること」と定義しています。図5-1は,自己調整学習のプロセスを示したものです。

　自己調整学習は,「予見」「遂行コントロール」「自己省察」の3つの循環的なプロセスによって構成されています。つまり,「予見」の段階は,学習の下準備の段階であり,目標を設定し,学習方略の計画を立てます。その際,それらを決める前提として,目標を成し遂げたときの自己効力感や課題への興味が影響するとされています。「遂行コントロール」の段階は,学習方略を実行に移す段階です。ここでは学習方略をうまく実行できるように注意を集中させ,順調に進んでいるかどうかをモニタリングして学習をコントロールします。「自己省察」の段階は,払った努力にする反省を展開する段階です。つまり,学習成果が目標に達したか,あるいは基準をどれくらい満たしたかを自己評価し,なぜうまくいったのか,または,うまくいかなかったのかの原因をふり返ります。そこで,学習成果に対して目標の設定やそれに繋がる学習方略の選択に問題があると判断すれば,再び次の学習の「予見」の段階に反映され,循環的なプロセスとして成立していくのです。これは,「PDS（Plan-Do-See）」サイクルをこの学習に応用したモデルといえます（伊藤,2008）。すなわち,子どもたち自身に学習の目標を意識させた計画を立てさせ,その目標を達成するための方法をも考えさせ,それに伴う学習の成果がどうであったのか自分でふり返ることを繰り返す中で,自分自身の学習を学習成果へと繋げる学習力が身につくというわけです。このことは,課題解決的な授業において,子どもたちにも「PDS（Plan-Do-See）」サイクルを意識させる必要のあることを意味しています。

　以上のことから,学習戦術（学び方）を身につけ,自分でそれを駆使して学習に取り組むことで,課題解決に向けた学習方略が形成され,結果として学習成果を上げられるようになるのではないでしょうか。

　しかしながら一方で,子どもたちには間違う権利があります。試行錯誤しながら正しい方法を見出すものです。実際に教室には,学習が得意な子どもとそ

うでない子どもたちがいます。そのため，優れた学習者が用いる学習成果を上げる学習戦術（学び方）・学習方略だけでなく，学習が苦手な学習者が用いる学習成果を必ずしも上げるとは限らない学習戦術（学び方）・学習戦略も認めながら授業を展開することが大切になるでしょう。このような，子どもたち一人ひとりの学習を認めながら学習成果を上げにくい子どもたちにも学習成果を高める学び方を身につけたいものです。

　他方，**実践知4**の論考にみられるように，授業の中で「いつ，どこで，誰に，どのような指導を行うのか」といった教師の意思決定とそれに伴う教授活動については，かなりの程度にまで研究が深められてきています。また，子どもの学習方略に関しても，本章で論考したように，ある程度まで学術的な研鑽が積まれてきています。しかしながら，両者の研究の歩みは，それぞれで独立して発展してきたように思われます（篠ケ谷，2012）。

　今後，教授戦略の研究と学習方略の研究との接合的研究が望まれるところです。つまり，教師が用いる教授活動の構成に対して，どのような学びの戦術を準備しておく必要があるのかとする教授＝学習活動の対応研究です。

文献

Anderson, J. R. (1982) 'Acquisition of cognitive skills.' Psychological Review, 89: 369-406.

Cohen, A. D. (1998) 'Strategies in learning and using a second language vocabulary over time: Investigating the role of mnemonic associations', System, 8-2 : 221-235.

深澤弘明（2007）書評：柴田義松著「学び方の基礎・基本と総合的学習」『教育学研究』74(2)，119頁。

石川勤（1975）『学び方学習の授業入門』明治図書。

伊藤崇達（1997）「小学生における学習方略，動機づけ，メタ認知，学業達成の関連」『名古屋大学大学院紀要』44，135〜143頁。

伊藤崇達（2008）「「自ら学ぶ力」を育てる方略——自己調整学習の観点から」『BRED』13号，14〜18頁。

Israel, S. (2007) Using metacognitive assessments to create individualized reading instruction. New York：IRA.

金子巧一・大芦治（2010）「学習方略に関する研究についての近年の動向」『千葉大学

教育学部研究紀要』58，79〜87頁。

木下竹次（1972）『学習原論』中野光（編）明治図書，13頁。

Naiman, N. M. Froehlich, H. H. Stern and A. Todesco（1978）The good language learner. Tronto: Ontario Institute for Studies in Education.（Reprinted by Multilingual Matters, 1996）.

野瀬寛顕（1980）『学び方教育のすすめ』小学館，9〜10頁。

松田元宏・松川利広（2000）「『学び方』に関する基礎的研究——『日本学び方研究会』の場合」『奈良教育大学紀要』49（1）（人文・社会），1〜12頁。

O'Malley, J. M. & Chamot, A.U.（1990）Learning strategies in second language acquisition. Cambridge: Cambidge University Press.

Oxford, R.（1990）Language learning strategies: What every teacher should know. New York: Newbury House.

Rubin, J.（1975）'What the 'good language learner' can teach us ?' TESOL Quarterly, 9-1: 41-51.

佐藤純（2001）「教師の学習方略指導に関する研究」『日本教育工学雑誌』25，49〜52頁。

佐藤純（2004）「学習方略に関する因果モデルの検討」『日本教育工学会論文誌』28，29〜32頁。

篠ケ谷圭太（2012）「学習方略研究の展開と展望——学習フェイズの関連づけの視点から」『教育心理学研究』60，92〜105頁。

Stern, H. H.（1975）'What can we learn from the good language learner ?' Canadian Modern Language Review, 31: 304-318.

竹内理（2003）『より良い外国語学習法を求めて——外国語学習成功者の研究』松柏社。

辰野千壽（1997）『学習方略の心理学』図書文化社，11，64頁。

辰野千壽（2006）『学び方の科学』図書文化社，43頁。

植阪友理（2010）「学習方略は教科間でいかに転移するか——『教訓帰納』の自発的な利用を促す事例研究から」『教育心理学研究』58，80〜94頁。

Zimmerman, B. J.（1989）'A social cognitive view of self-regulated academic learning.' Journal of Educational Psychology, 81: 329-339.

（池上哲也）

学びの集団とその育成
～集団での学びと学び合う集団～

6-1　学習集団の定義

　学習指導は，本来，教師と子どもとが"一対一"で向かい合う関係の中で営まれることが基本です。しかし学校の授業では，現実には1学級に30人程度の子どもが居るため，"一対一"で向かい合う直接的指導は，教師の相互作用活動の中でしか展開することができません。しかも，そこでの指導時間はわずかであり，場合によっては一日の中で直接的に指導を受けることがなかった子どもも存在しています。これより，教師と子どもの学習指導の関係は"一対多"の集団化での間接的指導がほとんどであり，子どもの学習はつねに集団下での思考・認識活動が中心となる様態にあります。

　ところで，学習集団の編成・運用には，政治的なイデオロギーが非意識下の世界で蠢いていることに留意しなければなりません。とくに，戦前・戦中における帝国主義政策（政治的・経済的・軍事的に他国や他民族を侵略・支配・抑圧し，強大な国家をつくろうとする政策）の下，個人が埋没した集団主義国家として敗戦した経験をもつわが国では，戦後，進駐軍（主としてアメリカ軍）によって民主主義のイデオロギーが注入され，学校の教師は一転して個人の自由と仲間との話し合いによる協同学習を展開しなければならなくなりました。しかし，昨日まで臣民教育（教育勅語を敬い，それを実践する教育）を強要していた教師がただちに民主主義教育を行うことは困難であったため，子ども同士の話し合い活動をどのように展開すればよいのかが現実的な実践問題となりました。そのような中，ソビエトや中国の集団主義教育，あるいはアメリカのグループメソッドが腑に落ちやすかったようです（末吉，1983）。言い換えると，個性的な子どもの学びを高めるために学級をいくつかの小集団に分けるのではなく，「小集

団学習」の名の下，戦中時と同様に各小集団に班長を置き，教師の指示・命令に即して小集団を統括することで，教授効率を高めることをねらったわけです。

　今日に至っても，このようなやり方を行っている若い教師を見受けることがあります。具体的には，小集団を編成しても，どの集団も同じ課題（めあて）の同じ方法で活動させるやり方（これは，「班別指導」と呼ばれ，「グループ学習」とは区別されます）は，授業の効率化という点では有効ですが，「子ども本位の学び（learners' ship）」を尊重するものではありません。また，生活班を編成した場合にしても，"リーダー"と称しつつも，結局は教師の手先となって彼らを使っている場合が多いように思われます。こうした小集団の使い方をする教師は，自己の利益を集団の利益の中に見出そうとする集団主義的な考え方に近いことを理解する必要があります。

　では，学校の授業における「学びの集団（学習集団）」をどのように考え，そして育成していけばよいのでしょうか。

　過去，「学習集団」の捉え方には，大きく2つに分かれる様態が認められます。1つは，「学習を目的とした集団」であり，「集団または指導者の意図的な指導に見合う，従属者側（子ども）の意図的な学習そのものが一つの目的であるような集団」とする立場です（片岡，1979）。つまり，学習集団を学校での学習を目的とする集団に限定し，子どもの個性の発揮とその変容が集団の目的となるように意図された集団です。これは，「集団での学び」と解することができます。もう1つは，学級集団を学習集団と同義に捉え，「学習を機能とし，目的とする学習が適切に行われるよう組織された集団」とする立場です（末吉，1983）。つまり，教師の意図した目的に向かう学習過程（学びの道筋）を保障するとともに，望ましい学習集団を形成するように意図された集団です。これは，「学び合う集団」と解することができます。

　本章では，「集団での学び」と「学び合う集団」の実践学的検討を展開させてみることにします。具体的には，

① 吉本均と大西忠治の学習集団論争を回顧し，この論争の意味を考える。
② 「集団での学び」と「学び合う集団」の実践的相違について考える。
③ 「集団での学び」と「学び合う集団」の有用性を考える。

6-2　学習集団論争の意味

　吉本（1970）は，教授と学習の関係を「教授する主体と学習する主体との相互対決の過程」と捉えました。これに対して，大西（1982）は教授と学習を「教授主体の活動であると同時に学習の活動である」と捉え，「教授だけあって学習がないということはあり得ず，学習はあるが教授がないということもあり得ない」として，両者が分離不可能な関係にあるとしています。

6-2-1　吉本均の学習集団論

　吉本の学習集団論が醸成された1960年代は，問題解決学習による基礎学力の低下問題を超えるために打ち出された「教育内容の現代化」の時代でした。また，この時代は学習集団による授業改造が試みられた時代でもあります。すなわち，1963年に全国授業研究協議会が結成され，学習集団の育成を授業改造の中核に据えた授業研究が展開されました（藤原，1979）。

　こうした中で，吉本（1974）は，学習集団を育てるために，「学習規律の重視」と教師の発問による「集団思考の組織化」の重要性を指摘しています。つまり，班長が成員の学習進度を確かめたり，遅れている場合は授業の進行にストップをかけたりすることにより，授業への参加を保障するとともに，教師による「発問を中核に据えた集団思考の練り上げ」によって個性の違いを吸収し，客観的な知識・技術の習得を企図したのであります。ここでいう「集団思考の組織化」とは，子どもたちの考えを焦点化したり，関連づけたりする発問ならびに揺さぶりをかける発問などを駆使したりすることで，子どもたちの見方・考え方を変えたり，さらなる地平に導いたりするものです（**実践知4**のスクリーニング戦略を参照）。その後，吉本（1977）は，学級という集団は学校の教師にとって何よりも重要な実践的拠点であり，その中核である授業は子どもの生活と学習とを結びつける「場」と位置づけ，授業で用いられる幾多の学習指導法も学級集団をどう育成するかという考え方と深く結びついているとして，3つの学習集団観を提示しました。1つめは「管理主義的集団観」であり，2つめは「適応主義的集団観」であり，3つめは「学級集団観」です。

　「管理主義的集団観」は，学級の子どもたちを上手に管理監督して，「問題児」「問題行動」「非行」を表面に出さないように取り締まるという考え方を基盤にした学習集団観です。

　「適応主義的集団観」は，①教師が学習資料や作品を豊富に提示し，それによって学習への動機づけを高めていくことが最高の経営だと考える立場，②子ども一人ひとりの悩みや不満を教師が親切に受け入れ，彼らの心理的抵抗や不安のない学級生活ができるように配慮する立場，③子どもたちの自発的意思を尊重して，一人ひとりの役割を与え，そのことによって全員の子どもを学級規模に応じてうまく適応させていくことを最善の方針とする立場などを基盤に展開する学習集団観です。

　「学級集団観」は，子ども一人ひとりの要求を掘り起こし，子どもと共に規範や規律を創ることを主要な指導の観点とする学習集団観です。

　「管理主義的集団観」と「適応主義的集団観」は相反する様態に見えて実は共に「主体形成」の論理，つまり学級の主人公として子どもを育て上げようとする発想と論理が欠落しており，あらかじめ与えられた集団規範の役割付与を通して適応させ，内面化させていくところに共通性が認められます。これに対して，「学級集団観」は，集団の主体的構成員である子どもの要求（自己要求）によって集団の質的発展そのものをいかにして奮起し促進していくかが重要な課題となる学習指導で，そこでは「教師の指導性」と「子どもの主体性」は二律背反しないとされています。

　吉本（1981）は，3つめの「学級集団観」に立脚し，「学習集団とは，みんなでわかり合う授業の創造を目指す教育実践の目標概念である」と定義しました。つまり，学習集団は，子どもが現実世界の中では未だ習得し得ていない客観的な文化（教材・教科）を学び取る過程そのものであるとし，授業は学習過程＝学習集団として機能する授業の創造であることを主張するに至りました。

6-2-2　大西忠治の学習集団論

　大西の学習集団論が醸成された1970年前後は，学校現場では「いじめ」「不登校」「校内暴力」「非行」などにより授業が成立しない状況が蔓延し，その解決に向けた学習集団の育成が強く求められる時代でした。その中で，大西は，

中学校教師という立場から「実践に裏打ちされた思想しか語らない」という信念にもとづいて，学習集団論を展開しました。つまり，教材や指導法を工夫したとしても学級が優れた学習集団として育っていなければ，授業は成立しないと考えたのです。そのために，大西（1981）は，「班つくり」と「核つくり」によって子どもに集団と個人の関係を認識させるとともに，集団の核となるリーダーを育てることによって「討議つくり」を実現しようとしました。

　「班つくり」とは，集団の目標達成に向け，一人ひとりが自覚した役割を果たすことのできる班を育てることであり，「核つくり」とは，班長という役割を通して何を働きかけるべきかを自覚し，それにもとづいて行動できる子どもを育てることとしました。とりわけ，「討議つくり」については，発言力のある子どもとそうでない子どもの存在を認めた上で，発言力の弱い子どもにも平等に発言機会を確保するために，学級での討議と並行して自由に討議する場面の導入に力を注ぎました。これによって，どの子にも発言機会が保証されるだけでなく，学級での討議に個人の意見が反映されることになります。さらに，班長や班を代表して発表する子どもを交代させることで，どの子どもにもみんなの前で発言できる力を育てようとしました（大西，1991）。

　こうした大西の「討議つくり」の考え方は，ボルノー（1978）の「対話教育」の様態にあるように見えますが，むしろモレンハウアー（Mollenhauer, 1972）の「討議」の捉え方に近似しています（梅野・片岡，1995）。つまり「討議」とは，教師から子どもへ指示や要求を与えるのではなく，子どもが学びの主体として自らの問題状況を解決し得るコミュニケーションとする考え方です。

　こうしたことから，大西は学級集団には授業における学習集団と生活指導における生活集団の二重の役割があると捉えるようになり，その上で学習集団を「学級集団とは違った集団として編成された集団」であり，「学習という固有の目的のために編成された集団」と定義しました。こうした定義にもとづいて，仲間と共に教科内容を学び取るための小集団の組織と運用の重要性を主張するに至りました。

　以上のように，吉本と大西の学習集団論争を概観しました。その結果，いずれの学習集団論においても，教科内容を学び取る「子ども本位の学び（learners' ship）」を重視している点で共通していますが，吉本は「学習過程＝学習集

団として機能する授業の創造」を，大西は「仲間と共に教科内容を学び取るための小集団の組織と運用の重要性」をそれぞれ主張する点に相違がみられました。つまり，吉本は「集団での学び」の中で個々人の自立を志向したのに対して，大西は「学び合う集団」の中で冷静な討議能力の育成を企図したのです。

　これらのことを考え合わせると，両者の学習集団論は論争として論議するのではないように考えられます。「集団での学び」と「学び合う集団」のそれぞれの独自性（指導の特性）を教科指導にいかに反映させるかを論議することの方が現実的な思索と考えられます。

6-3　「集団での学び」と「学び合う集団」の特性

　では，「集団での学び」と「学び合う集団」は，どのように異なるのでしょうか。まず「集団での学び」の例として，国語科の読解の学習を挙げてみます（本田ら，1988）。ここで取り上げる授業場面は，大造じいさんが残雪にウナギ釣針の作戦を見抜かれ，思わず感嘆の声を漏らすところです。

　残雪にウナギ釣針作戦を見抜かれた大造じいさんが「ううむ」と声を漏らした場面で，子どもたちは，次のような書き込みをしました。

　　　A児：くそう，仕掛けを見やぶられたか。失敗を忘れて，またしかけにひ
　　　　　　っかかると思ったが，残雪のせいでまた失敗してしまった。
　　　B児：やはり残雪を甘く見過ぎたか。もっと取れると思ったがのう。ガン
　　　　　　はまた忘れるだろうと思っていたが，さすがは残雪。苦労して作った
　　　　　　仕掛けを見破るとは！　　たいした知恵を持っているものじゃ。

　A児はガンを捕えることができなかった大造じいさんの無念さを，B児は残雪の賢さや手強さから残雪への畏敬の念を抱き始めていた心の変化をそれぞれ読み取っています。授業者は，この2人の子どもの読みを取り上げ，「大造じいさんは，どちらの気持ちが強いのだろうか」と問いかけた後，子どもたちの書き込みの中で見過ごされていた「思わず感たんの声をもらした」という表現を取り上げたのでした。その結果，大造じいさんは残雪を取り逃がした悔しさ

も当然あるけれども，それ以上に仕掛けを見破った残雪の知恵に驚かされた気持ちの方が強いことを，「感嘆」という語が示しているとする読みへと立ち上げたのでした。

　このように，「集団での学び」は，一人ひとりで異なる思考・認識の違いを顕在化させ，それらを紡ぎ取ったり織り込んだりといった「集団思考を組織化」しながら，授業目標（客観的な知識や読みの理解，および技能の習得）に到達させていくところに指導の特性が認められます。

　次に「学び合う集団」の例として，同じく国語科：小学6年生の「わらぐつの中の神様」の授業を取り上げてみます（吉川，1992）。

　この授業では，物語の続きとして「おみつさんと大工さんの結婚式を開こう」という単元を設定しています。つまり，結婚式という場を設定することによって，子どもたちには，父親，母親，友だちなど様々な立場でのスピーチが求められます。例えば，大工さんの母親であれば，息子の成長を紹介しつつ，おみつさんへの想いをスピーチとしてまとめるでしょうし，おみつさんの友だちであれば，おみつさんの人柄を紹介することになるでしょう。

　こうした役割の設定により，子どもたちには，それぞれの立場（見え方）から物語の叙述にその情報を求める必然性が生まれます。さらに，披露宴という設定により，子どもたちは，お互いの見え方の違いを理解しながら，「なるほどなあ，そういう読み取りができるんだ」や「それなら，もっとこんな読み取り方もできるんじゃない！」など，お互いの立場を理解した上で，スピーチ原稿の完成に向けた話し合いが成立していくと論考されています。

　このように，「学び合う集団」は，授業目標（客観的な知識や読みの理解，および技能の習得）に向けて，小集団の「子ども本位の学び（learners' ship）」を基盤に，成員相互の話し合い，助け合い，支え合いといった相互交流によるプロジェクト・メソッドとしての指導の特性が認められます。

6-4　「集団での学び」と「学び合う集団」の有用性

　「集団での学び」の指導の特性をもつ学習集団は，一般的には前述した例のように，国語科では主として「物語文」および「抒情詩や叙事詩」における読

解指導で展開されています。しかも，そこでの学習集団は，「一斉学習」である学級集団が基本です。それだけに，教師の指導能力の高さが問われることになるでしょう。これにもっとも類似する教科としては，算数科の指導（教材全般）が挙げられますが，そこでは，「学び合う集団」を育てる立場からは，子どもの間違い探し（ある子どもの間違いを他の子どもに見つけさせ，それを手がかりに正解に導くやり方）による指導は避ける必要があります。残る内容教科（理科や社会科）や生活教科（家庭科）についても同様です。

　内容教科以外で見れば，体育科では主として体つくり運動や器械運動，さらには陸上運動と水泳などの指導で，音楽科では主として合唱や合奏の指導で，それぞれ「集団での学び」が用いられることが多いものと考えられます。

　次に「学び合う集団」のもつ学習集団は，体育科においてもっとも早期（昭和28年頃）にしかも恒常的に発展してきました。一般に，「グループ学習」と呼ばれる指導方法です（梅野・片岡，1998）。この学習法は，目標の達成に向けて，各グループで課題（めあて）を独自に考え，その解決方法も自身たちで工夫・実践していくもので，主として器械運動，ボールゲーム，表現・ダンスなどの指導で用いられています。

　器械運動では，試技する子ども，これを補助する子ども，動きを観察する子どもといった役割が分担され，技の習得に向かって「話し合う力」「教え合う力」「助け合う力」などが培われてきます。

　ボールゲームでは，作戦を成功裡に収める（シュートを決める）ため，器械運動の場合と同様の力が育成されるとともに，これ以外に動きの「"生き死に"の大切さ」も学ぶようになります。具体的には，ボールを保持していないプレイヤーが相手ディフェンスを自分に引き付けたり，自分がシューターであるように見せかけたりするプレイです。

　表現・ダンスでは，これら4つの力以上に「見る人」の側に立って自身の動きを評価する力（モニタリング能力）が育成されます。

　このように，体育科におけるグループ学習は，他の教科と異なり，集団の凝集性（一丸となった集団，および仲良しになった集団の結びつきの強さ）を高めることも教科の目標になっています。

　こうしたグループ学習のやり方は，理科においても「小集団学習」と称して

展開されています（清水・吉澤，1999：三田・山崎，2009）。

　清水・吉澤（1999）は，以下に示す 5 つの利得を認めています。

　① 　お互い協力して課題を解決していこうとする相互協力関係が成立する
　　　（相互協力関係）。
　② 　相互協力関係によって「教える」「議論する」「説明する」などが促進
　　　され，お互いの考えに影響を与え合い，仲間に認められる喜びを学ぶ
　　　（対面的・積極的相互作用）。
　③ 　個人の責任と役割分担などにより，課題解決のために自分が役割を担
　　　っているとする自己責任を持つ（個人の責任性）。
　④ 　スモール・グループにより，「互いの技能を知る」「信頼し合う」「互
　　　いに受容し合う」などの社会的技能を身につける（対人技能）。
　⑤ 　メンバーのどのような行為が有効であったか，なかったかを理解する
　　　ようになり，どのような行為が引き続きなされるべきで，どのような行
　　　為を直すべきかを振り返ることができる（グループ改善の手続き）。

　一面，この学習法では，単元当初は学習路線が複線的になるため，教師はそ
れらを単元の目標に向かって方向づける指導性の発揮がきわめて重要になって
きます（**実践知 4** 参照）。

　いずれにしても，「集団での学び」と「学び合う集団」は，教材の特性や内
容によって，また学級の子どもたちのレディネス様態によって，使い分けてい
くことが肝要であるものと考えられます。

文献

ボルノー，O. F.（1978）『問いへの教育——哲学的人間の道』森田孝・大塚恵一（訳），
　　川島書店，182〜188頁。
藤原幸男（1979）「学習集団による授業改造——60年代授業研究・実践の一典型とし
　　て」『琉球大学教育学部紀要』23，321〜335頁。
本田泰弘・山田利彦・尾川佳己（1988）「書くことを授業の中核にすえる」兵庫教育
　　大学附属小学校教育研究会『学ぶ力をひらく授業づくり』泰流社，33〜54頁。
片岡徳雄（1979）『学習集団の構造』黎明書房，105頁。

吉川芳則（1992）「イメージ形成型の授業づくり——わらぐつの中の神様（5年）の場合」兵庫教育大学附属小学校研究会『楽しい授業の創造』黎明書房，15〜21頁。

三田孝司・山崎敬人（2009）「小集団での話し合い活動における協同的な学びの要因に関する研究——小学校第6学年「電流のはたらき」の単元を事例として」『理科教育学研究』50(2)，69〜80頁。

Mollenhauer, K. (1972) Theorien zum Erziehungsproze: Eine Einfurung In Erziehungswissenshaftliche, Fragestellungen, 3. Aufl., München: Juventa Verlag.（モレンハウアー，K.（1972）『教育課程の理論』）

大西忠治（1981）『班のある学級』ほるぷ出版，70頁。

大西忠治（1982）「学習集団とは何か」『国語教育評論』明治図書，146〜147頁。

大西忠治（1991）『大西忠治教育技術著作集第8巻』明治図書，28頁。

大西忠治（1991）『大西忠治教育技術著作集第5巻』明治図書，258頁。

清水誠・吉澤勲（1999）「理科学習へのコーオペレーティブ学習導入の効果——相互協力関係から生じる相互作用の分析」『埼玉大学紀要教育学部教育科学』48(2)，27〜42頁。

末吉悌次（1983）『集団学習の研究』教育出版，9，43頁。

梅野圭史・片岡暁夫（1995）「課題形成的学習における「共有課題」のもつ教育学的意義に関する一考察——モレンハウアーの教育論を考察視座にして」『体育・スポーツ哲学研究』17(2)，27〜49頁。

梅野圭史・片岡暁夫（1998）「戦後わが国の体育指導論にみる教師と子どもの教育的関係に関する検討（1）——グループ学習論争（1950年代）を中心として」『鳴門教育大学研究紀要』13，87〜99頁。

横山聡（2006）「大西忠治の「集団つくり」理論に関する一考察」『山形大学教職・教育実践研究』1，63〜72頁。

吉本均（1970）『現代授業集団の構造』明治図書，57頁。

吉本均（1974）『訓育的教授の理論』明治図書，102頁。

吉本均（1977）『現代教授学』福村出版，17〜19頁。

吉本均編（1981）『教授学重要用語300の基礎知識』明治図書，274頁。

（林　修）

子どものための教材の選定・開発
～子どもの自己要求に応える～

7-1　子どもの自己要求と発達

　教材に出会った瞬間，「こんなことが知りたい」「こんなことがわかりたい」「こんなことができるようになりたい」という「自己欲求」が「どうすればいいの？」という問いへと繋がったとき，「自己要求」が発生します。

　こうした「自己要求」は，いつ，どのようにして発揮されるのでしょうか。

　実践知1で論じたように，子どもの「自己要求」は，「教師―子ども」関係における「教育的相互作用」の場で発揮されるものです。なぜなら，教師は子どもに教材研究の内容を示すと同時に，子どもは教材との出会いで生まれた「自己要求」を教師に示すことが必要となるからです。前者は子どもには見えない世界であり，後者は教師には見えない世界です。それだけに，互いに「一体的・共同的な存在（教える―学ぶ関係としての存在）」として自己を開示することが重要になってきます。このとき，「あっ，そうか，わかった！」「やったぁ，できた！」といった創発的体験が子どもに生まれたとき，彼らの「発達」が促されるのです。

　一般に，「発達」とは生物学的な機能や構造が成熟することであり，これらが複雑化・構造化されていくことで「発達」が量的にも質的にも変化していくとされています。ここで，「発育すること（to grow）」と「発達すること（to develop）」は区別して考える必要があります。すなわち，「発育すること（to grow）」は，幼児期から成人期にかけて，身体または身体各部を発育させること（サイズを大きくすること）であり，「発達すること（to develop）」は行動する能力を身につけること，あるいは個人レベルでの生活の中で生活している文化から期待される適切な行動のしかたを学習・習得することであると述べられて

います（Malina, 2002）。これより「発達」は生活文化（知識・技能・態度）に内在している適切な行動のしかたを学習し，その結果として永続的な行動の変容が身についた様態なのです。こうした学習行動は，自らで学ぼうとする意志力を中核にした自己活動が不可欠となってきます。つまり，「発達」は自らで学ぼうとする自律的学習によって促されるのです。

　しかしながら，現実には教師が知識や技能を高めさせることが子どもの発達を促すことと一面的に理解してしまう場合が見受けられます。これが教師中心の他律的学習でも十分に子どもの発達を促せるという錯覚を教師に抱かせてしまっているのです。これでは，永遠に教師中心の一斉指導からの脱却は難しくなるでしょう。「教師」も含めて「教材」や「施設・用具」は，子どもの発達を促す環境因と考える必要があります。なかでも，学習対象となる「教材の提示」はきわめて重要な環境因であるといえましょう。

　では，環境因としての「教材」は，子どもの自己活動にどのような働きかけをするのでしょうか。これが本章のねらいです。すなわち，本章では，教材が有する教育学的意味と子どもの発達に資する教材の選定・開発のあり方について考えてみることとしました。この目的を達成するために，以下に示す3つの論点をアプローチの観点としました。

　① 「教材」という考え方が生まれた背景について
　② 「教材」の二重性について
　③ 「教材で教えるのか」それとも「教材を教えるのか」の実践比較

7-2 「教材」という考え方が生まれた背景

　まず「教材」という考え方が生まれた背景を，モレンハウアー（1993）のいう「提示」と「代表的提示」を手がかりに考えてみたいと思います。なぜなら，「提示」の章では「自分自身とその生活形式について何ほどかを伝達すること」という解説が，また「代表的提示」の章では「何が伝達されるべきかを選択すること」がそれぞれ解説されているからです。これらの解説より，モレンハウアーは何を意図しているのかを論及していきたいと思います。

7-2-1 「提示」について

　「学校」という教育制度ができる前（14〜15世紀頃），子どもへの教育は，家内工業における徒弟制度を中核に，各家庭および各地域でそれぞれ独自に行われていました。つまり，子どもへの教育は地域の大人たちや親が子どもを養育することに加えて，生活形式も同時に教育していました。そこでの教育内容は，言葉や数，遊び（ゲーム）などが挙げられます。

　以下，幼少年期の子どもへの教育のしかたを具体的に示してみましょう。

　まず「言葉」の場合では，食事の場面において，「このオレンジ色はニンジンっていうんだよ。この緑色はね，ピーマンっていうんだよ。おいしいよ」と教えながら食事を勧めさせ，物と言葉と意味とを対応させる母親の行為が浮かびます。

　また「数」の場合では，数が数えることだけでなく，生活する中で四則計算を教えていくものと考えられます。例えば，ブドウを5粒，子どもにあげるとします。「さあ，目をつぶって」と母親が言い，そのまま3粒とりました。その後，子どもに「さて，目を開けて，いくつなくなった？」と問います。すると，子どもは「3つ」と答えます。こうして引き算を学んでいくのです。

　「遊び」の場合では，絵札を使った大人のゲームを観戦しながら，ルールを学ぶとともに，絵札を増やしたりなくならせたりする「騙し・騙され」の言語ゲームを理解したり，数理的には数の大小関係や四則計算法を理解するようになります。

　このように，中世のヨーロッパでは，まだ「学校」という制度がないため，大人と子どもが同じ空間を共に働き，共に生活し，共に遊んでいたのです。それゆえ，大人は自身の生活形式を維持・伝達するための「何らかの事柄（家庭や地域が異なるため，このような表現になっていると考えられます）」を教育していかなければなりませんでしたし，子どもはそれらを必然的に学ぶことが慣習的であったのです。

　こうした慣習的な学びについて，モレンハウアーは，次のような2つの問いを投げかけています。つまり，①言語（数・ゲーム）はいかにして習得していくのかであり，②言語（数・ゲーム）を学ぶとき，子どもは何を学んでいるの

かであります。

①　言語（数・ゲーム）はいかにして習得していくのか

　一般に，大人が子どもに教育する意図をもって学習材を提示した場合，学習者である子どもは受動的に学ぶ（勉強する）ものと考えがちです。しかし，アウグスチヌスの『告白』では，乳幼児期の頃から自ら能動的に学んでいると記述しています。このとき，モレンハウアーは，３つの自我が生まれると指摘しました。すなわち，「意思疎通する自我（学ぶ対象と相互作用する自分：触れる，嗅ぐ，しゃぶる，投げるなど）」であり，「学習する自我（試行錯誤する自分）」であり，「意志する自我（自身の思いや考えで行動する自分）」であると述べています（モレンハウアー，1993，28頁）。そして，これら３つの自我は，「意思疎通する自我」→「学習する自我」→「意志する自我」の順に配置するとし，いずれも能動的な自己活動であると述べています。

　これらのことから，モレンハウアーは，環境・社会の違いによって子どもに提示される学習材は異なるものの，子どもは決して受動的に学んでいるのではないと断じています。この背景には，言語や数もしくは遊び（ルールや言語ゲーム）の学習は，その家庭やその地域で生きていくための必須内容であり，自ずと能動的にならざるを得ないのです。これが自然な「学び」の正体なのかもしれません。

②　言語（数・ゲーム）を学ぶとき，子どもは何を学んでいるのか。

　モレンハウアーは，「提示」による教育が各家庭，各地域，各国で顕著に異なる背景に着目しています（モレンハウアー，1993，23頁）。

　　エスキモーの子どもは約20種類の雪が存在することを学ぶ。私たちの場合はスキーヤーでさえ５・６種類を学ぶにすぎない。ある子どもたちは印刷された紙と印刷されていない紙とがあることを学ぶが，ほかの子どもたちは印刷された紙に信じられないほどの種類があることを学ぶ。ある子どもたちは，一片の金属を装飾の対象とみなすことを，他の子どもたちはそれを矢じりの素材や硬貨とみなすことを学ぶ，等々。

　なぜ，エスキモーは20種類の雪を区別することができるのでしょうか。

　エスキモーの「雪」には，カニック（降っている雪），アニユ（飲料水を作るための雪），アプット（積もっている雪），プカック（きめ細かな雪），ベシュトック（吹雪）など，この他にもたくさんの用語が存在しています。エスキモーの中でも，ベーリング海に浮かんだ小さな島セントローレンス島の生活は，クジラ，アザラシ，セイウチの狩猟が生業の基盤であり，伝統的に天候に関する観察が非常に鋭くなっています。これらの用語は，エスキモーにとって専門用語ではなく，生活する上での基本的な行動様式やその際の道具，技術などが結びついた日常的な基本語彙なのです。つまり，それらの用語の知識をきちんともっておかないと生きていけない環境に置かれているのです。

　これと同様に，装飾屋に生まれるか鍛冶屋に生まれるかで，一片の金属の見方や取り扱い方が異なってくるわけです。

　このように，その土地や地域，民族や家庭などに通底する文化生成の違いを，ブルデュー（1989）は「ハビトス」という概念で説明しようとしました。すなわち，「ハビトス」とは「無意識に自己の実践の生成を規定している規則のこと」(梅野・片岡, 1995) であり，その具体として個人レベルでは「家系」や「家風」が，地域レベルでは「風習」や「風土」が，国家レベルでは「民族」や「文化」が，それぞれ「ハビトス」が顕在化した生活形式であるとしています。本書でたびたび引用している社会科・合科で卓越した実践者である長岡文雄（1990）が「〈この子〉の生活」をきわめて重視したのは，「〈この子〉の生活」が「ハビトス」として顕在化した姿と捉えたからだと思います。

　これらのことから，言語（数・ゲーム）を学ぶとき，子どもがそれぞれの家庭が有する独自の形式的な構造（ハビトス）に裏打ちされた，生活していくために必要な事物・事象を学んでいるといえましょう。それゆえ，各家庭で，各地域で，各国で学びの直接的対象である「提示」が異なってくるということになります。これより，「提示」という概念は，「自分自身とその生活形式について何ほどかを伝達すること」，すなわち自分のいる場所（家庭，地域，国家）で生きていく上で必然的に必要な事物・事象を直接的に学ぶことと考えられます。

7-2-2 「代表的提示」について

　16世紀に入ると，各家庭で行われていた「提示」による教育に限界が認めら

れるようになってきました。このことについて，モレンハウアーは，「ハビトス」に裏打ちされた「提示」による教育では「自分たち自身の文化の状態から遠ざかれば遠ざかるほど，ハビトスの規則を認識することはむずかしくなり，誤解の危険も大きくなる」（モレンハウアー，1993，46頁）とし，「学校」における共通した学習材による教育への転換を支持しました。もっと言えば，「提示」による教育は，「生きていくための教育」であることから，子どもの能動的な学びを助長することができます。しかし他方では，「提示」教育の閉鎖性により，異なる家庭，異なる地域，異なる国家の「提示」教育を受け入れにくく，その結果として「偏見」や「差別」が生まれる危険性が出てくるわけです。

　こうした問題に気づき，「学校」において「あらゆる人に，あらゆる事柄を教授する・普遍的な技法を提示する」（モレンハウアー，1993，13頁）とする考え方を提示し，社会の対立や人間同士の憎しみをなくすことを願った教育論を展開させたのが16世紀頃の教育学者コメニウスでした（コメニウス，1975）。そして彼は，どの子どもにも「共通して学習できる学習材の提示」が必要であると考えました。

　　アリストテレスは，人間を白紙になぞらえました。そこではあらゆるものを書くことができます。ですから，その技法をわきまえた書家なら白紙の書きたい字を書き，画家ならば描きたい絵を描き上げることができるのと同じように，教授の技法をわきまえた人は，人間の精神にあらゆるものをやはり楽々と描くことができるのです。もしできなければ，それは紙の罪でなく，書家なり画家なりの拙なさによるものであることは十中十まで確実です。

　こうしたコメニウスの考え方は，外的自然（外部の環境・社会）と内的自然（自己の身体と精神）とを統一的に調和させようとするもので，「教授」すれば同時に「学習」も成立するという「教授と学習の相即性」を生み出すことになりました（Drews，1983）。これを具体化させたのが，『世界図絵』（1658）です。これは世界で初めての絵入りの著書であり，現在学校で使用されている教科書に相当します。そして，この『世界図絵』からは，何か一つの教育内容（抽象

的な理論や概念）を教えるためには，それを本質にもしくは中核に据える「事物・事象」を学習材として選定し，その学習を通して教育内容を学ばせようとする考え方が看守されます。

　このようにして，「学校」における教育では，すべての子どもに共通した学習材を教育する「代表的提示」という考え方へと変換していきました。これにより，「提示」教育が隠しもっていた「偏見」や「差別」が生まれる危険性が少なくなるという長所が認められるのであります。しかし他面で，「提示」教育の長所である能動的な学習意欲が「代表的提示」の教育でも担保されるかどうかは読者である先生方の周知することと考えます。つまり，子どもの興味や関心が多方向に拡がるからです。

7-3　教材の二重性

　「教材」は，学習内容（教科内容）を子どもたちに習得させる手段・材料として捉えるのが一般的です。つまり，「教材」は子どもたちの生活の場にある様々な文化的素材を教授学的に改変したものであり，素材を教材化する，あるいは教材として素材を選択する視点は教育内容ということになります。一見，当たり前のことのように考えられますが，いざ実践するとなると容易なことではありません。すなわち，「教材」を選択する基準ともいうべき教育内容は，単に客観的な文化財あるいは学問の内容を構造化したものではなく，子どもの思考・認識（わかり方）のプロセスに即して教授学的に改変したものでなければならないからです。しかし，現在のところ，いつ頃の子どもに何がわかり，何ができるようになるのかについての学理論的知見は各教科とも脆弱と言わざるを得ません。それだけに，教育内容あるいは教材を構造化する作業は，未だに全教科とも長い道程であるといえます。

　わが国において，教材が教育内容と区別されるようになったのは1960年代になってのことです。それまでは，第二次世界大戦後に経験主義教育論が導入され，単元学習あるいは問題解決学習が主流をなし，教材と教育内容を明確に区別することなく授業が展開されていました。しかしながら，科学的知識の系統性の欠如や基礎学力の低下問題などから，昭和33年の学習指導要領改訂から

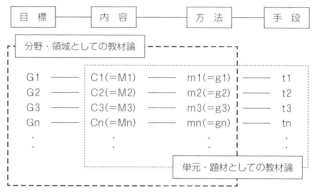

図7－1　教材論の二重性

注：G：教科目標の系列，C：教科目標を達成させる内容の系列，M：領域としての教材，m：題材・単元としての教材群，g：題材・単元の目標，t：題材・単元の目標を達成させる課題の系列。
出所：筆者作成

「段階的・系統的な学習」へと移行したことは周知の通りです。その過程で「基礎科学に照応して教科を立てる」（矢川，1957）とする考え方が見られるようになり，教育内容（科学の概念や法則）と教材（教育内容の習得に必要とされる材料〈事実・直観的教材・教具・文献・資料など〉）が区別されることになりました。

　これにより，「教える材料としての教材」と「学びの直接的対象としての教材」の二重性が浮き彫りになっていきました。前項のモレンハウアーの考え方からしますと，「材料としての教材」が「代表的提示」に，「学びの直接的対象としての教材」が「提示」にそれぞれ相当するものといえます。

　しかしながら，現在に至っても「教材」という概念を論じるとき，「教育内容もしくは教材」という曖昧な記述を用いなければならない現実に直面します。これには，教科によって「教材」という語が教科の分野・領域の呼称として捉えられたり，題材・単元として捉えられたりしているからです。

　図7－1は，「目標—教育内容—方法—手段」といった学習指導の一貫性からみた「分野・領域としての教材論」と「単元・題材としての教材論」の関係を示したものです。

　もし，「教材」を題材・単元レベル（m1）で捉えた場合，「教材」による学習の目標が教育内容となることから，教師は単元目標（教育内容）に子どもたち

を到達させる課題（めあて）の系列化が主眼になります。これに対して、「教材」を分野・領域レベル（M1）で捉えた場合、教師は教育内容を子どもに理解させるのにもっとも適した学習素材を題材・単元として選定し、教科の目標の到達に適した学習素材の体系化を図っていくことが主眼になってきます。

　このように考えると、「教材」という語を一義的に捉えることには無理があります。これを回避するためには、2つの教材概念を1つのシステム体として機能させる必要があります。すなわち、「教材」を分野・領域レベルで捉えても、題材・単元レベルでの課題（めあて）の系列化に繋がらなければ、分野・領域レベルの思索は「絵に描いた餅」と化してしまうことになります。逆に、「教材」を題材・単元レベルで捉えても、分野・領域レベルでの「教材観」を無視したり軽視したりすれば、教科目標は「なし崩し」の形になってしまいます。このように、両者の教材観は一つのシステム体として機能する関係にあることを十全に認識する必要があります。とりわけ、「題材・単元としての教材」における課題（めあて）の系列化は、両者を繋ぐ“要”といえます。

7-4　「教材を教えるのか」「教材で教えるのか」の実践比較

　前項より、「分野・領域としての教材論」と「題材・単元としての教材論」は、一つのシステム体として教科目標の達成に向けて機能していることが理解できました。そして、「題材・単元としての教材」における課題（めあて）の系列化が両者を結合させる中心的存在であることも理解できました。しかし、ここで新たな問題に直面することになります。それは、「題材・単元としての教材」が「学びの直接的対象としての教材」と「教える材料としての教材」とに理解が分かれることです。前者は「教材を教える」とする考え方であり、後者は「教材で教える」とする考え方です。

　まず、「教材を教える」立場の実践について、比較的わかり易い体育科を例に取り上げて考えてみたいと思います。

　バスケットボールの授業では、チームごとにゴール下でのコンビネーションプレイ（作戦）を工夫してシュートする楽しさを味わうことになっています。これは、バスケットボールの特性ですから、バスケットボール「を」教えてい

ることになります。

　さらに，バスケットボールの人数に着目すれば，“5 on 5”（5人対5人）の
ゲームの他に“3 on 3”のバスケットボールも広く行われています。当然，人
数が増えるとゲームは難しくなります。これより，“3 on 3”から学習を始め，
その後，“4 on 4→5 on 5”へと段階的に積み重ねていくやり方が考えられます
（集団技能を高める立場からみた特性）。つまり，“3 on 3”が“4 on 4”の学習レ
ディネスとなり，“4 on 4”が“5 on 5”の学習レディネスとなって，それぞれ
の学年に応じたバスケットボール「を」教えていくことになります。

　しかし，同時にバスケットボール「で」教えている内容があります。一つは，
競争する楽しさを味わわせることです。これは，ボールゲームにおける「ゴー
ル型」「ネット型」「ベースボール型」といったゲーム様式で競争的な楽しさの
違いを学ばせることです。バスケットボールは，もちろん「ゴール型」の楽し
さを味わわせようとするものです（プレイの機能からみた特性）。

　もう一つは，敏捷性や巧緻性，持久性など，子どもたちに身につけさせたい
体力や運動能力をバスケットボール「で」高めようとする意図もあります（体
への効果からみた特性）。

　ところで，「集団技能を高める立場からみた特性」を強調しすぎると，“理に
勝ち過ぎた授業”となり，バスケットボールが嫌いになる子どもをつくりやす
くなります。これに対して，「プレイの機能からみた特性」に偏った授業をす
ると，概して“自由放任の授業”と化す危険性があります。また「体への効果
からみた特性」を重視すると，子どもの“学ぶ意欲の低下”をまねく場合が多
いようです。

　これらのことから，教師は，教材を学びの直接的対象とする場合であっても，
同時に教える材料としての機能も有していることを忘れてはいけません。

　次に，「教材で教える」の立場での実践を考えてみたいと思います。この立
場は，算数や理科など教科内容の系統性が明確で，その系統性に即して段階
的・系統的に学習を積み重ねていくことの必然性が強く求められる教科で適用
される場合が強い考え方です。ここでは，理科の「4年：水のすがたとゆく
え」を例に「物質の三態変化」を学ばせる授業を考えてみたいと思います。

　「物質の三態変化」を学ばせるのに，ヨウ素やエタノールなどの水溶液や個

体ガラスやドライアイスなどの個体を用いて指導することもできます。しかし，数多くの素材から水を選ぶ理由は，小学生の子どもたちにとって身近に存在する物質であり，生活している範囲内の温度で「固体─液体─気体」のいずれにも変化できるため，直接実験・観察ができることで理解が得やすいことから「水」が選択されています。これより，教師は，「水の三態変化」は子どもの学びの直接的対象ですが，同時に「物質の三態変化」を理解する手段・材料であることを忘れてはいけないのです。このことを無理解に指導すると，「三態変化」を起こすのは「水」としか理解していない子どもが生まれてきます。ここにも，教える材料としての教材であっても，学びの直接的対象としての機能も同時に併せもっていることが理解できると思います。

　ところで，「教材で教える」立場の授業について，先の理科の「水溶液の性質」の授業では「まず，子どもたちの身近にある植物の色素が酸性やアルカリ性の水溶液で変化する事象を提示し，興味・関心を引き起こすとともに，自分もやってみたい，これならできそうだという意識をどの子にも持たせたい」（藤田，1986）とする指針や，算数の「速さ」では「導入部分で3人の速さ比べをする際，3人の動きを動画で示すと児童の問題意識および興味・関心が高まり，学習に意欲的に取り組むのではないかと考えた」（上出・辰巳，2018）とする指針が認められます。いずれも，単元の初めや授業の当初に子どもの興味や関心を引き出す手立ての工夫を要請しています。

　これらのことは，「教材で教える」場合，子どもの能動的な学習意欲を喚起するために，子どもの興味・関心を引き起こす手立てを講ずる必要のあることを示しています。もっと言えば，「教材で教える」場合の教材は，先の「代表的提示」に相当することから，モレンハウアー自身も指摘しているように，多方向の子どもの興味や関心を一元化させ，彼らの能動的な学習意欲を高める必要が看取されます。これが，「教材で教える」立場の授業に流布している問題といえましょう。

　これらのことから，「教材を教える」立場と「教材で教える」立場のそれぞれの実践についてみてきましたが，「教材を教える」のか，それとも「教材で教える」のかといった論議にそれほどの意味はなく，両者が教科目標の達成の向けたシステム体として機能させることの大切さが看取されました。このとき，

「教材を教える」場合では，教師は教材が教育内容を学ばせる材料としての性格を有していることを自覚することが，「教材で教える」場合では，教師は教育内容が子どもの能動的な学習意欲を保証する直接的な対象になるように素材を選定する必要のあることが，それぞれ導かれました。

　ここで，兵庫教育大学附属小学校の秋本・白石（1984）によって開発された「地域教材：淡河川・山田川疏水の開発」を紹介したいと思います。

　この事業の最大の特徴は，日本初の鉄管サイフォン工法を応用して谷を挟んだ２つの山を水路で繋ぎ，印南野台地へと水を運んだところにあります。つまり，この事業には，稲作に不利な地理的条件にありながら農業事情の改善を願い，自らの力で水利確保を行った人々の努力，サイフォンを応用して疏水事業を完成させた人間の英知など，学ぶべき内容が豊かに含み込まれているのです。子どもたちは，当時の人々の願いや思いを切実な問題として共有し，学習に向き合いました。学習の最後の見学で，サイフォンによって水が山を駆け上がる姿に子どもたちからは歓声が上がったと記されています。

　このように，子どもが感動するような教材を開発することはなかなかできることではありません。後年になって秋本は，「教師が感動しないような素材は，子どもにとって魅力ある教材とはならない」と述べています。この言葉は，教師が素材に感動し，子どもたちにどうしても学ばせたいと強く思えることができなければ，子どもの感動に繋がる課題（めあて）の系列化には繋がらないことを教えてくれます。

　こうした「切実になる教材の開発」に関連して，上田薫（1952）は，「社会科が始められたときの考え方は，子どもたちの生活に切実な問題を取り上げ，それを掘り下げ発展させるかたちで学習が進むようにする」という考えにもとづいて，長岡文雄の実践を「切実である問題を発見し，そこから出発しようとする立場」と称しました。その上で，「価値ある教材」は，本来，子どもの必然の可能性を秘めているものでなければならないとしました。これが子どもの自己活動を促すと原動力なのでしょう。

　以上，「教材」の概念には，「分野・領域としての教材論（教材で教える）」と「単元・題材としての教材論（教材を教える）」の２つの立場があり，両者を教

科目標の達成のために機能させていく必要のあることが看取されました。すなわち、「教材を教える」場合では、教師は教材が教育内容を学ばせる材料としての性格を有していることを自覚することが、「教材で教える」場合では、教師は教育内容が子どもの能動的な学習意欲を保証する直接的な対象になるように素材を選定する必要のあることが、それぞれ導かれました。この両者を子どもの学びとして具現化させるためには、子どもの切実さが主軸となるような課題（めあて）をいかに系列化することができるかにかかっているものと考えられました。

文献

秋本弘毅・白石守（1984）「考えを構成する力を高める社会科学習」『兵庫教育大学附属学校研究紀要』第4集：23〜32頁。

ブルデュー，P.（1989）『実践感覚1』今村仁司・港道隆（訳），みすず書房，82〜104頁。

コメニウス，J. A.（1975）『大教授学1』鈴木秀勇（訳），明治図書，72頁。

Drews, U. (1983) Zum dialektischen Charakter des Unterrichtsprze in der allgemeinbildende Schule. Volk und Wissen, Berlin. S.60.

藤田克孝（1986）「小学校理科教育における教材研究・授業展開の視点——これまでの授業実践から」『福島大学教育実践研究紀要』第9号：71〜80頁。

上出吉則・辰巳丈夫（2018）「Scratchで作成した教材としてのトレインシミュレーター——速さの問題での算数数学授業実践例」『情報教育シンポジウム論文集』6：37〜44頁。

長岡文雄（1990）『授業をみがく——腰の強い授業を』黎明書房，43，140〜166頁。

Malina, R.M., 梅野圭史（訳）（2002）「体育と身体的領域」『世界学校体育サミット——優れた教科「体育」の創造をめざして』日本体育学会学校体育問題検討特別委員会，杏林書院，80〜117頁。

モレンハウアー，K.（1993）『忘れられた連関——〈教える—学ぶ〉とは何か』今井康雄（訳），みすず書房，19〜91頁。

谷川彰英（1993）『問題解決学習の理論と方法』明治図書，85〜86頁。

上田薫（1952）「子どもが好きになれる楽しい社会科に」社会科の初志をつらぬく会編『社会科に魅力と迫力を』明治図書，11頁。

梅野圭史・片岡暁夫（1995）「課題形成的学習における「共有課題」のもつ教育学的意義に関する一考察——モレンハウアーの教育論を考察視座にして」『体育・ス

　　　ポーツ哲学研究』17-2：27〜49頁。

矢川徳光（1984）『現代教育選集4　国民教育学』ほるぷ出版，162〜163頁。

（藤澤薫里・梅野圭史・林　修）

実践知 8 子どもを育てる教師の実践的力量①
～実践的力量と実践的知識の関係～

8-1 教師の実践的知識

　誰しも教職経験年数が増せば，教える知識や技術も深まることは経験的にわかっています。**実践知4**でも述べたように，これまでの授業研究から教師の「実践的知識」の内実がある程度明らかになってきました。

　つまり，教師の「実践的知識」とは，実践の経験（教科指導や生徒指導，学級経営や保護者対応など，すべての業務経験）の中で形成していく状況依存的で個性的な見識です（Connelly and Clandinin, 1985）。ここでいう「状況依存的」とは，大規模校や指導困難校を長年にわたり経験した教師と中規模校で研究指定校の経験をもつ教師とでそれぞれの経験知が異なるように，「実践的知識」は，教師自身の置かれた環境や状況に依存し形成されることを意味しています。

　また，佐藤ら（1990）は「実践的知識」の性格について，限られた文脈に依存した熟考的な知識であるとともに，よりよい方向を探求する知識でもあるとし，その発揮には無意識の思考や暗黙知，さらには信念が大きく影響しているとしました。その上で，こうした知識による実践の展開には，学習者・教材・教授方法の総合的な知識の適用が不可避であることを指摘しています（**実践知4**における図4-1参照）。

　これを具体的に示してみたいと思います。

　一般に，教師は授業設計段階において，「何を教えるのか」「子どもたちは何を学習するのか」「教材はどのように提示すればよいのか」「子どもたちの状況や人間関係はどうなのか」「子どもたちは日常的にどのような考えをもっているのか」「子どもたちは何を学んできて，何に困難さを感じているのか」など，多面的に考えながら授業づくりを行っているものです。そこでは，「教科内容

（教育内容）」や，「教授方法」「子ども」のそれぞれについての知識が授業づくりに反映されていきます。このとき，エキスパートな教師は，これら3つの知識をバラバラに活用するのではなく，これまでの実践経験から「教科内容（教育内容）」の知識を中核に「子ども」の知識と「教授方法」の知識とを統括した「子どもを中心とする複合的知識」（**実践知4**における図4-1のD領域）により，授業づくりを行っています。

　では，エキスパートな教師がもっている「実践的知識」を形成していくためには，何が大切なのでしょうか。本章では，これまでの職業に対する熟達研究の知見を基軸に教師の「実践的力量」と「実践的知識」の関係ついて考えてみたいと思います。その視点は，以下に示す通りです。

①　教師の実践的力量と実践的知識
②　実践的知識の形成メカニズム
③　教師の実践的知識を高める方途

8-2　教師の実践的力量と実践的知識

　誰しもある職業に就けば，「初心者」からスタートします。一般に，「初心者」をはじめとする熟達化過程は，「初心者―上級ビギナー――一人前―上級者―熟達者」とされています。これら5つの熟達化段階の特徴を示せば，以下の通りとなります（松尾，2006）。

　★初心者
　「初心者」は，仕事（作業）の一般的手順やルールのような「手続的知識」（"こんなとき，こうすればよい"という知識）と呼ばれる「実践的知識」を少しずつ身につけ，仕事（作業）を行う段階です。具体的な経験を積んでいないため，これまでに出くわしたことのない出来事や問題に対してどのように対処すれば良いのかが分からず，頻繁に仕事（作業）のミスが認められます。

★上級ビギナー

「中級者」になると，現実場面での経験を積むことにより，必要な仕事（作業）を手順に沿って進めていく中でこれまでに出くわしたことのない出来事や問題に出会っても，その状況を考慮して意志決定ができるようになる段階です。これにより，手際よく仕事（作業）ができるようになります。

★一人前

「一人前」になると，決められた手順に縛られず，先を見通したり大事なポイントを同時に考慮したりして仕事（作業）ができる段階です。目標を設定し，計画を立て，仕事（作業）を行うことができるようになります。また，定型的な仕事（作業）ならば，身体で覚えた（身体化された）技術によって，速く，正確に，実行できるようになります。

★上級者

「上級者」になると，仕事（作業）についての多種・多様な問題点とその対処法の知識が蓄積され，類型化されていきます。これにより，眼前の状況の善し悪しが全体的・包括的に把握できるようになり，仕事（作業）が状況に応じて柔軟に実行できるようになります。

★熟達者

「熟達者」になると，意思決定の仕方が「初心者」から「上級者」の段階までは，状況に応じて合理的に行われていたのに対して，経験や推測に頼らず，直観的に行われるようになります。すなわち，熟達者はそれまでの膨大な仕事（作業）の経験を通して得られた特別な技術や知識（特に，言葉にはできない暗黙知）により，本質を見抜いた直観的な判断が可能になるのです。

Dreyfus（1983）は，上記5つの熟達化過程における認知的能力の違い，換言すれば，「状況把握の仕方」と「意思決定の仕方」の違いを検討しました。表8-1は，Dreyfusの検討結果を整理したものです。

このように，熟達化過程における「状況把握の仕方」は，熟達度が上がるにつれて高まることがわかります。すなわち，「個別の状況の把握の仕方」を基

表 8 - 1　熟達に向かう仕事の特徴からみた 5 段階モデル

熟達の段階	認知的能力			
	個別の状況の把握の仕方	複数の状況の把握の仕方	全体の状況の把握の仕方	意思決定の仕方
初心者	状況を無視	なし	分析的	合理的
上級ビギナー	状況的	なし	分析的	合理的
一人前	状況的	意識的選択	分析的	合理的
上級者	状況的	経験に基づく	全体的	合理的
熟達者	状況的	経験に基づく	全体的	直感的

出所：Dreyfus, 1983 をもとに作成

盤に，「一人前」以降から「複数の状況の把握の仕方」が意識的に対応できるようになっていくことがわかります。その後は，「上級者」以降から状況を全体的に把握することができるようになっていくようです。

　一方，「意思決定の仕方」については，「初心者」から「上級者」に至る過程では「合理的」に判断（理由づけを伴う判断）するのに対して，「熟達者」では経験知（身体知）による判断，つまり「直観的」に意思決定する傾向にあることがわかります。このように，熟達の段階が上がるにつれて，「状況把握の仕方」と「意思決定の仕方」が高まっていく背景には，「実践的知識」の高まりが深く関係しているものと考えられます。

　では，教師の「熟達化過程」の特徴は，どのようなものなのでしょうか。

　教師の仕事の中核は，言うまでもなく日々の授業実践です。しかも，そこで展開される授業実践は，子どもの真正な学力向上にむけた授業研究をより一層現実的・建設的に高める意図が内包された実践であり，科学の論理の成立だけでなく，よりよい教科授業の創造に資する実践哲学の論理も含みもっている実践なのです。このことから，教師の「熟達化過程」は，前節の「実践的力量」の成長過程と同義であるものといえましょう。

　木原（2004）は，教師の「実践的力量」を「信念」「知識」「技術（教授技術）」の 3 つの側面が同心円構造をなすとする考えを示し，教師の「実践的力量」の成長過程を，教職経験年数を基軸に据えて整理しています。その結果，「若手教師（初任～ 5 年未満）」は「知識」や「信念」に裏打ちされた「技術（教授技術）」ではなく，その発揮のしかたは「断片的」な様態ですが，「中堅教師（5

～15年)」になると，3つの側面の力量が「重層的」になり，授業に「安定性」と「実効性」が生まれてくるとしています。その後の「ベテラン教師（15年以上)」になれば，3つの側面の力量が「統合的」になることで，自身の「持ち味」を生かした授業ができるようになるとしています。しかも，その授業は「(技術的な) 柔軟性」と「(信念との) 整合性」を兼ね備えたものになるであろうと指摘しました。

　このように，教師の「実践的力量」の成長過程は，先の一般職の「熟達化過程」と近似する様相にあることがわかります。これより，教師の「実践的力量」は，個々人の職務環境や職場の状況的事情に依存する「実践的知識」と深く関係していることがわかります。

8-3　実践的知識の形成メカニズム

　実践的知識は「形式知」と「暗黙知」の2つの側面を有しています。ここでいう「形式知」とは，講義のように言語的に教えられたり，書物等で記されたりすることができる「理論知」のことです。これに対して「暗黙知」とは，仕事上のコツやノウハウなどのように「言語化するのが難しい知識」のことです（ポラニー，1980)。

　ここで野球選手を例に「形式知」と「暗黙知」の関係をみてみます。

　投手が新しい変化球をマスターしようとする場合，まず，ボールの握り方やボールをリリースする瞬間の手首の使い方を様々な書物やマガジン雑誌などから知ったり，コーチから教えてもらったりするものです（形式知)。その後は，得た知識にもとづいて実際に投げてみるのですが，最初は思うような変化球を投げることはできないものです。実際に投げた身体的イメージと得た知識とのズレを修正しながら何度も何度も投球を繰り返すことで，徐々に知識通りの変化球が投げられるようになってきます。その後，そんなに意識しなくても，いつでもどこでも同じ変化球が投げられるようになると，その投手は変化球をマスターしたことになります（暗黙知)。このように，「形式知」と「暗黙知」が相互作用的に影響し合う関係にあります（野中，2007)。

　図8-1には，野中の「形式知」と「暗黙知」の相互変換運動を模式的に示

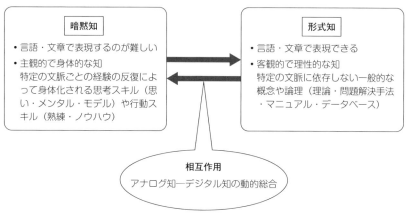

図 8-1　暗黙知と形式知の相互変換運動

出所：野中，2007

しました。「暗黙知」が「形式知」へと変換されると，その後再び「暗黙知」へと沈み込み，それが蓄積されると新たな「形式知」が生じるとする相互変換運動を繰り返すことで，技術や知識が創造されてくるとしています。

　一般に，客観的な知識や技術が身体化（暗黙知）される過程は，「習熟→熟練→熟達」と称されています（梅野，2003）。ここでいう「習熟」とは，「主体的に繰り返し練習することで，何度でもできるようになる」段階（身体でわかる）であり，上記の例では「何度も何度も投球を繰り返すことで，徐々に知識通りの変化球が投げられるようになる」が相当します。続く「熟練」とは，「習熟」のプロセスをさらに繰り返すことで「身体を通して"わざ"の意味を理解する」段階（身体にわかる）であり，上記の例では「そんなに意識しなくても，いつでもどこでも同じ変化球が投げられるようになる」に相当します。さらに「熟達」とは，「身体を通して獲得した文脈的知識を言語的意味や身体的意味として捉え，言語や身体を使って表現・伝達できる」段階（身体がわかる）であり，自身の技世界を他者に伝える言葉をもつことができる様態です。プロ野球界を例にすれば，王選手や張本選手，さらにはイチロー選手を挙げることができます。彼らは，打撃の要点をジェスチャーや擬態語・擬音語で表現するのではなく，自身の野球哲学にもとづく論理的な言葉で"打撃のわざ"を解説する

ことができたり，過去の経験を感情も含めて質的に問題解決手法（相手が内角を攻めてきたとき，左肘をたたんで振り抜くとバットがスムーズに抜けて，レフト前に落とすことができる）を語ったりすることができるのです。つまり，「身体知（＝暗黙知）」が言語を伴って自然に表出してくるのです。

　このような「形式知」と「暗黙知」との相互変換運動は，プロ選手だけの世界で認められるものではなく，私たち一般人でも経験することができます。例えば，理数系の大学に進学した学生を取り上げれば，彼は中学生時代に因数分解に悩んだとしましょう。その後，高校生になって微分・積分で悩んでいる頃，中学生の頃の悩み（因数分解）はすっかり消え失せています。さらに，大学生なって専門の複素数による幾何的証明に悩むようになったとき，高校生の頃の悩み（微分・積分）は解消されていることでしょう。自身の成長過程を顧みるとき，あのような簡単なことをなぜ悩んでいたのかが不可思議に思えてくるものです。

　このように，「中学─高校─大学」の成長過程で悩んだ「知識（形式知）」は，反復練習（努力）により理解が容易となり，その結果として「知識（形式知）」が暗黙知化することで，その後になって新たに立ちはだかってきた「知識（形式知）」への挑戦が生じてくるのです。こうした「形式知」と「暗黙知」との相互変換運動は，農耕の知識と実践，セールスの知識と実践，人生の苦悶と経験談など，私たちの生活の中で常時生じている事柄なのです。そして，私たちは，そこで発揮した行動様式を「努力すること」，もっと言えば「努力により困難を乗り越えること」として認識しているのです。これより，「努力すること」とは，「形式知」と「暗黙知」との相互変換運動の実体と考えられ，自らの生活を豊かにさせる一つの能力なのです。しかしながら，一面で"自らの意志による努力"は自身の未来を拓くけれど，"やらされる努力は"自身を疲弊させてしまうことを留意しておく必要があるでしょう。それだけに，「暗黙知」の形成（日々コツコツと努力すること）はきわめて難しい学習なのです。これをよく理解しているのが，高いスポーツ能力をもつ選手であったり，苦難な受験を克服した学生であったり，数々の困難を乗り越えたあらゆる職種の人たちなど，多くの人たちを取り上げることができます。

　こうした「形式知」と「暗黙知」との相互変換運動は，ボルノー（1983）の

「意味ある経験」の中にも見出すことができます。つまり，ボルノーは，「何とかして行く（fahren）」を語源とする「経験（立ちふさがってくる新たな実践や出来事）」をきわめて重要視しています。そして，「経験（立ちふさがってくる新たな実践や出来事）」の本性を人間の「前理解（自身の固定的・保守的な経験知）」を超えた様相をもつと同時に，「経験（立ちふさがってくる新たな実践や出来事）」それ自体が現実であることを理解することだと述べています。このことは，ありのままの現実を素直に受け入れることができなければ，自分の内にある「前理解」とそれに対立する「経験」との狭間でまったく見動きのできない状態に陥ってしまうことを意味します。これを回避するためには，自分の「前理解」を組み替える必要があります。これが「自分の生活を問い直す」ことであり，これによって「経験」に内在している事物や事象を正しく認知し，さらにはそれらに対する立ち振る舞いや身の処し方を決定することができるようになるのです。

　これらのことから，「実践的知識」は「形式知」を基盤に経験を重ねることで形成される「暗黙知」によって支えられており，この「暗黙知」の身体化の程度（深さ）が「実践的力量」を規定していることがわかります。これより，「実践的力量」は，「暗黙知」としての性格を帯びた「実践的知識」と深く関係していることになります。

8-4　教師の実践的知識を高めるために

　「実践的知識」は，実践を通してしか得ることのできない知識ですが，それに見合う「実践的力量」の高い教師もいれば，そうでない教師もいます。

　Spreitzer ら（1997）は，「経験から学ぶ力（ability to learn from experience）」を以下に示す 6 つの能力に要約しています。

　　①　フィードバックを求める。
　　②　フィードバックを活用する。
　　③　異文化に対して前向きに対応する。
　　④　学習の機会を求める。

⑤　批判に対しオープンである。

⑥　柔軟である。

　「①フィードバックを求める」と「②フィードバックを活用する」は，「活動の中の反省」と「活動にもとづく反省」に対応する能力です。

　一般に，子どもの活動は，必ず，教師の働きかけによって生じるものです。それゆえ，教師にとって子どもの活動は，教授行動に対するフィードバック情報として受け止める必要があります。さらに，得られたフィードバック情報が教師の意図や計算と異なった場合，自身の指導計画を修正したり変更したりしなければなりません。これを怠ると子どもの学びは強制的で抑圧的なものとなり，期待した学習成果は得られなくなることでしょう。「フィードバックを求める・活用する」とは，そういうことなのです。

　「③異文化に対して前向きに対応する」は，実践知 7 で論考したブルデュー（1989）が提唱した「ハビトス」の共有化を意味するものと考えられます。これを教育実践から捉えると，長岡文雄（1990）が主張する「〈この子〉の生活」ということになるでしょう。これより，教師は，子ども一人ひとりの顔が違うように，物の感じ方や考え方も異なることをどれほど深く認識していくかがきわめて大切な能力であると考えられます。これにより，エキスパートな教師は，単元序盤からの子ども一人ひとりに即した学習路線を準備しているものと考えられ，単元経過に即して「子どもの生活」の違いを共有化させ，課題（めあて）の共通化へと学習過程を組織化（スクリーニング戦略，シグナリング戦略，コミットメント戦略など，実践知 4 参照）していくのです。これらのことから，子ども一人ひとりが違うことを単に“知っているレベル”ではダメなのです。

　「④学習の機会を求める」は，以下に示す「見込みのある教師（prospective teacher）」が対応するように思います（Calderhead, 1992 ; Tsangaridou & O'Sullivan, 1994）。

・子どもに関わり，彼らの学習を促進させようとする教師。

・教える教科内容を熟知しようとする教師であること，およびそれらをいかに子どもに教えるかを熟知しようとする教師。

・子どもの学びのマネジメントやモニタリングを強化しようとする教師。
・自らの実践について系統的に思案し，経験から学ぼうとする教師。
・学びの共同体（同僚や研究チーム）のメンバーであろうとする教師。

「⑤批判に対しオープンである」は，職場の人間関係（同僚性）と深く関係します。つまり，職場で批判的対話ができるクリティカル・コミュニケーションであることの必要性です（楠見，2011）。こうした職場のコミュニケーションにおいて，批判的思考による対話の展開は，同僚で既有する「形式知（理論・問題解決手法・マニュアル・データベース）」を自身のものにする（内面化）と同時に，その「形式知」を同僚と共に共有する（共同化）のダブル・プロセスを生じやすくします（野中・紺野，1999）。

・そんな表情で授業するから，うまく授業が進まないんだ。もっとにこやかに接すること。（問題解決手法）
・自分の考えを押し付けないで。子どもの意見や考えに耳を傾ける努力をしなさい。（問題解決手法）
・静かにしなさいというだけではダメです。先生が静かにしなさい。（マニュアル）
・繰り上がりの足し算でつまずく子どもは，数字を順序で記憶しているだけで，数を塊（10進法）として見ることができないからだよ。（データベース）

「⑥柔軟である」は，他の人の意見や批判に耳を傾けて，新しい考え方や視点を取り入れたり，相手に応じた柔軟な対応したりすることであり，誤りの経験から学ぶことも含まれます（楠見，2014）。

このように，教師の「実践的知識」を自らで高めるためには，授業の実践経験から学ぶ能力を高める以外に方法がないことがわかります。その中身は，これまでの論考から理解できるように，以下に示す6つの教師の資質や能力に要約できるものと考えられます。

①　自身をふり返る能力（反省的思考）を高めること。

②　授業過程で子どもの生活を引き出し，それらを共有化させること。

③　教育内容を熟知し，子どもが理解できる形で教えること。

④　教育研究会に積極的に参加し，教育実践に関わる知見を習得すること。

⑤　同僚との授業談義を楽しみ，互いの考えや実践を批判的に語り合うこと。

⑥　自身の教育姿勢を固持せず，他者の実践の良い所を受け入れること。

　こうした能力を高めることで，教師の「実践的力量」は，即時的で短絡的な性格から，熟考的で実践的な性格を有するものになるものと考えられます。

　以上，教師の「実践的力量」と「実践的知識」は深く関係していることが確かめられました。そして，この「実践的知識」を自らで高めるためには，現実の授業の場で思いもよらない事態が発生したとき，どのような意思決定を施したか，またその結果はどうであったかを量的（経験量）にも質的（成功体験・失敗体験）にも積み重ねていく経験学習が大切となります。

文献

ボルノー，O. F.（1983）『人間学的に見た教育学』浜田正秀（訳），玉川大学出版部，180頁。

ブルデュー，P（1989）『実践感覚1』今村仁司・港道隆（訳），みすず書房，82～104頁。

Calderhead, J. (1992) The role of reflection on learning to teach. Valli, L. (Ed.), Reflective Teacher Education, State University of New York Press, 136-146.

Connelly, F. M. and Clandinin, D. J. (1985) 'Personal practical knowledge: a study of teachers' classroom images.' Curriculum Inquiry, 15-4: 361-385.

Dreyfus, S. E. (1983) 'How expert managers tend to let the gut lead the brain.' Management Review, 56-61.

木原俊行（2004）『授業研究と教師の成長』日本文教出版，247～259頁。

楠見孝（2011）『生涯にわたる批判的思考の育成——学士力，ジェネリックスキル，社会人基礎力の基盤』有斐閣，225～237頁。

楠見孝（2014）「ホワイトカラーの熟達化を支える実践知の獲得」『組織科学』48（2），

　　　6～15頁。

長岡文雄（1990）『授業をみがく――腰の強い授業を』黎明書房，140～166頁。

野中侑次郎・紺野登（1999）『知識経営のすすめ』筑摩書房，99～159頁。

野中侑次郎（2007）「イノベーションの本質――知識創造のリーダーシップ」日本学
　　術会議第150回総会講演，学術の動向，60～69頁。

松尾睦（2006）『経験からの学習――プロフェッショナルへの成長プロセス』同文館
　　出版，25～55頁。

ポラニー（1980）『暗黙知の次元』佐藤敬三（訳），紀伊國屋書店，15～16頁。

佐藤学・岩川直樹・秋田喜代美（1990）「教師の実践的思考様式に関する研究――熟
　　練教師と初任教師のモニタリングの比較を中心に」『東京大学教育学部紀要』30,
　　177～198頁。

Spreitzer, G. M., McCall, M. W. and Mahoney, J. D.（1997）'Early identification of in-
　　ternational executive potential.' Journal of Applied Psychology, 82-1: 6-29.

Tsangaridou, N. & O'Sullivan, M.（1994）'Using Pedagogical Reflective Strategies to
　　Enhance Reflection among Preservice Physical Education Teachers', Journal of
　　Teaching in Physical Education, 14: 13-23.

梅野圭史（2003）「『体育』の存在理由を考える――教育学・教員養成の立場から」
　　『大阪体育学研究』41，80～85頁。

（山口孝治・梅野圭史）

実践知 9	子どもを育てる教師の実践的力量②
	～教師の感性的省察と反省的思考～

9-1　技術的実践と反省的実践の同時性の担保

　これまで，誰しもが優れた教師になりたいという願いから，優れた教師が有する実践的知識を明らかにしようとする Teaching Expertise（教師の熟達度）研究がアメリカを中心に展開されてきました。とりわけ，優れた教師の「技術的実践」に関しては，「プロセス（授業過程）―プロダクト（学習成果）」研究法を用いた「授業の科学」が飛躍的に進歩し，学習成果を高める指導プログラムや指導技術がある程度にまで解明されてきています。

　その一方で，マサチューセッツ工科大学の Schön（1983）は，「同じ専門家と呼ばれる人の中にも，実践が優れている人とそうでない人がいる」という現実から，様々な分野の優れた専門家たちを対象に，その背景を事例的に検討しました。その結果，「技術的実践」の優れた専門家は，「省察（reflection）」も優れていることを見出しました。すなわち，「技術的実践」が優れていた専門家は，問題となる状況を外から眺め考察するものではなく，つねに「活動の中の反省（reflection in action）」と「活動にもとづく反省（reflection on action）」の「二重のループ（double loop）」から，顧客と対等な関係を築いて問題の解決を図っていくことを明らかにしたのでした。彼は，こうした優れた専門家たちを「反省的実践家（reflective practitioner）」と称しました。

　この Schön の見解を引き写すように，わが国では稲垣・佐藤（1996）が1980年代までの量的研究としての「授業の科学」のあり方を批判しました。すなわち，彼らは，従来までの「技術的実践（教育技術）」に視点を当てた授業研究では，〈いま―ここ〉で生起する「出来事（class events）」を中心とした実践の展開は困難であり，結果的に「授業研究栄えて，授業滅ぶ」と批判したのであり

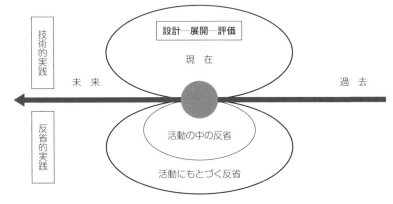

図 9-1　技術的実践と反省的実践の同時性

出所：筆者作成

ます。その上で，彼らは，今日の「技術的実践（教育技術）」に偏った教師の実践意識から「反省的実践（ふり返り）」を主軸とする授業の探求へと意識を変革していくことの重要性を指摘しました。しかしながら，稲垣・佐藤の指摘は，「技術的実践」と「反省的実践」を分離して捉えてしまう研究者や実践者を生む危険性をはらんでいます。このことは，Schön の「反省的実践家」というネーミングについても同様の批判が成立することになります。これより，われわれ教師は「技術的実践」と「反省的実践」の同時性を担保する能力を高めていかなければならないことが看取されます。

　図 9-1 には，技術的実践と反省的実践の同時性の関係を示しました。このように，教師は，つねに過去の自分の実践を基盤に，〈いま―ここ〉の授業を日々展開させています。このとき，授業の展開は，「計画（Plan）―展開（Do）―評価（See）」といった一連の作業を数々の教育技術によって実施しています。こうした「技術的実践」を展開させているとき，同時にそれを外から見つめている自分がいるものです。具体的に示してみましょう。

　（例1）算数の授業
　T：〇〇君，今日のお勉強のめあて，わかってる？
　P：えっ！　ううん。わかってる……。

Ｔ：あっそう。それじゃ，自分で解けるね。

（教師，〇〇君の様子を見て，「しまった！」と直感し，「あっそう。それじゃ，めあて言ってみて」と尋ねるべきだったと思った。）

（例２）理科の授業

教師が考えた理科の授業の流れ

・めあてを提示する。

・実験法を説明する。

・演示実験を観察させる。

・演示実験の結果を理科ノートにまとめさせる。

・演示実験の結果を発表させる。

・本時のまとめをする。

教師は，演示実験の結果を理科ノートにまとめさせているとき，子どもの鉛筆の動きが鈍いことに気がついた。ひょっとしたら，実験のめあてが理解できていないのかもと思った。あらかじめ実験結果を予想させてから，演示実験を観察させればよかったかも……。

（例３）国語の授業

物語文：石うすの歌の授業において子どもの読みの理解度を知るため，毎授業後，「千枝子日記」と称するワークシートに授業で理解した読みを本文中の言葉を活かして書く作業を行わせていた。教師は机間巡視をしながら，子どもの記述からあることに気づいた。「そうだ！　石うすを回すリズムを表現する欄を付け加えれば，もっと臨場感のあるワークシートになったかも……」。

　これらの例からわかるように，教師は，つねに外から自分を見て，状況的に文脈的に反省しているものです。先の Schön は，授業を実践しながら同時に行う反省のことを「活動の中の反省（reflection in action）」と呼びました。

　また，上述の反省は，授業を終えて職員室に帰ってから浮かぶこともあれば，帰宅する車の中や帰宅し風呂に浸かっているときに浮かぶこともあります。数

日後になって思い出すこともあるでしょう。Schön は，これらの反省を「活動にもとづく反省（reflection on action）」と称しました。

　いずれにしても，「よい授業」や「うまい授業」は，「技術的実践」の裏側で発揮される「反省的実践」が深いことによって生まれることが理解できるでしょう。

9-2　教師の熟達度研究からみた実践的課題

　優れた教師が有する実践的知識を明らかにしようとする Teaching Expertise（教師の熟達度）研究では，以下に示す 3 点が今日的課題として浮かび上がってきました（厚東ら，2010）。

　1 つめは，子どもにつまずきを起こさせないような学習過程をいかに組織化していくかとする課題です。そこでは，授業中に生起する「出来事」に至る「予兆」に気づく教師の能力（以下，〈出来事（予兆）〉の気づきと表現します）を高める必要性があるとし，こうした気づきを高めるためにはどうすればよいのかとする実践課題です（感性的省察力）。

　2 つめは，教師の授業中の意思決定のプロセスをいかにして明らかにしていくかとする課題です。そこでは，教師の計画通りに授業を展開できることは稀であり，教師と子どもの相互作用の過程で教師の素早い意思決定により計画が修正・変更されるのが常です。こうした授業中の意思決定の能力を高めるにはどうすればよいのかとする実践課題です（反省的思考）。

　3 つめは，教師の省察が信念や価値観（教育観）をいかにして形成するのか，それとも教師の信念や価値観（教育観）が省察の内容にどのような影響を及ぼすのか，いずれが教師の技術的実践に影響を及ぼすのかについての実践課題を解決する必要性です（信念・価値観の形成）。

　これら 3 つの実践課題は，循環する螺旋的構造にあると考えられます。つまり，初頭の教師の信念や価値観（教育観）が授業中に生起する〈出来事（予兆）〉への気づきに影響を及ぼし，これによって教師の授業中の意思決定の内実が決定され，その成果が再び教師の信念や価値観（教育観）に影響を及ぼすとする構造的な関係です。それゆえ，どうすれば〈出来事（予兆）〉に気づけ

るようになるのかとする問題は，教師の意思決定を円滑にかつ的確に営む能力の向上に通底するきわめて重要な実践課題と考えられるわけです。

9-3　感性的省察を磨く

　まず，1つめの実践課題である「感性的省察」について考えてみます。

　「感性的省察（sensitive reflection）」という概念を教師教育の場に初めて導入したのは，アメリカのO'Sullivanらを中心とする研究グループであろうと思います（Tsangaridou and O'Sullivan, 1994）。O'Sullivanらは，「教師はどのように反省をするべきなのか」ではなく，「教師は何を反省するべきなのか」という省察のもつ役割と機能を明らかにする必要を説き，様々な教師の反省的思考の定式化を試みようとしました。

　その結果，教育実習生のふり返りとして，「指導技術についての反省（technical reflection）」「状況的で文脈的な反省（situational reflection）」の2つのふり返りはできることを報告しました。

　前者は，「板書が全体的に書けずに，偏ってしまった」とか「提示した資料の色合いがぼやけていた」など教授環境の不備や，「○○君の意見をもっと褒めてあげるべきだった」とか「□□さんの考えを流すのではなく，板書して認めるべきだった」など相互作用のしかたなど，自身が用いた指導技術についてふり返る反省です。後者は，「初発の発問のタイミングが早かった」とか「資料の提示するのが遅れて，子どもの理解が遅れてしまった」など教師の働きかけを状況的にふり返ったり，「子どもの理解がここでまで高まった時点で，●●さんを指名した方が本時の目標に近づけたように思う」とか「こんな内容の発言が子どもから出てきたとき，この資料を提示するべきだった」など教師の働きかけを文脈的にふり返ったりする反省です。

　しかしながら，「感覚的な気づきにもとづく感性的な反省（sensitizing reflection）」と呼ばれるふり返りを行うことができなかったと報告しています。このふり返りは，「社会的」「道徳的・倫理的」「政治的」といった視点（アスペクト）からの気づきから生まれる反省とされています。しかし，その具体例は示されていないため，きわめて理解しにくい反省といえます。そこで，著者の実

践経験から，それぞれの気づきを例示してみることにします。

●社会的アスペクト：「教師―子ども」関係および「子ども―子ども」関係を主軸に社会通念の側面から自らの実践を感覚的にふり返る視点。
（例）授業中にある女の子がチームの作戦を発表しているとき，男の子の中に発表している女の子をからかうような発言が聞こえた。このとき，教師は男の子の中に女の子を軽視するような雰囲気を察知し，これからの学級経営を考え直すきっかけとなった。
●道徳的・倫理的アスペクト：教師も子どもも共に人間であるとする立場から，人間の行為規範の側面から自らの実践を感覚的にふり返る視点。
（例）ある子どもが突然，不登校になった。その原因の発端は，教師の何気ない発言（「君のそういうところを直さないと，ダメなんだよ」）にあった。その教師は，なぜ自分の発言がその子どもの心を傷つけたのかを熟考し，学級づくりを一からやり直す決意をした。
●政治的アスペクト：教師自らが志向する教育実践あるいは授業実践を実現させる価値的側面から自らの実践を感覚的にふり返る視点。
（例）班編成をするとき，学習成績のよい順に子どもを振り分け，どの班に属していても学習機会を均等にしようと考えていた。そこには，平等な学級経営という考えがあった。しかし，実際には，班ごとでの競い合いが横行し，学級内の人間関係が歪となっていった。これに気づいた教師は，子どもと共に互いを認め合い，互いで繋がり合った学級づくりを苦労してみようと決意した。

　このように，ビギナーな教師は，授業中の雰囲気の違いを感じたり，子どものつぶやきを聞き取ることができなかったりで，感覚的経験的に気づくことがなかなか難しいようです。この点について，長年にわたり看護実践に携わってきた陣田泰子（2012）は，次のように述べています。

　　現場は現象の海です。様々なことが順序不同に，ランダムに起きてきます。……この現象を認識の3段階でみてみると，2段階の所で少し塊になって

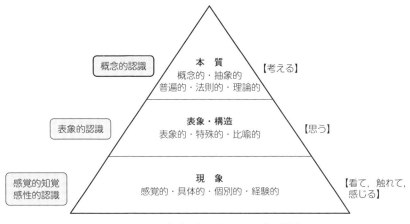

図9-2　実践の場における認識の構造

出所：陣田，2012

　いる。第1段階目，これはバラバラですから，ジグソーパズルが外れた
ピースの状態です。……2段階に行って塊になると少し姿が見えてくるの
です。バラバラな現象を共通性という視点があってはじめて塊になってく
る。2段階……最後にこの塊のゴール……行き着くところは本質。このた
った3つの階段が今登れないのです。そして"doing and doing"現象の
繰り返し。……あの教員の時書けなかった，話せなかった理由は，この階
段を登っていなかったのだっていうことが分かりました。

　図9-2には，陣田が示した「看護師の認識の構造」を加筆・修正したもの
です。これより，エキスパートな実践者は，感覚的で経験的な「感性的認識」
から，イメージを中心とする「表象的認識」を経て，法則的もしくは理論的な
「概念的認識」へと高まっていく過程と考えられます。平易に言えば，「感じて，
イメージして，熟考する」ということなのでしょうか。
　いずれにしても，感覚的で経験的な「感性的認識」がエキスパートな実践者
になる基盤力といえるでしょう。それゆえ，ビギナーの時代には，上述した
「感性的省察（sensitizing reflection）」ができるように，自身の授業をふり返る
力を高める必要があります。そのためには，まずは子どもの「学習のつまずき

（予兆）」に気づくことに努力を払うことが大事だと考えます。

9-4　反省的思考を高める

　続いて，2つめの実践課題（反省的思考を高める）については，Clark（1988）と McNamara（1990）の研究を取り上げ，考えてみたいと思います。

　Clark（1988）は，これまで進展してきた「教師の思考（teacher's thinking）」に関する研究を総説し，研究の成果と実際の授業との関係を論及しました。その結果，それまでの「教師の思考」に関する研究を「先入観と暗黙的な理論」「計画とふり返り」「ジレンマと不確実性」の3つのカテゴリーに分類することが可能であることを報告しました。

　まず「先入観と暗黙的な理論」については，子どもは教材に対する先入観をもって授業に臨むのに対して，教師は自らが有する先有経験や価値観によって自らの授業観や子ども観に暗黙的に関与することを示しました。

　この一例として，「跳び箱」の授業を考えてみましょう。一般に，子どもは「跳び箱」運動に対して，「怖い」「痛い」「苦手」「きらい」といった負の印象をかなりの程度にまでもっているものです。そのような中で，教師は「跳び箱」指導の段階性や教材教具の工夫に思考が集中しがちです。これによって，教師の反省的思考は，指導計画の見直しや子どもに対する相互作用のしかたのふり返りが大半となり，暗黙的に子どもの実態や心情と乖離したものとなります。これを積み重ねていくと，先々，教師の教育観や指導観は子どもの心情から離れたものとなっていくことでしょう。

　続く，「計画とふり返り」に関してですが，教師が立案した指導計画は，その教師の暗黙的な理論（経験的に習得した実践論）にもとづくと同時に，教師の授業に対するふり返りによって再び自身の指導計画に影響を及ぼす関係にあることを示しました。これは，私たちにも経験的に理解することが容易です。つまり，自分で立てた指導計画は，それまでの自身が身につけた「学問知」と「経験知」によって作成されています。これにより，授業のふり返りでは，これらの「知」の範囲でしか反省することができませんし，こうした反省的思考の結果が次の指導計画の立案に（良い意味でも悪い意味でも）影響を及ぼすとい

うことです。

　残る「ジレンマと不確実性」ですが，現実の授業では教師は子どもとの相互作用の過程で即時的に意思決定したり，反省的に意思決定したりしているものです。これらの現実から，授業計画の通りに展開することが稀であるというジレンマと，意思決定がきわめて不確実な対応であるという問題を抱えていることを指摘しました。これは，授業過程における教師に意思決定のプロセスを明らかにする課題であり，きわめて重要であるものといえましょう。

　他方，McNamara（1990）は，ビギナーな教師を対象に研究した結果，教師の力量を高めるためには授業実践とふり返りを同時に展開しなければならないことを主張し，そのために必要な批判的思考（critical thinking）を高める方途を検討しました。その主なものを示せば，以下に示す通りです。

①　子どもを教えることの責任を認識する。
②　ふり返る時間をもつ。
③　自らの授業の問題点をしっかり摑む。
④　先輩教師の成功体験や失敗体験の経験的事例に触れる。
⑤　教授的な事例（このように教えると，子どもはこうなるとする因果関係的な事例）を数多く知る。

　このような手続きを採ることで，自らの実践を批判的に反省したり思慮したりする能力が高まり，授業実践力の向上に繋がることを指摘しました。

　以上のことから，前者の Clark は「授業の中の反省は授業にもとづく反省に規定される」とする立場を採り，後者の McNamara は「授業のもとづく反省は授業の中の反省に規定される」とする立場を採っていることがわかります。これより，私たち教師は，これら 2 つのふり返りをつねに意識の俎上にあげ，その関係性を追求する姿勢を身につけていきたいものです。

9-5　教育者としての信念・価値観を形成する

　3 つめの実践課題（信念・価値観の形成）については，人間学的な立場から教

師の省察研究を推進した人物がいます。

　まず Sanders と McCutcheon（1986）は，「教師の省察がその教師自身の価値
観や授業理論を形成する」とした上で，「こうした省察を展開させる教師は，
他者が主張する教育的価値や授業理論を素直に受け入れ，理解に努めるように
なる」と主張しました。

　その後，Pajares（1992）は，「省察の中身が異なった背景には，その教師が
有する信念がある」とする仮説から，教師の信念に関する研究の文献学的考察
を展開しました。その結果，「教師の信念」の主たる特徴を以下のように示し
ました。すなわち，「教師の信念」とは，①教師一人ひとりで発達するもので
ある，②卓越した実践者が有する信念は，教師が自身をふり返る基準として機
能する，③新しい現象を解釈するフィルターになっている，④教師個人の行動
に強い影響を及ぼす，⑤大学生以上の成人期からは変化がきわめて困難なもの
となる，としています。

　さらに Pajares は，教師の信念が彼らの認知スタイルに大きく影響を及ぼし，
教師の信念のもち方によって彼らの思考のプロセスや情報収集のプロセスが異
なってくることを指摘しました。このように，Pajares は，学習成果の高い教
師の有する信念を明らかにしていくことで，エキスパートな教師になる道程を
事例的に検討することの重要性を主張しました。

　以上，本章では子どもを育てる教師の実践的力量として，教師の「感性的省
察」と「反省的思考」，そして「信念」について，アメリカの研究を中心に概
観してきました。その結果，「技術的実践」と「反省的実践」の同時性を担保
することがエキスパートな教師になる最大の要件と考えられました。そして，
この要件を下支えする能力として，「視えども見えず」「聴けども聞こえず」と
いった感覚的経験的な気づき（感性的省察）の力の重要性が明らかになりまし
た。

文献

Clark, C. M.（1988）'Asking the right questions about teacher preparation.' Educational Researcher, 17-2: 5-12.

陣田泰子（2012）「実践知を紡ぐ――実践から学び，看護を創造する」『高知女子大学看護学会誌』38（1），88〜104頁。

稲垣忠彦・佐藤学（1996）『授業研究入門』岩波書店，83〜88頁。

厚東芳樹・梅野圭史・長田則子（2010）「アメリカの Teaching Expertise 研究にみる教師の実践的力量に関する文献的検討」『教育実践学論集』11，1〜13頁。

McNamara, D. (1990) 'Research on teachers thinking.' Journal of Education for Teaching, 16-2: 147-160.

Pajares, M.F. (1992) 'Teachers beliefs and educational research.' Review of Educational Research, 62-3: 307-332.

Sanders, D. and McCutcheon, G. (1986) 'The development of practical theories of teaching.' Journal of Curriculum and Supervision, 30-7: 250-256.

Schön, D. A. (1983) The reflective practitioner: how professionals think in action. Basic Books: New York.

Tsangaridou, N. and O'Sallivan, M. (1994) 'Using pedagogical reflective strategies to enhance reflection among preservice physical education teachers.' Journal of Teaching in Physical Education. 14: 13-23.

（梅野圭史）

実践知10 子どもを育てる教師の実践的力量③
～「学習のつまずき（予兆）」への気づき～

10-1 授業中の「出来事」の性格と「出来事（予兆）」の気づき

　「出来事（event）」という語は，辞書的には「もち上がった事件・事柄」（『広辞苑』），もしくは「世間で起こる，いろいろな事件」（『新明解国語辞典』）と記されており，きわめて抽象的な説明であり，摑みどころのない用語です。しかし，これがニュース番組「今日の出来事」と表現されると，なんとなく意味が理解できます。つまり，今日という "一日" の中で起きた "悪い事柄（事件）" や "よい事柄" を取り上げ，報道する番組と解釈することができます。

　ところで，わが国では，秋山・梅野（2001）によってデイヴィドソン（Davidson, D.）の「出来事論」を考察視座に，授業中の「出来事」の教育学的意義について論考したのが最初と考えられます。すなわち，デイヴィドソン（1990）が命名した「トークン同一性としての出来事」と「タイプ同一性としての出来事」を教育実践学的に考察しました。

　まず「トークン同一性としての出来事」は，ある特定の学級，ないしはある特定の教師とその子どもたちとの間でしか生起しない「出来事」であるとし，その代表例として「学級崩壊」を挙げています。それゆえ，この「出来事」は，教師と子どもの教育的関係を一から編み直すところに教育学的意義があることを論考しました。

　また「タイプ同一性としての出来事」は，2つの「出来事」の「原因―結果」が同一であった場合，その「出来事」は再びいろいろな場面で生起する「出来事」であるとし，その代表例として「学習のつまずき」を挙げています。これより，この手の「出来事」については，発生を予測し，それを起こさないように制御するところに教育学的意義があることを論考しました。

　いずれの場合も，「出来事」への対処が遅かったり，間違えたりすれば，教育実践の中核的要因である「教師と子どもの教育的関係（教える―学ぶ）」は崩れてしまうことは明白でしょう。それゆえ，教師は，「出来事」に至る"予兆"に早く気づく必要があります（以下，「出来事（予兆）」と表現することにします）。とりわけ，後者の「タイプ同一性としての出来事」への気づきは学習成果（学力）を高める上できわめて重要な気づきといえます。

　いずれにしましても，授業中に生起する「出来事（予兆）」への気づきは，教師の「皮膚感覚能力」に規定されるものと考えられます。つまり，「出来事（予兆）」に気づける教師もいれば，そうでない教師もいるということです。このことは，「同じ経験を積んでも，成長する人とそうでない人がいる」とする経験学習の一つといえるでしょう。

　本章では，子どもの「学習のつまずき（予兆）」に対する教師の気づきに焦点を当て，その気づきのメカニズムを検討してみることにします。

10-2　「学習のつまずき（予兆）」の気づきの性格

　警察官の人たちは町内の防犯のために，同じ時間に同じ巡回路を通るといいます。それは，普段と同じ雰囲気（空気）を感じるためです。目を凝らすのではなく，ただ自然に巡回するのです。そして，いつもと違う雰囲気（空気）を感じたならば，その場に急行したり，不審な人に職務質問をしたりして，事件を未然に防ごうとしています。

　また，病院に勤務している医療に従事している人たちは，"ヒヤッ！"と感じたことをただちに上司に報告する「ヒヤリハット」制度というものがあるそうです。確かに，患者の様態の急変や病院内の安全・管理上での不具合など「予期せぬ出来事」が起こってからでは，手遅れとなります。

　このように警察官の事例では，巡回による異変を感じとる能力と異変を感じたときにどのように行動すればよいのか，具体的には，職務質問するための専門的知識と現場経験により習得される実践知が必要となります。

　これと同様のことが医療従事者の事例でもいえます。例えば，看護師の場合，通常，「ケア」と呼ばれる仕事を中心に看護を行っています。具体的には，健

康観察：血圧，体温，脈拍，呼吸状態の観察など，食事のお手伝い，清潔援助：清拭，入浴，シャワー浴，洗髪，手浴，足浴など，ケア全般：つめ切り，口腔ケア，更衣，ひげそりなど，排泄のお手伝い：オムツ交換やトイレの介助などであります。こうした仕事の一つひとつに専門的知識と臨床経験から生まれる実践知の形成があり，これらを深く習得することで正確でかつ精密な〝ヒヤリ〟が生まれるのです。

　以下は，ある跳び箱の授業でのエピソードです。

　　単元終盤になっても，ある女の子がまだ一度も跳び箱を跳べずにいました。そんな中，研究授業が行われました。授業の途中，私たちの傍らにいた先輩教師がつぶやきました。「あの子，次，跳べるぞ」。その瞬間，私たちは女児の助走に見入りました。女児は，助走のスピードを段々と上げていき，そのまま踏み切りました。先輩教師の予想のとおり，女児は5段の跳び箱をうまく跳び越しました。私は，それを見て心の中で拍手しました。しばらくして，再び，その女児が跳躍する番になりました。先ほどとは様子が違っていました。今度はいとも簡単に跳び越しました。その時，担任教師が声をかけました。

「○○さん，やったあ。跳べた。すごい！」

　　この教師の言葉がけに，女児は少しうなずくだけでした。研究授業終了後，放課後の職員室。言葉がけに対して素っ気ない対応を返された担任教師は，その女児の反応が気になっていました。そこで，先輩教師に尋ねることにしました。すると先輩教師は，担任教師が褒めた試技は女児が初めて跳び越した試技ではなく，2回目に跳べた試技であったことを伝えました。それを聞いた担任教師は，「それで，あの子はあんな反応をしたのか」。

　　その後，先輩教師は自分もそのような経験があったことを伝え，女児の助走スピードの変化に気づいていたか，女児のグループでの話し合いの様子やその日の授業に臨む様子の変化に気づいていたかなど，逆に尋ねられました。これを聞き，担任教師はハッとしました。

　こうした女児の動きの変化を担任教師が気づくことができなかった背景には，

先の２つの例の場合と同様に，専門的知識と実践経験による実践知が関係しているものと考えられます。前者の専門的知識については，跳び箱運動に関する動きの知識（助走―踏み切り―着手―着地といった運動局面における動きの要点）や「よい跳躍のイメージ」と「よくない跳躍のイメージ」など教材研究で得る知識が挙げられます。後者の実践知については，過去の跳び箱指導における子どものつまずき指導の量的（経験量）ならびに質的（つまずきを直した経験）の経験知が挙げられます。

10-3　「学習のつまずき（予兆）」の気づきを高める要件

10-3-1　教材研究力が「学習のつまずき（予兆）」の気づきの基本

　「学習のつまずき（予兆）」に気づくためにはどうすればよいのでしょうか。

　まず，Carter ら（1988）の「学習成果の高い教師は，教える内容について幅広いまとまりのある知識を有している」とする報告からは，「学習のつまずき（予兆）」に気づくためには，教材についての専門的知識の領解と認識が必須要件として考えられます。また Lee ら（1993）の「子どものつまずきについて，可能な解決方略が検討できる」とする報告より，様々な教材における子どものつまずきの類型を熟知しておく必要も考えられます。さらに Kagan（1992）の「①指導計画が自力で立案することができる」とする指摘より，指導プログラムに関する理論的知識の理解も関係するものといえます。

　これら３つの専門的知識は，総じて「教材研究」と称されるものです。これより，洋の東西を問わず，「教師は教材研究を小まめに行い，教育内容を徹底して理解すること」とする先達の言葉の真の意味が理解できそうです。つまり，小まめな教材研究は，子どもに教育内容を理解させること以上に，子どもの「学びのつまずき」に早く気づくためと考えられます。もっと言えば，教材に関わる専門的知識は，教師の授業中の知覚・感覚情報の中からどれを意識の俎上にあげるのかとする気づきの視点を提供しているからであります。換言すれば，優れた教師は，自身が意図する授業展開が可能になっているかどうかの判断を「学習のつまずき（予兆）」の気づきに求めているのです。それゆえ，若

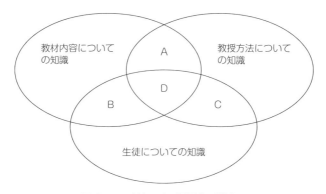

図10-1　教師の知識領域の構造図

出所：吉崎，1987

手教師に見受けられる「聴けども聞けず」「視ずとも見えず」といった現象の背景には，専門的知識の領解・認識の不十分さが原因となっている場合が大半と考えられます。

　他方，社会科・合科教育における卓越した実践者で知られる長岡文雄(1981)は，「真に教えるということは子どもを探ることの中に成立する」という前提に立ち，「授業は子どもを探る場である」という認識を示しました。すなわち，授業の成立は，「"この子"の把握によって生まれるものであり，"この子"がどう生きているか，各種の能力をどの程度，どのような形で身に付けているかなどを探る中で必要な授業がわかってくるし，自分の行った授業が"この子"にとってどんな意味を持ったかが明らかになってくる」と述べています。

　こうした長岡の実践哲学は，「学習のつまずき（予兆）」に気づく教師の信念に通底する理念と考えられます。

　図10-1には，吉崎(1987)の教師の知識領域の構造を示しました。

　吉崎は，「教師・教材・学習者」という授業の三要素を中心に，それらが複合する領域を重視している点にあります。これは，学習者である子どもの側に立って教材内容を見つめる姿勢と考えられます。

　ところで，「学習のつまずき（予兆）」の気づきには，教材が有する諸特性の理解が不可避です。これを「教師の知識」研究に求めれば，3本柱である「教

科内容（教材内容）についての知識」「生徒（学習者と学習者特性）についての知識」「教授方法についての知識」が重要になってきます。これらの知識を場に援用すれば，「教科内容（教材内容）についての知識」には「教材の構造的知識」が，「生徒（学習者と学習者特性）についての知識」には「子どものつまずきの類型に関する知識」が，それぞれ相当するものと考えられます。また「教授方法についての知識」には，どのような課題（めあて）をどんな順序で学習させていけばよいのかとする「効果的な指導プログラムに関する知識」が相当するものと考えられます。これら3つの知識は，教師にとっては知っておくべき知識であり，記憶化される知識です。これより，上記3つの知識を総称して「教材に関する専門的知識」と呼ぶことにします。

　続く「学習のつまずき（予兆）」の手立てに関しては，その教師の実践的知識が鍵概念となるものと考えられます。なぜなら「学習のつまずき（予兆）」の手立てに際しては，「生徒（学習者と学習者特性）についての知識」「教科内容（教材内容）についての知識」「教授方法についての知識」の3つの知識の交叉によって形成される知識（D領域）を実際に適用する力が要請されるからであります。

10-3-2　「学習のつまずき（予兆）」の気づきと実践的知識

　つまずき指導の積み重ねによる実践的知識は，教師と子どもの相互作用の過程で生じる教師の意思決定のメカニズムと深く関係しています。これを具現化した例として，藤澤ら（2017）の「つまずき指導の予期図式」が挙げられます。これは，Neisser（1976）の「知覚循環説」を下敷きに坂井・大門（1994）の「知覚循環モデル」より想定したものです。

　Neisser は，学習者の側に立って「情報の知覚化」について検討し，「知覚循環説」を提唱しました。すなわち，スキーマ（外界を知覚したり，言語で表現したり，物事を考えたりするとき，これらの認知的な活動を前もって支える知識のかたまり〈前概念〉）を静的な情報受容の枠組みとして考えず，自らの主体により外界を探索し，知覚したアフォーダンス情報によってスキーマの改変・生成を行い，新たな探索方略を生み出し，再び外界を探索するというきわめて動的で生成的なシステム体としたのです。

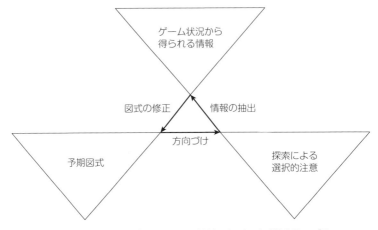

図10-2　球技スポーツの状況判断における知覚循環モデル

出所：坂井・大門，1994

　この考え方を球技スポーツにおけるプレイヤーの状況判断のしかたを創案し
たのが坂井・大門（1994）です。すなわち，彼らは，プレイヤーの状況判断が
「ゲーム状況から得られる情報」「予期図式」「探索による選択的注意」の3つ
から成り立つとしました。

　図10-2には，球技スポーツの状況判断における知覚循環モデルを示してい
ます。ここで，「ゲーム状況から得られる情報」とは，自身が置かれている状
況（物的人的環境：オフェンスの数と位置，ディフェンスの数と位置，コート上での位
置など，心理的環境：追っている状況か，追われている状況かなど）の認知であり，
「予期図式」とは，過去の成功体験もしくは不成功体験したプレイ行動の記憶
であり，「探索による選択的注意」とは，「ゲーム状況から得られる情報」から
過去に体験した近似・酷似するプレイ行動を「予期図式」の中から選択する行
為であります。Neisser の考えを踏まえると，こうした循環過程は動的であり，
つねに変化することになります。つまり，プレイヤーはプレイの結果（成否）
により「ゲーム状況から得られる情報」の再評価と「予期図式」の修正を行い，
様々に変化していくゲーム状況における認知の正確性を高めていくのです。

　これを授業の場に置き換えてみますと，「学習のつまずき（予兆）」の気づき
に対する手立ては，それに気づいたとき，過去に経験した「つまずき指導」の

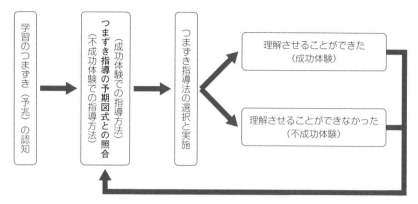

図10-3　FBモデルによるつまずき指導の知覚循環過程

出所：藤澤ら，2017

記憶である「予期図式」と照合し，その予期図式に方向付けられた手立て（成功体験と近似した場合はそのときに施した手立てを打ち，逆に不成功体験と近似した場合はそのときの手立てとは異なる手立てを打つこと）を決定し，つまずいている子どもの指導にあたると考えられます。こうした教師のつまずき指導の知覚循環過程をフィードバックモデルとして図示したのが，図10-3です。これより，優れた教師の要件として，過去につまずいている子どもの指導をどれだけ成功裡に積んできたか，つまり「豊かなつまずき指導の予期図式」の生成が挙げられます。

　このように考えると，教師の経験知は，暗黙知としての身体知（勘とか感覚的といった実践行動）に頼ったり，とどまったりしてはなりません。つまり，「つまずき指導の予期図式」の生成には成功体験に裏打ちされていなければなりませんし，しかも言葉でそれを表出できなければなりません。こうした性格を有しているのが「実践的知識」なのです。プロ野球の王選手やイチロー選手が打撃の要点をジェスチャーで語るのではなく，明解な言葉で説明できるのは，彼らの実践が知識化しているからなのです（**実践知8**参照）。

10-4 「学習のつまずき（予兆）」に気づく方法

　こうした「学習のつまずき（予兆）」に気づくためには，教師の「皮膚感覚能力」を高める必要があります。そのためには気づく視点をもっておかなくてはなりません。これが教材研究によって得ることができる「専門的知識」です。つまり，「教材の構造的知識」「子どものつまずきの類型に関する知識」「効果的な指導プログラムに関する知識」を十分に理解しておくことです。こうした知識により，つまずいている子どもに気づくことができるのです。

　しかし，このような「専門的知識」を理解したことだけで，学習につまずいている子どもに気づけているだけではいけません。教師は，つまずいている子どものつまずきを修正し，わかり・できるように指導する必要があります。つまり，何らかの手立てを打って子どもの学習のつまずきを直すことです。これには，過去に展開させてきた「つまずき指導」の予期図式を中心とした実践的知識が必要となります。これは，実践を経験することでしか得られない知識，つまり学習につまずいている子どもを指導してきた経験の量と質の豊かさです。その具体を示せば，以下の通りです（藤澤ら，2019）。

① 「学習のつまずき（予兆）」に気づいたら，とにかくすぐに子どもに関わり指導することが，「つまずき指導」の予期図式を中心とした実践的知識を形成する基本です。

② 「学習のつまずき（予兆）」に気づいたとき，直ちに指導しない場合があります。それは，「学習のつまずき（予兆）」が"この子"だけのつまずきでなく，他にも多くの子どもに同じ「学習のつまずき（予兆）」が認められた場合です。このとき，子ども全員を集めて，一斉指導する方が効率的で効果的です。

③ 「学習のつまずき（予兆）」に気づいたとき，直ちに指導しない場合があります。それは，「学習のつまずき（予兆）」が"この子"に責任がなく，指導プログラムに問題が認められる場合です。このとき，次の授業から修正した指導プログラムによる指導を展開させることが大切です。

　これらの知見は，授業後に実施した「出来事（予兆）の気づき調査票」への記述内容の一つひとつが果たして実際の授業で指導に活かせているかどうかを調べた結果から得られたものです。概して，ビギナーの教師（教職経験年数6年以下の教師）は，①のように「学習のつまずき（予兆）」に気づくとただちに指導する割合が高い傾向にあります。これは，「即時的即興的思考による働きかけ」と称しています。

　これに対して，エキスパートの教師（子どもの授業評価がつねに高い教師）は，①のように「即時的即興的思考による働きかけ」も行いますが，これ以外に②と③のように「学習のつまずき（予兆）」に気づいても，①のような「即時的即興的思考による働きかけ」を行うのがよいか，それとも②のように指導する状況や文脈を踏まえる方がよいか，それ以上に③のように指導プログラムを修正してやり直す方がよいかを判断してから指導に入る傾向が強いようです。そして，②と③のような判断を「反省的熟考的思考による働きかけ」と称しています。エキスパートな教師は，この両者の割合が同じ程度でした。

　これらの知見は，教師の気づき情報を補完したり，組み替えたり，改変したりする働きがあることを示しているとともに，「つまずき指導の予期図式（図10-3）」の存在とその機能を明示する事実と考えられます。

　以上，「学習のつまずき（予兆）」の気づきには，「教材の構造的知識」「子どものつまずきの類型に関する知識」「効果的な指導プログラムに関する知識」の十全なる理解が肝要であることが明示されました。その上で，こうした知識が教師の授業中の知覚・感覚情報の中からどれを意識の俎上にあげるのか（気づき）の視点を提供しているのです。続いて，教師はつまずいている子どもに気づき，そのつまずきを修正し，わかり・できるように指導する必要があります。そのためには，「つまずき指導」の経験を量的にも質的にも積み重ねていく必要が看取されました。

文献

秋山祐右・梅野圭史（2001）「体育授業における「出来事」の教育学的意義に関する一考察──デイヴィドソンの「出来事」論を考察視座として」『体育・スポーツ

哲学研究』23（2），27〜41頁。

Carter, K. et al.（1988）'Expert-novice differences in perceiving and processing visual classroom information.' Journal of Teacher Education, 24: 25-31.

デイヴィドソン，D.（1990）『行為と出来事』服部裕幸・柴田正良（訳），勁草書房。（Davidson, D.（1980）Essays on actions and events. Oxford University Press: Oxford.）

藤澤薫里ほか（2017）「〈運動のつまずき（予兆）〉の気づきへの介入・実験的研究——小学校若手教師（5年目）の事例を通して」『大阪体育学研究』55，21〜38頁。

藤澤薫里・梅野圭史・山口孝治（2019）「〈運動のつまずき（予兆）〉の気づきに関する授業研究——新人教師と一人前教師の比較を中心として」『スポーツ教育学研究』39（1），33〜50頁。

Kagan, D. M.（1992）'Professional growth among pre-service and beginning teachers.' Review of Educational Research, 62-2: 129-169.

長岡文雄（1981）「授業中の子ども」岩浅農也ら（編）『授業を深める』教育出版，147〜148頁。

Neisser, U.（Ed.）（1976）Cognition and Reality: Principles and Implications of Cognitive Psychology. W. H. Freeman.（吉崎敬・村瀬鬕（訳）（1978）『認知の構図』サイエンス社）

坂井和明・大門芳行（1994）「球技スポーツにおける状況判断に関するスポーツ運動学的研究——知覚循環モデルを用いて」『日本体育学会第45回大会号』527頁。

吉崎静夫（1987）「授業研究と教師教育（1）——教師の知識研究を媒介として」『教育方法学研究』13，11〜17頁。

（藤澤薫里）

実践知11 学校教育の自立①
～楽しさ追求の実践学的論議～

11-1　楽しさ体験の意味

　楽しい経験は人格を成長させますが，苦しくて嫌な経験が長く続くと，人格はダメになってしまうことがあります。これより，楽しい活動は価値ある生活様態であり，これによって人生を謳歌することが「意味ある生き方」と理解されるようになりました。こうした思潮を受けて，学校教育現場では，「楽しさ」を基盤に据えた学習活動が志向されてきました。しかし，こうした「楽しさ追求」は，真正な教育的価値を有しているものなのでしょうか？

　日常生活において興味のある活動に夢中になると，"あっという間"に時間が経ったとする経験をしたことはないですか。私たちは，こうした夢中になっている状態を「楽しさ体験」とし，これに没入できる最適な状態（フロー）を自らで求めるようになりました。このフロー（flow）という語は，「全人的に行為に没入している時の包括的感覚」と定義され，実践現場で活躍するエキスパートたちがそのときの様態を「流れているようだった（floating）」とか，「流れ（flow）に運ばれたようだ」と表現したことに由来しています（石村ら，2008）。もっと言えば，「いま―ここ」を瞬間的に生きている中で，自身の能力を伸ばす適度な挑戦機会に遭遇し，活動自体が楽しいと感じると同時に強い集中によって意識が淀みなく流れるような状態といわれています。

　チクセントミハイ（Csikszentmihalyi, M.）は，こうした「楽しさ体験」を持続的に，しかも向上的に行うためにはどうすればよいのかとする問いを立てました（Csikszentmihalyi, 1990）。その結果，課題の困難さとその課題を遂行する能力の高さとの関係に着目し，最適な覚醒レベルであるフロー状態を維持しようとする欲求が生まれる様態とそうでない様態を区別し，楽しさフローの発達モ

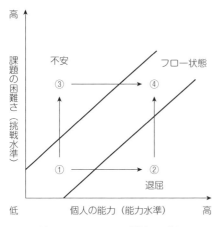

図11-1　フローの発達モデル

出所：Csikszentmihalyi, 1990より改変

デルを創案しました。これを示したのが図11-1です。

　まず①の状態では，何かで遊び始めたときは基礎的なスキルしかないため，それほど難しくない挑戦課題で楽しむことができます。しかしながら，活動に夢中になっていると次第に能力が向上するため，②の状態になると人は退屈に感じてしまいます。一方で挑戦課題を高めると，③の状態になって自身の能力の低さに不安を感じてしまうものです。したがって，再びフロー状態に至るには，自身の能力に適合する挑戦課題で活動するか，もしくは挑戦課題を克服する能力を高めることが必要になってきます。前者の②の状態からのフローへの参入は，「挑戦課題」が発展することから「楽しさ発展型」と，後者の③の状態からのフローへの参入は，「努力課題」が深まっていくことから「楽しさ深化型」とそれぞれ称することにしました。このように，フローの発達モデルは個人が最適な状態である「フロー（flow）」という体験を通して，個人の良さや能力を伸ばし，興味や自信を成長させる発達プロセスを描いています。

　フロー理論でいう「楽しさ（enjoyment）」は，「快楽（pleasure）」とは峻別されることに注意します。「快楽（pleasure）」は何の努力もなしに感じることができますが，「楽しさ（enjoyment）」は「新しく，挑戦的な要素を含む目標への心理的エネルギーの投射」，言い換えると「深い集中」を必要とします。その結果，「快楽（pleasure）」は「意識に新しい秩序を創ること」はできないのに対して，「楽しさ（enjoyment）」は「新規な感覚，達成感覚」によって特徴づけられます（Csikszentmihalyi, 1990）。つまり，ここでいう「楽しさ（enjoyment）」とは，挑戦と能力の伸長を伴うものです。手を抜いて楽をすることではなく，徹底して没頭・没入しやり切ることから生まれる充実や成長実感であり，生き甲斐などとも結びついた，深いレベルでの喜びのことといえます（小森谷，

126

2009)。こうしたフロー経験について，学校教育論の立場から中井孝章（1990）
は次のように指摘しています。

　　　フロー経験とは，自我意識をはじめ，フロー状況を攪乱し兼ねない諸要
　　素をことごとく取り払う。（中略）このことを教師の教育行為において考
　　えてみると，それは教師が計画的思惟を放下し，かつまた教材に沿うとい
　　う特定の指導意識をも忘れ去り，ひたすらからだひとつで子どもたちと相
　　対していくときに生み出されてくる自己目的的な経験であると考えられる。
　　そのことは，学校教育という枠組みをほとんど意識せずに，個性溢れる授
　　業を展開している現場教師の実践感覚の内に見出すことができる。

　このように，教育実践において教師と子どもたちの間に間主体的に現出され
るフロー状況とそのモデル（楽しさ追求）は，従来の「仕事／学習」と「遊び」
という二分法とそれを生み出す外発的報酬による満足という既成のパラダイム
を超えて，彼らが内発的報酬にもとづく楽しみ（現実的生）という新たなパラ
ダイムを提起すると考えられます。とはいうもの，チクセントミハイが示す2
つのフロー・モデルは社会学的立場からの見識であり，その意義を教育実践学
的視点（実践的・経験的な視点）から「楽しさを追求する行為」を照射した例は
教育学系の学術誌ではほとんど見当たりません。ただし，体育分野においては，
これまで体育授業や運動部活動における「運動の楽しさ」の実体とその感受性
に関する効用について盛んに検討されてきています（畑野，1988；千駄，1989；
野田ら，1989；澤，2017）。しかしながら，そのほとんどが心理学的アプローチ
であり，実践的・経験的視点からの論議は散見するに留まっています（多々納，
1989；越川，2013）。後者の論議を集約すれば，「楽しさ追求」における思想的
基盤である「実践者のプラグマティズム（実践学的思索）」と「プレイ論（生の
哲学）」を巡る原理的考察の必要性を要請している様態にあります。
　本章では，チクセントミハイが示す2つの楽しさ追求の教育学的意義につい
て，ホワイトヘッド（Whitehead, A. N.）の教育論（1967a）を考察視座に論考す
ることを試みてみます。つまり，楽しさ追求の教育的価値の内実を論及すると
共に，教育的価値に通ずる楽しさ追求のあり方を考察してみようと思います。

　具体的には，以下の２点の手続きを採ることにしました。

①　ホワイトヘッドの教育論を考察視座に「楽しさ発展型」と「楽しさ深化型」の教育学的価値性を解釈学的に考察する。

②　「楽しさ発展型」と「楽しさ深化型」のそれぞれの楽しみ方を示したオリンピック選手のインタビュー内容を取り上げ，実践者である選手の楽しみ方を実践的・経験的に論及する。

　ところで，ホワイトヘッドを考察視座に据える理由は，以下の通りです。

　第１点目は，「現実の本質とは何か」という問いの追求を時間の現れの〈プロセス〉，すなわち変化や発達に思考の焦点を当てており，チクセントミハイのフロー理論の考え方に近似する様態にあるからです。

　ホワイトヘッドが生を受けた19世紀の中盤は，ミル（Mill, J. S.）やブラッドリー（Bradley, F. H.）に代表されるイギリス観念論（理想主義的思索）が主流をなしていました。19世紀終盤から20世紀中盤にかけて，こうした観念論を現実世界の描写（事実の認定）と変化（プロセス描写）を合理的に追求するべく，２つの分析アプローチが展開されました。１つは，ムーア（Moore, G. E.）やラッセル（Russell, B. A. W.）の「分析形而上学（事実・出来事・自然がもつ意味の論証〈因果性〉と正当化〈理論化〉）」であり，もう１つは，ホワイトヘッドの「有機体の哲学（事実・出来事・自然が有する有機的関係性〈存在性〉の追求）」です（吉田，2015）。とりわけ，後者の「有機体の哲学」では，「現実の本質とは何か」という問いの追求を目標に向かう時間の現れの〈プロセス〉，すなわち変化や発達に思考の焦点を当てたのでした。もっと言えば，「現実の本質」，つまり実践的で経験的な「生の営み」を時間の現れ（プロセス）として捉え，その変化のしかたや発達の様相を考察視点の主軸に据えようとしたのです。これは，変化や発達の因果性を一元的に解釈するのではなく，多次元的でかつ包括的な存在にあるとする立場に立つことを意味しています。

　第２点目は，ホワイトヘッドの「有機体の哲学」における思索がカイヨワ（Caillois, R.）やホイジンガー（Heusinger, A. B. H. E.）のプレイ論を下敷きに「生」の哲学を展開させていることによります。

　ホワイトヘッドは，先のムーアやラッセルの「分析形而上学」における思索に関して，「先立つ観察によって惹き起された詳細な識別の厳密な体系化に思考を釘付けにする方法はやがて挫折する」と批判し，経験の分析的観察は「自由な想像力の遊び」によって事物・事象の越境・拡大していく想像力の飛躍にあるとしました（村田，2019）。ここでいう「遊び」とは，直接的経験が有する限定性と特殊性を越え出ていくイメージの自由な飛躍を意味しています。こうした思索は，前述の「楽しさを追求する行為」に関する教育実践学的視点（実践者のプラグマティズムとプレイ論を巡る原理的考察の展開）に適した教育論であることを示しています。

11-2　楽しさ追求の二面性

　ホワイトヘッド（Whitehead, 1967a）は，「驚きと好奇心という情緒の躍動こそ，心的活動の源泉である」とし，これが「楽しさ（enjoyment）」の本来の意味であると言及しました。すなわち，「まさに，生きている有機体（living organisms）が，適切な自己発達を目指して発奮するような自然な方法なら，それは楽しさと言える」と解釈しました。村田康常（2011）は，ホワイトヘッドの教育論を以下のように解説しています。

　　生命とはそのつど新しい調和を実現する創造活動であり，その創造のプロセスにはリズムがある。生命のリズムは自然のうちに満ちている。そして，人間経験において価値実現の高次のプロセスをかたちづくる複合的で統一的なリズムとなる。教育とは，こうした生命のリズミックな躍動に即して精神（mentality）が成長するのを促し，方向づける営みなのである。……これは，古代ギリシャ人が「叡知（wisdom）」と呼んだものに相当する。知識の重要さは叡知のうちにある。また，知識の重要さは，その有用性にあり，その知識を私たちが活性化して使いこなすことにある。

　これより，ホワイトヘッドは，「叡知」の修養こそが楽しさを追求していく目的であると解しているようです。その上で，彼の教育論は，「有機体の哲学」

と「生命の哲学」の二面性が看取されるとしています（酒井，1994）。

11-3 「生命の哲学」を追求する楽しさ

　まず「生」の源泉である「生命の哲学」から論及していきます。この考え方は，「教育リズム論」によって説明されています。これには，ホワイトヘッドの死生観が大きく影響しているといわれています（武田，1985）。つまり，「いま―ここ」を生きる瞬間に「生」と「死」が刹那に関係し，そこで生じる出来事の有限性が自然のリズムであり，これと付帯的に関係するのが生命のリズムであるとしています（Whitehead, 1955）。これは，「生」と「死」は別個に存在しているのではなく，「生」は「死」と共に在るとする考え方です。つまり，「いま―ここ」を精一杯に生きること自体が「楽しさ体験」なのであり，それを自身で追い求めていく過程が「生を全うする人間的活動」なのです。その裏側は「死を全うする活動」でもあり，この両者がかみ合ってこそ，「よりよく生きることは，よりよく死ぬこと」と同義となるのです。もっと言えば，人の死は「病名」によって理解されるのではなく，「生」を全うした結果として受け止めなければならないということです。つまり，「彼は何で死んだ？」という問いに対して，「彼は生き切ったからです」と応じることが「生と死」の関係をもっとも端的に表現した応えなのです。ホワイトヘッドは，こうした「生」を謳歌する「楽しさの追求」を「教育のリズム」と称し，人生を楽しく生きる活動は，「人間性」に通底すると解しました。

　これを授業の場に援用しますと，学習活動は，何らかの教科目的を達成するための過程もしくは手段として捉えるのではなく，活動それ自体を夢中になって楽しむことで「活動の楽しみ方」を学び取る場と考えようとするものです。これより，知識や技術といった基礎学力は，活動を夢中になって楽しんだ結果として習得されるものと捉える見方となります。このことは，「生命の哲学」における楽しさ追求は，成果（プロダクト：喜び）と過程（プロセス：楽しさ）が「目的―手段」関係にないことを意味します。それゆえ，先の村田（2011）の指摘より，有用性に価値をもつ知識や技術は，「勉強（強いる活動）」によって習得されるものでなく，学習活動それ自体を楽しむ中で習得されるべきものと

いうことになります。これは，教科目標の達成が教科内容の習得であると同時に，教科内容の習得そのものが教科目標の達成であるとする，つまり「目標＝内容」とするゲシュタルト構造であり，ホワイトヘッドの「生命の哲学」に通ずる楽しさ論であるとともに，チクセントミハイの「退屈」を打破する「楽しさ発展型」に相当するものといえるでしょう。

　これを実践化した現象を「2020東京オリンピック」のスケートボード種目で認めることができました。一つは，ストリート種目（街の中を滑るようなコースで技を競う種目）で西矢 椛 選手（当時13歳）が最年少で金メダルを取った出来事であり，もう一つは，パーク種目（複雑な形のコースを滑る技を競う種目）で世界ランキング第1位の岡本碧優選手の最後の演技後での出来事です。

　前者は，幼年の頃からスケートボードを夢中になって遊ぶ過程（努力は大変なものであっても，苦痛や苦労を感じない活動経験）の中で，誰も真似することができない技を創案・習得していったもので，柔道選手やレスリング選手などの対人的スポーツ，さらには水泳や陸上の選手などの個人的スポーツとは大いに異なる楽しみ方であることを感じさせる事例です。こうした活動を生活化してきた西矢選手は，インタビューで「将来の夢は？」と聞かれたとき，「"笑顔で楽しく滑りたい"の言葉は，父や兄から教わりました。"笑顔にしていれば，何か良いことがあるかもしれないから"。5歳のときから大事してきた心がけを守ったことが金メダルを引き寄せたと思っています。スケートボードは今も"遊び"です。夢は，世界で知らない人がいないくらいのスケーターになることです」と応えています。このように，西矢選手はオリンピックでの競技も「遊び」と言い切っています。次回のパリ大会では，一回り大きく成長した西矢選手を見ることができることでしょう。

　後者は，岡本選手が最後の演技で自身の技を出し切ることがきれば金メダルが取れるという場面で，着地に失敗し4位に終わった事例です。岡本選手は，演技後，自身の失敗を悔やんで涙を流していましたが，その場に競い合っていた外国選手たち全員が労をねぎらいに集まり，みんなで彼女を抱き上げ，これまでの彼女の努力を讃えたのでした。金メダルを獲得した四十住さくら選手，銀メダルを獲得した開心那選手よりも，岡本選手を讃えたのです。このようなシーンは，これまでのオリンピックではなかなか見ることのなかった現象で

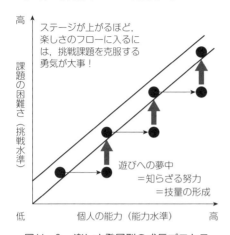

縦軸（上）：高　課題の困難さ（挑戦水準）　（下）：低
横軸：個人の能力（能力水準）　（左）：低　（右）：高

ステージが上がるほど，楽しさのフローに入るには，挑戦課題を克服する勇気が大事！

遊びへの夢中
＝知らざる努力
＝技量の形成

図11 - 2　楽しさ発展型の成長プロセス

出所：Csikszentmihalyi, 1990より改変

す。インタビューでは，岡本選手は「普段からみんなを盛り上げるようなことをしているので，大会でもそれが出たのかな」と「横乗りスポーツの文化」について触れています。この事例と同様のことが「2022北京冬季オリンピック」のスノーボード競技の岩渕麗楽選手でも認められました。彼女は，最終演技で縦 3 回転の大技に挑戦しましたが，惜しくも着地に失敗し，4 位に終わりました。しかしその後，多くの外国選手たちが彼女の勇気を讃えたのでした。

　いずれの事例も，メダルを取ることが真正な目的でなく，他の選手と共にスケートボードの技を互いに披露し合い，その成果を楽しむことを何よりも大切にしている，それが「横乗りスポーツの文化」だというのです。言い換えれば，スケートボード競技は，仲間と共に「技を共有して楽しむ場」なのです。

　これらのことから，「楽しさ発展型」の経緯は，図11 - 2 に示す様相にあると考えられます。これより，「楽しさ発展型」の成長プロセスでは，楽しさのフローに参入するために要請される自分にとって容易でない課題を自身に負荷した「挑戦課題を克服する勇気」がきわめて重要な経験的努力であることがわかります。このとき，「技の挑戦水準」が高くなればなるほど，励まし合って高め合う仲間の存在がきわめて大切になってくるものといえ，そこで仲間と共に「技を共有する楽しさ」が感得されていくものと考えられます。

11-4　「有機体の哲学」を追求する楽しさ

　ホワイトヘッド（Whitehead, 1967b）は，「有機体」を「一定のかたちの価値を実現すること」とし，「有機体の哲学」を「一定のかたちの価値を実現させ，新たな価値を創発する行為」と規定しました。このことから，教育の場におけ

る人間形成では，ある価値を実現させる過程（プロセス：楽しさ）とそれによって眼目に現れる成果（プロダクト：喜び）をわが物にすることと見做すことは可能でしょう。ここでは，一つひとつの「楽しさ体験」を「人体を構成する細胞」になぞらえ，人間はこれらの細胞（楽しさ体験）から構成される「有機体的な構造物」と見做したのです（Whitehead, 1967a）。これより，前項の「生命の哲学」における楽しさ追求の場合とは異なり，「有機体の哲学」における楽しさ追求は，成果（プロダクト：喜び）と過程（プロセス：楽しさ）が「目的―手段」関係に帰属することを意味します。つまり，成果（プロダクト：喜び）を得るための努力を楽しむという学びの行為です。これは，多くのオリンピック選手に認められる勝利主義的努力とこれを完遂（メダル獲得）した瞬間の感激シーンを事例として指摘することができるでしょう。こうした楽しみ方は，チクセントミハイ（Csikszentmihaly, 1990）の「楽しさ深化型」（図11-1）といえそうです。

　過去，わが国の授業実践では，このような楽しみ方を奨励してきた感があります。つまり，容易でない課題（めあて）を自身に与え，その解決に向けて「努力すること」を楽しみ，その結果としての知識や技術の習得を喜ぶとする授業観です。ここで重要なことは，教師の直接的指導によって「わかる・できる」が可能になった実践は，必ずしも子どもたちの「有能性」を高める教育に結節するものでないことを認識しておく必要があります（**実践知2**参照）。このことについて，ホワイトヘッド（Whitehead, 1967b）は，次のように表現しています。

　　私たちの生徒は生きているのであり，ジグソーパズルのピースのように，ばらばらの小片に切り分けてしまえるものではない。（中略）ところが，生きている有機体は，自分自身の衝動（impulse）によって自己発展を目指して成長するので，事情は機械製作とは全くちがう。この衝動も，生きている有機体の外部から刺激されたり指導されたりすることはありうるが，また圧殺されてしまうこともありえる。

こうした抑圧された中での「楽しさ」と「喜び」は，あらかじめ教師の直接

的指導によって与えられたもので，決して「楽しさ深化型」とはいえない様態なのです。しかしながら，「有機体の哲学」にみる楽しさ追求を重視する教師は，往々にして「生命の哲学」にみる楽しさ追求の真髄である「目標＝内容」とするゲシュタルト構造（図と地の関係）を重視する授業観を受け入れることが難しく，大いなる批判の対象にしてきました。

　ここでオリンピックの体操競技の内村航平選手のケースを考えてみます。

　体操競技では，多くの技の組み合わせによる演技の優劣を競っています。そこでは，創造された技の評価は，年々，低下していく定めにあります。それだけに，難易度の高い技の開発が四六時中に要請され，各国の体操選手たちは技の開発と習熟に躍起となって練習に取り組んでいます（スケートボード競技やスノーボード競技も，今後，採点基準が厳密化すれば，「楽しさの深化型」に移行するかもしれません）。しかし，そこにみる選手たちは，苦難な努力を耐えているのではなく，自らに課した業を乗り越えていく過程を楽しんでいます。その結果，「人類の英知」と呼んで差し支えない多くの技（例えば，鉄棒種目では56個に及ぶ選手名が付いた技がある）が開発されてきています。

　この点を踏まえた上で金メダル確定と評されていた内村航平選手の鉄棒種目での落下を考えてみます。演技後のインタビューで内村選手は，次のように応えています（田谷，2021）。

　　　落下したのは鉄棒の演技に組み込んだ10個の中でも自信を持っていた技。ふだんは失敗したことのない技だった。念入りに確認した難度の高い他の技に比べて調整はわずかにおろそかになっていた。ここまでものすごい練習を積んできたので，あとはやるだけと過信しすぎていたところはあったのかもしれない。柔道の大野将平選手が"自分を最後まで疑いたい"と言っていたが，僕にはその気持ちが足りなかったのかもしれない。努力をしても，結果にはつながらない。結果の出ない努力は，努力ではないのか。そんなことは無いと思う。だとしたら，努力とは一体，何なのだろう。

　こうした内村選手の問いを受けたように，池江璃花子選手ならびに大野将平選手は，試合後のインタビューで次のように応えています（碓井，2021；

Sponichi Annex, 2021)。

　　勝つための練習をしっかりやってきましたし,「ただいま」っていう気持ちでこのレースに出場しました。<u>自分がすごくつらくてしんどくても,努力は必ず報われるんだ</u>なんていうふうに思いました。　（池江璃花子選手）

　　自分の中で本当に悲観的な思いしかなくて,不安でいっぱいで,昨年から過ごしていた。この一日で報われたとは思っていませんし,<u>まだ私の柔道人生は続いていくので,今後もやはり自分を倒す稽古を継続してやっていきたい</u>。　（大野将平選手）

　このように,池江選手は「努力は必ず報われる」とし,大野選手は「自分を倒す稽古が努力である」と考えています。「結果の出ない努力は,努力ではないのか」とする内村選手の努力観とは異なっているようにみえます。果たしてそうなのでしょうか。

　図11-3には,「楽しさ深化型」の成長プロセスを示しています。これより,選手によって楽しさを感得するフローステージが異なることがわかります。つまり,「池江選手→大野選手→内村選手」の順に楽しさフローのステージが高くなっているように考えられるのです。つまり,内村選手は,きわめて高いフローステージにまで登り詰めており,自己超越が困難な様態にあったのではないでしょうか。これより,「楽しさの深化型」では自己を超越する努力が要請されるところに特性があるものといえます。

　いずれにしても,「生命の哲学における楽しさ追求」と「有機体の哲学における楽しさ追求」は,楽しさ

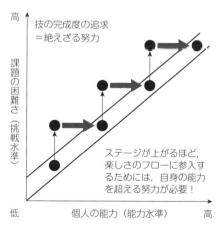

図11-3　楽しさ深化型の成長プロセス

出所：Csikszentmihalyi, 1990より改変

135

を感得する経緯が異なるのであって,「人間の形成」という点では決して別個のものでないことがわかります。もっと言えば,「楽しさ発展型」で発揮される「叡知」は,楽しさを感得している過程の中で感受されるのに対して,「楽しさ深化型」での「叡知」は,楽しさを感得した結果（成果）として感受されるところにあるといえます。しかしながら,感受される「叡知」は,結果として人間の精神性（mentality）を成長させる作用のある文化（財）になるという点では共通しています。

　ホワイトヘッドは,「叡知」を次のように述べています。

　　　みなさんのどのような刺激や指導があるとしても,成長しようとする創造的衝動は生徒個人の内部から出てくるものであり,全く個性的なものである。教育とは,生命の技巧（art of life）の包括的理解へと個人を指導することである。

　これらのことから,チクセントミハイが指摘する2つの「楽しさ追求」は,いずれの側面においても楽しさ経験に価値を付与する「叡知」が創造され,人間の精神性（mentality）を成長させる作用のあることが確認されました。具体的には,前者の経験的努力は「挑戦課題を克服する勇気」であり,後者のそれは「自己を超越する努力」です。それゆえ,これら2つの楽しさ追求は,互いに反目し合う関係のようにみえますが,実は相互補完的関係として捉える必要があります。つまり,フロー経験という肯定的で積極的な「生の体験」は,誰しもが体験できる主観的経験であると同時に,外的操作可能性があることを示唆しているからです（Csikszentmihalyi and Rathunde, 1998）。これを具体的に示せば,まずは「楽しさ発展型」から楽しさのフローに参入して「過程の楽しさ」を感受した後,「楽しさ深化型」のプロセスにより「結果としての楽しさ」を感得するといった具合です。前者は主として幼少年期で,後者は小学校後期からそれぞれ体現させていくやり方が自然と考えられます。また,一つの競技スポーツを取り上げれば,「楽しさ発展型→楽しさ深化型→楽しさ発展型→楽しさ深化型……」といった螺旋構造的にスポーツを楽しむやり方も推奨できるでしょう。

　今後，これら2方向にみる相互補完性は，単にフロー経験の積み重ねによるプレイ感情の変容だけでなく，生活全体（art of life）に及ぼす社会的影響も検討する必要があります。なぜなら，フロー経験が個々人の能力や人格形成にいかなるポジティブな影響を与えるものなのかについてほとんど実証されていないからです（Fredrickson, 2002）。

　以上のことから，学習活動における「楽しさ追求」は，「楽しさの深化型」であれ，「楽しさの発展型」であれ，いずれも正当な教育的価値（人間性を高める作用）を有することが確かめられました。

文献

Csikszentmihalyi, M.（1990）Flow the psychology of optimal experience, New York Harper and Row, 45-46.（今村浩明訳（1996）『フロー体験　喜びの現象学』世界思想社，58〜59頁。）

Csikszentmihalyi, M. and Rathunde, K.（1998）The development of the person: An experiential perspective on the ontogenesis of psychological complexity, In W. Damon（Series Ed.）& R.M. Lerner（Vol, Ed.），Handbook of child psychology: Vol.1, Theoretical models of human development, New York: Wiley, 635-684,.

Fredrickson, B.L.（2002）Positive emotions, In C. R. Snyder & S. J. Lopez（Eds.）Handbook of positive psychology, New York: Oxford University Press, 120-134.

畑野裕子（1988）「ダンスの授業の好悪を規定する楽しさの要因の検討——中学生を対象として」『兵庫教育大学研究紀要』5，133〜143頁。

石村郁夫・河合英紀・國枝和雄・山田敬嗣・小玉正博（2008）「フロー体験に関する研究の動向と今後の可能性」『筑波大学心理学研究』38，85〜96頁。（原典は，Beyond boredom and anxiety, San Francisco Jossey – Bass.（1975））

越川茂樹（2013）「楽しい体育とプレイ論——遊びの視点がなぜ必要なのか」『北海道教育大学釧路校研究紀要』45，107〜113頁。

小森谷浩志（2009）「楽しさを基軸としたマネジメントモデルの考察——戦略マネジメントの観点から」『日本経営診断学会第42回全国大会』36〜41頁。

中井孝章（1990）「教育方法における時間意識の再検討——指導態勢のフロー・モデルへ向けて」『教育方法学研究』16，57〜65頁。

野田洋平・樫村いずみ・吉沼充（1989）「SD法による体育の楽しさの因子構造」『茨城大学教育学部紀要（教育科学）』38，75〜89頁。

村田康常（2011）「ホワイトヘッド哲学における教育のリズム論——生命，自然，人

間，教育の連続性」『名古屋柳城短期大学研究紀要』33，79〜95頁。

村田康常（2019）「遊びと思弁哲学——ホワイトヘッドの方法論と宇宙論」『プロセス思想』19，108〜127頁。

澤聡美（2017）「楽しい体育授業の満足度に影響する要因」『富山大学人間発達科学部紀要』11（3），31〜37頁。

千駄忠至（1989）「小学校における体育授業の楽しさに関する研究——各運動教材の楽しさの種類と因子構造について」『日本教科教育学会誌』13（2），61〜67頁。

Sponichi Annex【優勝インタビュー】連覇の大野将平「"自分は何者なのか"と証明する戦いができた」（2021.7.6）https://www.sponichi.co.jp/sports/news/2021/07/26/kiji/20210726s00006000623000c.html（参照日2022年8月21日）

武田龍精（1985）「大乗仏教とホワイトヘッド哲学」『プロセス思想』創刊号，5〜18頁。

田谷亮平，NHK NEWS WEB「オリンピック体操　内村航平　"あの瞬間"と向き合い続けて」（2021.9.1）https://www3.nhk.or.jp/news/special/2020news/special/article_20210901_01.html（参照日2022年8月21日）

多々納秀雄（1990）「所謂「楽しい体育」論の批判的検討」『九州大学健康科学』12，73〜86頁。

酒井ツジ子（1994）「有機体哲学的教育論——リズムと〈情〉と〈理〉」プロセス研究シンポジウム（編）『ホワイトヘッドの教育の課題』行路社，38頁。

吉田幸司（2015）「非分析哲学としてのホワイトヘッド〈有機体の哲学〉」東京大学哲学研究室「論集」34：94〜107頁。

碓井真史，YAHOOニュース「努力は必ず報われるか：池江璃花子選手の言葉と心の力の心理学」（2021.4.2）https://news.yahoo.co.jp/byline/usuimafumi/20210405-00231105（参照日2022年8月21日）

Whitehead, A. N.（1955）An Enquiry Concerning the Principles of Natural Knowledge, London; Cambridge University, 200.

Whitehead, A. N.（1967a）The Aims of Education and Other Essays, New York Free Press, 31, 38-39.（『教育の目的』（1986）森口兼二・橋口正夫（訳），松籟社）

Whitehead, A. N.（1967b）Science and the Modern World, New York; Free Press, 194.

（梅野圭史・藤澤薫里・田邊　豪）

学校教育の自立②
～教科カリキュラムの編成と学校改善～

12-1　カリキュラム編成における問題

　「カリキュラム（Curriculum；教育課程）」は，「ラテン語の語源では，競馬場とか競走路のコースを意味し，『人生の来歴』をも含意したが，転じて学校で教えられる教科目やその内容および時間配当など，学校の教育計画を意味する」（日本カリキュラム学会，2001）とされています。

　わが国において，「カリキュラム」という語が用いられるようになったのは，第二次世界大戦後のことであり，児童中心主義教育の広がりとともに学校教育現場へ浸透していきました。加えて，「カリキュラム編成」に関しては，第二次世界大戦前の中央集権下では，編成の主体は中央政府にあったことから，その実践は国定教科書によって全国的に展開されていました。しかし，戦後の民主化政策に伴って地方分権が進んでくると，「カリキュラム編成」の権限は，中央政府から地方の教育委員会へと移譲されていきました。これにより，教師は，自らでカリキュラムを編成する権利と自由を得ることになったのです（倉澤，1948）。これを機に，川口プラン，本郷プラン，桜田プラン，明石プランなど，各地域や学校の名前を冠したカリキュラムが独自に編成され，実践されるようになりました。しかしながら残念なことに，こうした教育プランづくりは長続きしませんでした。

　佐藤（1996）は，教師によるカリキュラム編成が衰退した理由を次のように指摘しています。

　　学校での教育計画の実態は，空洞化を余儀なくされてきた。空洞化は，学習指導要領に対する法的拘束力の付与等の「公的な枠組み」の強化により

進行し，受験競争の激化に伴う父母の要求の変化を背景として展開した。学校において教師がカリキュラムを考案し作成する自由は狭められ，カリキュラムの研究と開発は，その実践的な必要と制度的な根拠を希薄なものとしてきた。教師が考案し作成するカリキュラムから，与えられた教材を効率的に処理し伝達するカリキュラムへの変容である。その結果，学校の教育目標は空文化した標語となり，校内でのカリキュラム論議は時間割の調整に閉じ込められて形式化している。この学校におけるカリキュラム領域の衰退は，教師の専門性と自律性の退化の過程として展開し，教室における教師の構想と子どもの学習経験を狭め貧しくする変化を伴って展開している。

　このように，学習指導要領の公的枠組みの強化と受験競争に煽られたことで一律に知識を伝えることが第一義となり，学校独自の教育展開や教師の自由な授業実践が困難になってしまいました。

　現在，教科書は市もしくは一定の地域ごとに採択されています。そこでは，子どもにとって理解しやすい工夫がなされているか，教師にとって指導しやすい工夫がなされているかなどの観点から教科書が選択されます。これにより，同一の教科書が使用される市や地域では，教科書会社が作成した指導書に示されているカリキュラムが採用され，それに従った実践が展開されています。

　こうした状況が続けば，教師には学習指導要領に即して作成された教科書（検定教科書）と教科書会社によって編成されたカリキュラムに従って教科指導を展開させることを当たり前のこととして受け入れてしまう態度が形成されていくことになってしまいます。これは，教師が「カリキュラム」を自主編成する権利と自由を放棄することに繋がると共に，学校の独自性が薄らいでしまうことを意味します。

　本章では，こうした問題意識からカリキュラム編成の現実とそこに潜む問題を検討し，学校の自立に繋がるカリキュラム編成について，以下に示す3つの観点から論考したいと思います。

　①　カリキュラムの実体

② 教科内カリキュラム（タテ）と教科間カリキュラム（ヨコ）の関係
③ カリキュラムの自主編成と学校改善

12-2 カリキュラムの実体

「カリキュラム」の意味は，「公的枠組み」と「教育計画」の２つがあります（佐藤，1996）。

「公的枠組み」とは，学習指導要領にもとづいて学校ごとに編成される「教育課程」のことです。つまり，教育目標，年間行事計画，授業日数，各教科・道徳・特別活動の実施時間数など，教育活動の全領域を網羅し，制度的に作成されたものです。ここでは授業時間数や各種学校行事の時間数の配当と調整がもっとも重要な作成の観点となります。

もう一つの「教育計画」は，年間指導計画のことです。つまり，学校教育目標の達成に向けて，教科ごとにどの単元（教材）をいつどのような順序と方法（学習指導法）によって学習させるかといった全体計画のことです。

ところで，学校カリキュラムは誰が編成するのでしょうか。

文部科学省（2004）は，教育課程を「学校において編成する教育課程とは，学校教育の目的や目標を達成するために，教育の内容を児童の心身の発達に応じ授業時数との関連において総合的に組織した学校の教育計画である」としています。この記述からは，学校のカリキュラム（教育課程）を編成するのは学校の教師ということになります。言い換えると，学校教育目標（育てたい子ども像：形式的対象）の達成に向けて，学習指導要領に示されている教育内容を目の前の子どもたちの心身の発達に応ずるように編み上げ，実践するのが「教師」ということになります。

では，「教師」が編成する学校カリキュラムには，どのような種類があるのでしょう。

安彦（1979）は，「教材選択上の原理」と「教材組織上の原理」の２つの軸からカリキュラムの類型化を試みました。図12−1はその類型を示したものです。

「教材選択上の原理」は，「子どもの認識活動の原理を追求する軸」，つまり

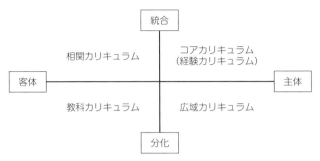

図12 - 1　「主体-客体」「統合-分化」の両軸からみたカリキュラムの類型

出所：安彦，1979

子どもの個人的な内部条件（興味，関心，学習レディネスなど）と外部条件（文化遺産，知識体系など）の関係性を横軸にし，その極を「主体−客体」としました。これより，カリキュラム編成では，「主体」の極を重視すれば子どもの活動や経験を教材化することになり，「客体」の極を重視すれば文化や学問の体系を教材化することになります。

　一方の「教材組織上の原理」は，「カリキュラムの形態にかかわる軸」，すなわち子どもの人格的統合性と人間的全面（発達）性の関係性を縦軸にし，その極を「統合−分化」としました。ここで，「統合」の極を重視すれば何らかの中心概念を設定し，それに収斂するように教材を組織化するカリキュラムの様相となり，「分化」の極を重視すれば知識体系の性質（具体的には教科ごと）に応じて教材を組織するカリキュラムの様相となります。

　「統合」の極を重視したカリキュラムのうち，「主体」に合わせたカリキュラムとして「コアカリキュラム」が，「客体」に合わせたカリキュラムとして「相関カリキュラム」がそれぞれ称されています。その上で，「コアカリキュラム（経験カリキュラム）」とは，コア（中核）になる中心課程とそれを取り巻く周辺課程によって編成されるカリキュラムとされています。つまり，人格的統合性を求めて，子どもの活動や経験を教材化するカリキュラムであり，例えば「総合的な学習の時間」のカリキュラムが挙げられます。これに対して，「相関カリキュラム」とは，並列した教科をそのままに，内容的に2つ以上の教科を相互に関係づけて編成されるカリキュラムとされています。つまり，人格的統

合性を求めつつ，文化や学問の体系に即して編成するカリキュラムであり，例えば国語科と図工科を合わせて創作的な紙芝居を作るといった合科的な指導を取り入れたカリキュラムが挙げられます。

「分化」の極を重視したカリキュラムのうち，「広域カリキュラム」は既成の教科の枠組みを取り払い，類似の内容を取り出したり大きな文化領域から構成されたりするカリキュラムとされています。つまり，子どもの人間的全面（発達）性を求めつつ，新たな領域や教科の枠組みから編成するカリキュラムであり，例えば平成元年の学習指導要領改訂で新設された，小学校低学年の「生活科」を挙げることができます。これに対して，「教科カリキュラム」は，学問の成果を背景にそれぞれ独立に編成された教科ごとのカリキュラムとされています。つまり，子どもの全面発達を求めつつ，客観的な知識や技術の習得をめざしたカリキュラムであり，現在，私たちが用いているカリキュラムです。

こうした学校カリキュラムをどのような考え方で編成していけばよいのでしょうか。私たち教師にとって，もっとも身近で関心度の高い教科カリキュラムを中心に考えてみます。

図12-2は，チクセントミハイ（1996）のフロー理論に依拠したカリキュラム編成の原理を模式的に示したものです。横軸には学習内容の整序レベル（scope）を，縦軸には子どもの発達レベル（sequence）をそれぞれ配置しています。これより，双方から最適な教育内容を積み重ねていくことの重要性が示唆されます（**実践知11**における図11-1を参照）。そこで，チクセントミハイのフローモデルに即して，最適な教材選定の具体例を挙げてみます。

小学校2年生の算数科（上巻）に「たし算」の単元があります。そこでは「2桁＋1桁」の繰り上がりのある足し算が最適な内容（図中★印）としましょう。ここで，この内容をそのまま4学年で授業（図中●印）をすると，4年生の子どもたちにとっては，易しすぎて退屈な授業になってしまうでしょう。

一方，この2年生の子どもに「3桁＋3桁」の繰り上がりのある足し算を指導するとどうなるでしょうか（図中▲印）。2年生の子どもたちにとっては，途端に難しくなり，不安でやる気が萎える授業になるでしょう。

このように，楽しさや課題の最適な範囲でカリキュラムを編成するためには，学習の整序レベルと学習者の発達レベルの双方から適切な内容を含みもつ教材

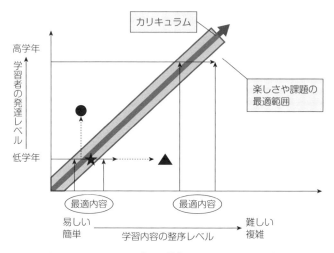

図12-2　フローモデルに依拠したカリキュラム編成

出所：筆者作成

を配列する必要のあることがわかります。それを「どのようにして見つけてい
けばよいのか」については，後述の12-4で考えてみます。

12-3　教科内カリキュラムと教科間カリキュラムの関係

　表12-1は，算数科で学習する単位やグラフの学年とそれらが理科と社会科
の教科書で用いられている学年の配当を示したものです。なお，理科と社会科
の例は，いずれも教科書で初めて扱われた学年としました。

　まず，教科内の学年配当をみると，2年生で「長さ，かさ」，3年生で「重
さ」といった連続量の単位が配当され，4年生で2次元の単位である「面積」，
5年生で3次元の単位である体積の学習が積み重ねられています。このように，
教科内カリキュラム（タテ）は，一例ではありますが，「任意単位→共通単位
→2次元→3次元」へと教科の論理性に即しながら，子どもの発達を見据えて
段階的・系統的に配当されています。

　次に，教科間カリキュラムについてみますと，理科や社会科で扱っている単
位やグラフ等は，算数科で学習した内容に対応していました。とくに，参考と

表12-1　算数科における単位，グラフの学年配当と理科，社会科で取り扱う内容

学年	算数科	理　科	社会科
1年生	——	——	
2年生	mm cm m mℓ dℓ ℓ テープ図	（生活科）	
3年生	km g kg t 棒グラフ，二次元表（実数）	m cm mm kg g 棒グラフ（実数）	棒グラフ（実数） 二次元表
4年生	cm² m² km² a ha 折れ線グラフ	折れ線グラフ（実数）	折れ線グラフ（実数）
5年生	mm nm cm³ ℓ 円グラフ，帯グラフ，平均， 単位量あたり，百分率，歩合	——	棒グラフ 円グラフ 折れ線グラフ （百分率）
6年生	mg 比例，反比例，度数分布，表， 柱状グラフ，速度・時間・距離の関係	——	柱状グラフ 帯グラフ （百分率）

注：表やグラフの「実数」とは，表やグラフの値が「mm，km，kg」など実際の単位（実数）で表示されていたことを意味している。なお，5年生以降では，それが百分率で表示されるようになっていた。
出所：筆者作成

した啓林館の理科の教科書には，いずれの学年にも巻末資料として「算数のまど」のページが付され，算数科の内容との整合性を採る工夫がなされていました。このように，検定教科書を作成している会社は，教科間（ヨコ）の内容の整合性を採るとともに，「算数のまど」のように教科間で相互に学び合うことができるような工夫がなされていました。

　では，検定教科書のない体育科の場合ではどうでしょうか。小学校4年生の「多様な動きをつくる運動」の「投げる運動」の実践において，スピードガンを取り入れた授業を参観したことがあります。この授業において教師は，スピードを測定することによって子どもたちに自分の投動作の上達を客観的に捉えさせようとする意図をもっていました。しかしながら，「速度・時間・距離」関係を学んでない4年生の子どもたちにとって，測定した数値の意味を理解することができるでしょうか。つまり，ある子どもの投げるボールの速度が時速35kmから時速40kmへと高まったとしても，その子は数値の意味を理解するのではなく，数字だけをみて，その大小比較をすることにとどまってしまうのではないでしょうか。この例は，私たち教師一人ひとりがそれぞれの教科の内

容を把握するだけでなく，教科間での内容の整合性が図られているかどうかを自覚させるものといえます。

12-4　カリキュラムの自主編成と学校改善

　一般的に，カリキュラムは国家の次元から学校ないし教師での教育活動の次元までを含む学習履歴といわれています（安彦，2019）。

　伊藤（1983）は，アメリカの Goodlad の考え方にもとづいて，4 つの次元の異なるカリキュラムを示しています。

> ①　理想的カリキュラム（Ideal curriculum）：科学的知見や教育学，心理学を基礎として編成されたカリキュラムであり，学者・研究者が作成するカリキュラムである。
> ②　公的カリキュラム（Official curriculum）：国が定める法令的意味におけるカリキュラムであり，その代表例として「学習指導要領」が挙げられる。よって，作成者は国（文部科学省）ということになる。
> ③　理解できるカリキュラム（Perceived curriculum）：多くの人が理解できるカリキュラムで，一般には「教科書」がこれに当たる。よって，作成者は教科書会社ということになる。
> ④　実践的カリキュラム（Practical curriculum）：各教師が立案する具体的で実践的な指導案や指導計画としてのカリキュラムであり，教師が作成する指導細案などの「運用カリキュラム（Operational curriculum）」と子ども一人ひとりの経験を基盤とする「生活・経験カリキュラム（Experiential curriculum）」とに大別される。いずれにしても，この作成者は教師ということになる。

　図12-3 は，上記 4 つのカリキュラムの関連構造です。

　これによれば，学習指導要領は，学問・科学の成果を参考に作成され，これを基準として検定教科書が作成されます。さらに，この検定教科書を用いて授業が展開されるという一連の関連が浮かび上がります。つまり，この関係は

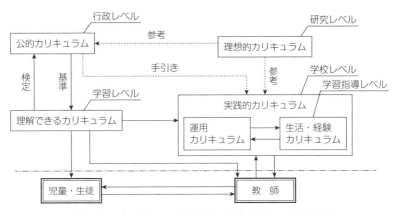

図12-3　カリキュラム作成者に視点を置いた相互関連

出所：伊藤, 1983

「理想的カリキュラム（学者・研究者が考えるカリキュラム）→公的カリキュラム（学習指導要領）→理解できるカリキュラム（教科書）→実践的カリキュラム（生活・経験カリキュラム，運用カリキュラム）」という「上から下へ」の構造となります。

　現在の学習指導要領は，教育基本法と学校教育法施行規則にもとづいて定められているため，カリキュラムを編成する上での大綱的基準であっても，イギリスで展開されている「国家カリキュラム」ではありません。

　柴野（1996）は，1958年の学習指導要領改訂から，それまで現場教師や学校が作成するカリキュラムの手引書としての「試案的性格」であったものが，かなりの法的拘束力をもった「公的な基準」へと変化したと解釈しています。そして，こうした変化には政治的あるいは社会的背景の中に，「体制側からの偏向教育批判や産業革命ないし経済界の人材育成ニーズの変化」などを挙げています。つまり，学校教育に対して，社会に必要な知識や技術を教育内容とすることが求められるようになったのです。これは，広岡（1973）の学力論にみる「社会−子ども」視座に立つ考え方です。こうした「上から下へ」の一方向に偏ってしまうと，カリキュラムを問い直すことがなくなり，教師のカリキュラム編成の自由や権利，「子ども―社会」視座に立つ学力育成などが抑制されてしまうことになりかねません（**実践知**4参照）。

　では，どうすれば教師のカリキュラム編成の自由や権利を担保できるのでしょうか。教師が独自にカリキュラムを編成するといっても，実際には「公的カリキュラム（学習指導要領）」や「理解できるカリキュラム（教科書）」を編成し直すということはきわめて困難です。これより，教師が編成できるカリキュラムは，「実践的カリキュラム」，つまり学校のカリキュラムということになります。

　ここで，学校独自のカリキュラム（生活・経験カリキュラム）の一例として，兵庫教育大学附属小学校の取り組みを紹介します。

　この学校は，教育目標である「人間として生き抜く力の育成」を達成するために，「意思力」を中心に「強い心とたくましい体をつくる子（体）」「励まし合い，支え合い共に伸びる子（心）」「粘り強く問い続け，よりよいものを創りだす子（頭）」という「育てたい子ども像（形式対象）」を描き，それを「働く」「遊ぶ」「学ぶ」「休む」といった場によって実現させようと考えました（藤井，1984）。こうした一連の考え方は学校のグランドデザインと称されています。その上で，このグランドデザインを具象化する試みとして，すべての学年に「うれしの総合活動（所在地を冠した総合的な学習の時間）」を位置づけ，これを1年間かけて展開させました。表12-2は，その年間表です（山田，1988）。

　このように，一つひとつの総合学習は個別的性格をもっていますが，どの単元も一貫して子どもの自発的で主体的な活動を展開させるべく，教師は「支援者・援助者」として子どもに関わる学習を志向しています（**実践知2**における図2-3「子ども＝教材関係における教育的関係」を参照）。要するに，「不連続の連続性」をめざしたのです。しかも，この「不連続の連続性」は，各学年（3学級）を赤組，黄組，青組の3つの縦割りの大集団（1組：約200人）による学習集団活動から始め，学級内を6つの班に分けた18班の縦割り集団（1班：約30人）による学習集団活動を経て，最後は学級を単位とする横割り集団（1学級：約30人）による学習集団活動へと収斂させるところに特徴が認められます。

　こうした思い切ったカリキュラムの編成と実践は，「附属学校」であったことによることは否めませんが，公立学校にあっても独特な総合活動もしくは特別活動における実践的カリキュラムを企画することは可能なものと思念します。

　では，もっとも一般的な教科カリキュラム編成は，どのように企画していけ

表12−2　兵庫教育大学附属小学校「うれしの総合活動」年間の歩み

うれしのシンボルを作ろう	ミュージカルを作ろう	うれしの祭りを成功させよう	ありがとううれしの班	学年・学級総合活動
5月下旬～6月上旬	6月下旬～9月下旬	10月上旬～11月下旬	11月27日	12月上旬～3月上旬
全6時間	全28時間	全24時間	全2時間	全33時間（低学年24時間）
<目標> ・祭りなど総合活動のカーニバルや祭りなどで使うシンボルを色や形で表して作ることができる。 ・自分たちの相互意識、班意識を持ちながら、お互いに協力しあってシンボルを作ることができる。	<目標> ・自分たちの想い（ストーリー）を他者に伝えるための表現方法を工夫し表現することのできる楽しさや味わいを、それぞれの組の一員として、自覚を持ち、連帯感を表現する。	<目標> ・うれしの出店・景品・お店の大鼓・みこし繰り返し班の特性を生かし、学び合い高め合う中で創り上げることが出来る。	<目標> ・うれしの班の活動を振り返り合うことで自己をみつめるとともにこれからの生活の中に刻む。	<目標> ・教科の枠に捕らわれないで、総合的、あるいは分析的に学ぶ対象を捕え、確かな学習成果を出す喜び、確かな学習とその楽しさやを学び喜びを味わうことが出来る。

うれしのシンボルを作ろう

組のテーマ・班のスローガンの決定
アイデアスケッチ
シンボルを作る

6年　立体シンボル
・発砲スチロールやダンボールでお店づくり
・絵の具、色紙、色画用紙などで着色する。
・骨組みに取り付ける。
・重り棒をつける。

5年　平面シンボル
・色布を切ったりクレヨンでかいたりして形を作る。
・木工用ボンドでマークやシンボルを台紙に接着する。

1、2、3、4年　飾り
・組調用のマークやクレヨンで布になる。
・万人人間を1、2年生は絵画的、3、4年生はデザイン的にクレヨンで布に描き込む。

全員で願いを垂れ幕に書き込む。

ミュージカルを作ろう

組のテーマの設定
場面の設定
お話づくり（5年生の国語の創作表現で）
脚本づくり
組別4、5、6年生集会
BGM作成・かみしばい作成
オリエンテーション → 小道具づくり／歌づくり／ダンス
全体練習仕上げ
ミュージカルの完成

うれしの祭りを成功させよう

こんな祭りにしよう
リーダー会で三つの話し合う（出し物・景品・大鼓）
オリエンテーション

<うれしの班>
店作り・景品・お店作りの構想と計画
遊んで面白い出店の遊具作り
もらってうれしい景品作り
よってみたいなる看板作り
出店づくり
うれしのTVコマーシャル、案内放送

<学年横割り>
全校集会でスライドを見せて呼び掛ける。
大鼓・みこし飾り物の構想と計画
5・6年　大鼓のリズム作り
4年　みこし作り
3年　いもの作り
1・2年　祭りの節作り

うれしのまつりを楽しむ

ありがとううれしの班

うれしの班をふりかえろう
・今までの活動を振り返り合うことで自己をリーダー会で話し合う。
・会の中での役割を決める。

<ありがとううれしの班>
①全員入場
②うれしの言葉
③リーダーあいさつ
④ミュージカルの歌を歌う
⑤ミュージカルの構想とふりかえる
⑥うれしの大鼓を聞く
⑦作文を読む
　1年　出店のこと
　2年　ミュージカルのこと
　3年　シンボルのこと
　4年　みこしのこと
⑧下学年から6年へのお礼の言葉
⑨6年から下学年への言葉
⑩終わりの言葉

学年・学級総合活動

<学ぶ対象>　<学習の成果>

1年　影絵劇　— 幼稚園児に発表

2年　育てて作って食べよう　— カルタ作りを通して1年間の体験学習を振り返る。

3年　大根と遊ぼう　— 樹と触れ合う表現活動（観察記録・劇・ダンスなど）をする。大道ランドを作って遊ぶ。

4年　附小4チャンネル　— ビデオ番組を考え撮影して見る。

5年　兵庫の町／国道屋の話／図書の蜃物／蛇紋城／フラワーセンター／くさ公園／明石天文科学館　— 調べたい所を決め、グループ毎に調査レポートにまとめる。

6年　わたしと健康　— 頭と体としての健康を調べ、卒業論文としてまとめる。

出所：山田、1988

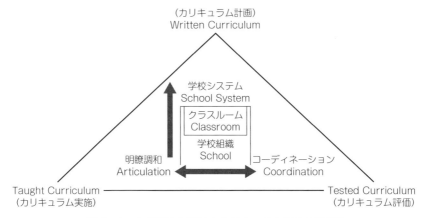

図12－4　　3段階の組織性とカリキュラム概念の関係性

出所：倉本，2008

ばよいでしょうか。図12－4は，「カリキュラム計画」「カリキュラム実施」
「カリキュラム評価」の関係性を示したものです（倉本，2008）。これによれば，
カリキュラムの「実施と評価」の関係性が「明瞭調和（Articulation）」と
「コーディネーション（Coordination）」の2つの活動で捉えられています。前者
の「明瞭調和」は，「何を学ばせたか」「どのように学ばせようとしたのか」
「いかに支援・援助したか」といった観点から，授業過程を分節化したり分析
したりする活動であり，後者の「コーディネーション」は，「何ができるよう
になったか」「何が身についたか」といった観点から授業過程を吟味し，次回
のカリキュラムに向けて調整したり改変したりする活動です。こうしたカリ
キュラムマネジメントにおける「実施と評価」の関係性は，「授業分析と授業評
価」の関係（授業研究）とほぼ同義といえます。これより，教師による教科カ
リキュラムの編成は，教師集団による「授業研究」によって教材の適時性（教
材が子どもに合っているかどうか）や単元構成のしかた（学習指導法の選定と単元時
間数）の検討が不可欠ということになります（実践知3における図3－4を参照）。
　こうした取り組みによって，教科カリキュラム（教科書会社のカリキュラム）
は修正・変更され，結果的に学校改善へと進むことになります。このように考
えますと，使用する教科書が1社に限定されているところに問題があるといえ

るのではないでしょうか。

　ここで検定教科書をみますと，国語科では現在 4 社の教科書が扱われています。これらの中から，教師集団が経験と直観から「自分のクラスの子どもたちに合っている」もしくは「自分はこの題材を教えてやりたい」と思えば，投げ込み教材として活用するやり方があります。他の教科も同様です。このとき，投げ込んだ教材による実践の後，その適否を検討すれば，学校独自の教科カリキュラムが編成されていくことでしょう。この過程こそが，教師のカリキュラムを編成する力を培うとともに学校改善に結びつくものと考えられます。

文献

安彦忠彦（1979）『学校の教育課程編成と評価』明治図書，79〜83頁。

安彦忠彦（2019）「カリキュラムとは何か」『現代カリキュラム研究の動向と展望』日本カリキュラム学会（編），教育出版，2 〜 9 頁。

チクセントミハイ（1991）『楽しむということ』今村浩明（訳），思索社，85〜92頁。

藤井泐（1984）「学校の教育目標設定のあゆみ」『生きる力を培う学校教育の創造』兵庫教育大学附属学校教育研究会，日本教育研究センター，28〜39頁。

広岡亮蔵（1973）『学習過程の最適化』明治図書，113〜124頁。

伊藤信隆（1983）『教育課程論』建帛社，64〜68頁。

倉本哲男（2008）「アメリカにおけるカリキュラムマネジメント（Curriculum Management）の研究」『カリキュラム研究』17，45〜58頁。

倉澤剛（1948）『近代カリキュラム』誠文堂新光社，1 頁。

文部科学省（2004）「OECD 生徒の学習到達度調査（PISA）2003年度調査の結果の概要」。

日本カリキュラム学会（2001）『現代カリキュラム事典』ぎょうせい。

佐藤学（1996）『カリキュラムの批判——公共性の再構築へ』3 〜22，25〜32頁。

柴野昌山（1996）「教育知識の組織化・配分・伝達——カリキュラム社会学の視点から」『カリキュラム研究』5，21〜30頁。

山田利彦（1988）「一人ひとりの『意味ある経験』を求めて」『兵庫教育大学学校教育学部附属小学校研究紀要』8，107〜112頁。

（林　修）

第 II 部

学習指導における実践課題を考える

序論 Ⅱ　今日の実践課題を考える

1　個別化・個性化教育は永遠（とわ）の教育課題なのか？

　個別化・個性化教育は，昭和52 (1977) 年の学習指導要領の改訂を期に学校教育現場に登場してきました。これは，過密教材による注入授業からの脱出と荒廃しつつある学校の機能回復をねらって登場してきたとされています（澤田ら，1977）。いわゆる，「ゆとりと充実」をスローガンに「落ちこぼれ」や「学校嫌い」という「教室への危機」に対応した解決をめざそうとしたものです。すなわち，「人間性豊かな児童生徒の育成」「ゆとりある充実した学校生活の実現」「国民として必要な基礎的・基本的内容の重視と児童生徒の個性・能力に応ずる教育」の三本柱を打ち立て，学校教育の質的変換を図ろうとしました。これは，日本版「教育の人間化」運動と呼ばれる教育改革でした。

　こうした，学習指導要領にみる「教育の人間化」運動の試みは，総じて量的な側面からの変革が中心であり，その中で唯一質的な面の変革としては「ゆとりの時間」の運用が挙げられます。

　しかしながら，学校現場における「ゆとりの時間」の内実は，概してスポーツ・レクリエーション活動や造形的・技術家庭的活動に偏ったものとなり，特色ある学校づくりとは呼べない現状でした。これには，昭和51 (1976) 年10月の「教育課程審議会答申」において，「例えば，体力増進のための活動，地域の自然や文化に親しむ体験的な活動，教育相談に関する活動，集団行動の訓練的な活動など学校が創意を生かした教育活動を行う」とする内容例示が教育活動を規定したように考えられます。この点について，小野（1990）は，「そのような活動や体験を児童生徒に提供するのだとすれば，何よりもその質が，真の意味で学習主体の生活を解放し，実践を豊かにするかどうか，という視点か

表序-1　「教育の人間化」運動に関わる学校研究の公表例

・北海道：丘珠小学校（1977）	教育の壁を開く―豊かな心と可能性を伸ばす―
・北海道：小野幌小学校（1977）	ノングレイド・システムの教育
・群馬：妻恋小学校（1978）	子どもが生み出す学校
・私立加藤学園（1979）	続・子どもから学ぶ
・長野：伊那小学校（1982）	学ぶ力を育てる
・愛知：猪川小学校（1983）	個性化教育へのアプローチ
・兵庫教育大学附属小学校（1984）	生きる力を培う学校教育の創造
・岐阜：池田小学校（1987）	指導の個別化・学習の個性化
・愛知：森岡小学校（1987）	はげみ学習の進め方
・愛知：常盤東小学校（1988）	個別化・個性化教育の第一歩
・愛知：卯ノ里小学校（1989）	個性化教育の実践と評価

出所：筆者作成

ら吟味されるべきであろう」と批判し，授業の主体である「教師の創意」の重
要性を指摘しました。つまり，教科内容や授業時間という量的な側面を改善し
たとしても，教師による「創意と工夫の発揮」がなければ，授業の質的向上は
望めないことを主張したのでした（**実践課題1**）。

　平成元（1989）年の改訂では，「自ら学ぶ意欲と社会の変化に主体的に対応
できる能力の育成」「基礎的・基本的な内容の指導の徹底」「個性を生かす教育
の充実」の3点が際立って強調されるようになりました（菊川ら，1989）。これ
は，自発的・主体的に学び取っていく能力の育成と基礎的・基本的な知識や技
術の習得の両面を可能とし，その過程あるいはその結果として一人ひとりの
子どもの個性，能力，適性を伸ばしていこうという，きわめて高い理想を掲げ
た改訂主旨と受け止めることができます。しかしながら，各教科で示されてい
る「内容」を通覧すれば，昭和52（1977）年当時とほとんど大差は見られませ
ん。このことは，先の小野が指摘した教師の「創意と工夫の発揮」をより一層
促したものと解せられます。とりわけ，新教科「生活科」の登場は，「教育の
人間化」運動を睨みつつ，教師による授業方法の改善を企図したものと考えら
れます（**実践課題2**）。

　ところで，「教育の人間化」運動に関わる実践研究は，昭和52（1977）年の
学習指導要領の改訂以降から急激に展開されるようになりました。

　表序-1には，昭和52（1977）年から平成元（1989）年にかけて公表された
「教育の人間化」運動に関する学校研究を発表年度別に示しました。このよう

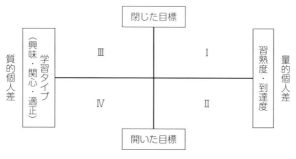

図序-1　個別化教育の分類枠

出所：水越，1988

に，従前までの学校の「垢」をそぎ落とす試みが多く認められるとともに，きわめて精力的に「新しい学校」「楽しい学校」の創造に挑戦していたことは確かなようです。なかでも，愛知県で際立った取り組みの様態が看取できます。

　こうした「教育の人間化」運動に関わる実践研究のキーワードは，刊行物のテーマからも認められるように「個別化」と「個性化」です。そこでは，総じて「個別化」は子ども一人ひとりで異なる個人差（基礎学力の差，学習意欲の差，学習適性の違いなど）に即応した指導を，「個性化」は文字通りに子ども一人ひとりの個性の違いを認めた上で，それを最大限に伸ばし，個人の自己実現を図る指導をそれぞれ意味しています。これより，「個別化・個性化」教育とは，「指導の個別化」と「学習の個性化」の相互補完的教育ということになります（加藤・高浦，1987）。

　水越敏行（1988）は，当時のわが国における個別化教育を4つの象限に分類しました。図序-1は，横軸に量的個人差（習熟度や到達度の差）と質的個人差（興味関心や学習タイプの差）を，縦軸に閉じた目標（子どもたちの収束的思考をねらう）と開いた目標（子どもたちの拡散的思考をねらう）をそれぞれ置き，個別化教育の実践枠を示しました。水越は，これにもとづき4つの象限に属する実践の分類を試みました。その結果，それぞれの象限に属する実践が多く展開されていることを認めるとともに，他の象限と重複した多様な実践も増加してきていることを報告したのでした。これより，「個別化・個性化と共通化・社会化」という命題が浮き上がってきます。この両者の関係は対立図式にあるのか，そ

れとも相互補完関係にあるのかとする吟味が必要になってきます（**実践課題3**）。

　加えて，個別化・個性化教育では，子ども自ら問題を見つけ，自ら仮説や計画を立て，自ら解決していく「自ら主義」によって教師の指導性が誤解される危険性があるとする指摘があります。この指摘は，以下に示す2つの問題を内包しています。

　1つは，基礎的・基本的な知識や技術の習得と学習集団の力動的な関わりの重要性という問題です（**実践課題4**）。そして，この問題は　現在，"Back to Basic" の主張および「協同学習」の主張となって表面化してきています。とりわけ基礎学力の点に関して，今野喜清（1982）は次のような見解を示しています。

　　「現代化」論に対する反省もあって，確かに教育と学校の「人間化」の主張のもとに，感性的・情意主義的立場から内容論を強調する声は高い。しかし，一方で基礎的・基本的な知識や技術の習得への回帰，いわゆる"Back to Basic" の主張もあるように，いかに「人間的なもの」という抽象的響きのよいスローガンを掲げても，知性と理性を欠いた「人間性」を創造し得るはずはないわけで，「人間化」の現実的課題も，つまるところは「知的なもの」との統一にあることに帰着しよう。

　もう1つは，「学校の教師」に求められる「教育者性（人間性の教育）と教授者性（有能性の教育）」の問題です。これは，宮原修（1988）がイギリス滞在中に見聞してきた教育事情と合致するものです。先の水越（1988）は，この問題が個別化教育において深刻であるとの認識を示しました。

　　学習課題を子どもに設定させるとか，選択させることの教育的意義を認めはする。しかしその課題が，果たして発展性のあるものか否か，追求し探求していくのに十分な資料はあるのか否か。学習の時間や場所は確保されているのか。その課題をやり遂げるための前提要件をその児童生徒は具備しているのか。こうしたことをふまえて，個に応じた助言，指導，制御，矯正指導などを与えてこそプロとしての教師の責任が果たせるのではな

　ろうか。

　こうした水越の個別化教育への危惧のうち，基礎的・基本的な知識や技術の
習得に関しては，わが国ではデューイの経験主義教育への対立批判（知識の組
織論争：経験カリキュラムによる知識体系と教科カリキュラムによる知識体系の論争）
から綿々と繰り返されてきた問題でもあります。これより，教育の個別化・個
性化の問題は，総括的には「この子か，みんなか（分化と統一）」の問題として
取り扱われるべき性格をもっていますが，実際には「教えることが大切か，学
ぶことが大切か（教授と学習）」の問題や「学ぶ力が大切か，学んだ力が大切か
（形式的陶冶と実質的陶冶）」の問題，さらには「わかることが大切か，できるこ
とが大切か（認識と練習）」などといった教授学上の問題が，これまでになく複
雑化してきたものと考えられます。しかも，ベルリンの壁の崩壊（1989年）以
降，これら4つの教授学上の問題は，政治的イデオロギーを背景にした弁証法
的問題として解決するものでないことが認識されてきました。
　これらのことから，教育の個別化・個性化運動は，「自分の意思で学校に通
い，自分に合った学習を選択して，学ぶ楽しさを追求していく子ども」を育て
ていくことを主眼に置くことで，学校教育の果たす役割を教育機会の拡大から
教育内容の質的な変革へと移行させる営みといえるでしょう。しかし現実的に
は，「教師の指導性と子どもの主体性」の新たな統一の試みであったものと考え
られ，その遂行には教師による「創意と工夫の発揮」がより一層に展開され
なければ，子ども一人ひとりを大事にする授業は永遠に望めないことを明示し
た運動であったように思われます。この問題を乗り越えるためには，子どもた
ちの自発的・主体的な学びをいかに創造的に引き出すかという「教師の指導
性」の改変が望まれるところです（**実践課題5，実践課題6**）。
　その後，教師の力量形成，なかでも指導技術力に焦点を当てることで学習成
果の高い授業を共有化しようとした「教育技術の法則化運動（1985年〜）」が全
国的なブームになったことを記憶されている先生は多いと思います。
　この運動の主宰者である向山洋一は，法則化運動の趣旨を「澱んだ授業から，
はつらつとした授業へと変える指導」「うまくできない子どもをできる子ども
へと変える指導」の共有化であると述べています（高橋・向山，1992）。それゆ

え，授業の理念とか授業論の主張を避けます。これには，「とび箱を全員跳ば
せられることが教師の常識とならなかったのはなぜか」と問い，従来までの授
業研究（よい授業を企図する原理論の構築）に対して問題を提起したのでありま
す（向山，1980）。具体的には，「いつでも，どこでも，誰にでも」通用する指
導技術の開発とその共有化を志向したのであります。これにより，すぐれた授
業が数多く展開されましたが，そこでの卓越性が残念ながら指導技術に約めら
れてしまう結果となりました。

　わが国のような民主主義国家では，子ども一人ひとりの違いを認め，それぞ
れの個に応じた学習指導を展開させるところに学校教育の本務があります。し
かし，先述したように，わが国では個別化・個性化教育（1977年）は一時の
ブームにすぎず，むしろ法則化運動に代表されるように，現在では洗練された
指導技術の適用による一斉教授がますます強化されています。とりわけ，ICT
教育の重点化により，個別指導の名の下で，教師中心の一斉指導が再び強化さ
れてきています（**実践課題7**）。こうしたわが国におけるICT教育の展開は，
「共通性と画一性の一体化」と表現できるのでないでしょうか。しかし一方で
は，「多様性の教育」はますますグローバル化してきています。

　このように，個別化・個性化教育の課題は，政治的イデオロギーを超えて，
「教育内容の質的な変革」と「教師の指導性と子どもの主体性」の新たな統一
を永遠に求めていく性格にあるものといえましょう。

2　わが国で「多様性の教育」は可能か？

　21世紀を迎えると，学校教育の事情はさらに複雑化し，数えきれないほどの
難題を抱えることになりました。その結果，現在の日本の教育は，大きな転換
点を迎えようとしています。とくに，1990年代の中頃から，差別や抑圧に抗す
るソーシャルワークだけでなく，数多くの多様性（diversity）を踏まえた実践
が求められるようになってきたからです。具体的には，人種，民族，文化，階
級，ジェンダー，性的指向，宗教，身体的・精神的能力，年齢，国籍の違いが
挙げられます（添田，2012）。それゆえ，これらの差異が子どもの生活にどのよ
うな影響を及ぼし，それによりどのような価値観や信念が形成されていくのか

について，学校の教師は多大な関心を払わざるを得なくなってきました。

　わが国では，個別化・個性化教育政策が打ち出されても，学校教育現場でそれを実現させる試みが進展せず，最終的には教師の個人的な創意・工夫によって何とか息を繋いできた経緯があります。そのような中で，個々人の違いをより一層に容認した上で，教育の求める価値（人権の保障と平和な社会を建設する人材の育成）に関するグローバリゼーション（Globalization）とナショナリズム（Nationalism）の狭間で「多様性の教育」を遂行することが，果たしてわが国で可能なのでしょうか。

　過去，わが国の政治体制は，4世紀頃日本を統一した邪馬台国（女王卑弥呼）もしくは律令制国家の基盤を築いた大和朝廷を端緒に，天皇を中心とする専制主義政治が継続・発展してきました。つまり，奈良時代から発足した律令政治を基軸に政治体制がめまぐるしく変化（天皇政治→貴族政治→武家政治→天皇政治）しつつも，専制主義政治は昭和20（1945）年8月までの約1500年にわたり展開されてきました。しかも，この間に強固な官僚制度も確立されてきました。これらの事実からは，私たち日本人には専制主義政治における思考体制が骨髄にまで浸透している可能性が推測されます。つまり，個々人の自由意志による自己選択より，優れた為政者による意思決定に従う方が楽であり安心であるという心根であります。こうした心根からは，日本の学校教育それ自体が独特の問題を孕ませていることを窺わせます。このことは，日本人が西欧諸国（欧米ではありません）の人々とは異なり，表面上は民主主義政治を標榜しつつも，優れた為政者による専制主義的政治を暗黙的に志向している可能性を示唆しています。

　これに抗するかのように，日米安保条約の自動延長反対から端を発した東大安田講堂にみる学生紛争（昭和44年，1969年）を契機に，全国の若い学生たちが権威主義的で旧態依然とした大学運営に対して学園民主化などを求め，各大学で全共闘を結成したり，新左翼の学生が闘争を展開したりで，全国で大学紛争（大学闘争）が拡がりました。これらの学生運動は，「校則の自由化」や「制服の自由化」「文科系・理科系講習の廃止」といったスローガンの下，高等学校にも派生していきました。こうした学生運動は，未熟な民主主義の政治体制下で生じるもので，若い世代の民主化の萌芽といえます。

　しかし，このような若い学生のエネルギッシュな運動は，平成（1989年）以降になると沈静化していきます。例えば，中学校では「非行」「いじめ」「不登校」が増加の一途を辿っているにもかかわらず，表面上は落ち着いた雰囲気を醸し出すという不可思議な現象が見られだしています。

　吉見（2019）は，1990年以降の社会現象から平成の時代を「壮大な失敗をした時代」とし，経済，政治，社会，文化のすべての分野が「ポスト戦後社会の空虚な現実」であると評しました。これより，昨今にみる日本人の無気力化と無関心化は，戦争のない時代を長く経験したことによる「平和ボケの現れ」と解せるのではないでしょうか。

　「表と裏」および「水と油」が明瞭に分離せず，両者が混在化する日本社会の中で，今度は「多様性の教育」という新たな問題が負荷されてきたのです。

　「多様性の教育」では，先の室田の指摘にみるように多岐にわたる要因が顕在化してくるだけに，「学校における子どもの社会化」の育成が従来までとは大きく異なる様相を示すことになります。つまり，これまでは特定の差別（部落差別）や差異（経済格差）を蒙っている子どもへの配慮を意図的に展開させていた時代から，これからは性的マイノリティー・障害・家庭環境など多種多様な抑圧を受けている子どもへの配慮を加味しなければならなくなってきたのです。これは，隠れたカリキュラム（Hidden Curriculum）への特段の配慮ということです。つまり，「男の子は青，女の子はピンク」「出席名簿は，男子の後に女子」「生徒会長は男子，副会長は女子」など，意識やメンタリティが意図しないままに教師や仲間から教えられていく現象への配慮です。

　こうした隠れたカリキュラムは，一般の授業でも表面化されつつあります。その一つの例として，何気ない教師と子どもたちとの言語的相互作用活動を挙げることができます。昨今では，言語的相互作用において，教師はきわめて用心深くそして戦略的に語りかける必要が出てくるようになり，その過程で子どもが発する「つぶやき」に耳を凝らせることの大切さが語られるようになってきました（**実践課題8**）。

　他方，私たち教師は，隠れたカリキュラムに留意しながら実践する経験を積んできています。それは，インクルーシブ教育です（**実践課題9**）。この実践から，私たち教師は障害児を一括りにして論じることができないことを理解した

上で，ある特定の差別が生み出される社会構造を問題視することの意味の大きさと一人ひとりで異なる差別事態を総体的に切り離すことができない多様性教育における問題性を感じ取っています（Nyak, 2013）。

　このように，「多様性の教育」は，これまでの「個別化・個性化教育」の内部に沈み込んでいた隠れたカリキュラム（人種，民族，文化，階級，ジェンダー，性的指向，宗教，身体的・精神的能力，年齢，国籍の違い）の顕在化と呼べるでしょう。しかしながら，これら隠れたカリキュラムへの教育が日本人にとってはきわめて扱い難いことは，「専制主義政治の呪縛（大多数を占める中流階級人としての横並び感）」との関係から容易に推察されます。それゆえ，現状のままでは，この呪縛から脱却することは難しく，ひいては子ども一人ひとりの違いを認め，それぞれの個に応じた学習指導を展開させる「授業の原理」を創造していくことが果たして可能かどうか懸念されるところです。

　以上のことから，この第Ⅱ部では「学習指導における実践課題」の観点として，「個別化・個性化教育の実践可能性」と「多様性教育における学習指導の原点」について論及し，子どもの自律的学習能力を育成するための「授業の原理」を展望したいと思います。

文献

加藤幸次・高浦勝義（1987）『個性化教育の創造』明治図書，171〜184頁。

菊川治・高岡浩二・広瀬雅哉（1989）『小学校新教育課程の解説――総則』第一法規。

今野喜清（1982）「教育内容論研究の立場から」『現代教育科学』313，70〜76頁。

宮原修（1988）「教育の個別化・個性化はなぜ必要か」『個別化・個性化教育の新動向』水越敏行（編著），図書文化，4〜15頁。

水越敏行（1988）『個性化教育の新しい提言』明治図書，22〜39，44〜48頁。

向山洋一（1980）「絶えざる追究過程への参加」『現代教育科学』23-6，59〜64頁。

Nyak, S.（2013）'Equality and Diversity', Worsley, A., Mann, T., Olsen, A. and Mason-Whitehead, E.（Eds.）, Key Concepts in Social Work Practice. The SAGE. Pp.74-83.

小野慶太郎（1990）『現代教育の理論と実践』学術図書出版社，50〜51頁。

澤田道也・熱海則夫・高岡浩二（1977）『小学校新教育課程の解説――総則』第一法規。

添田正揮（2012）「ソーシャルワーク教育における文化的コンピテンスと多様性」『川

　　崎医療福祉学会誌』22-1，1～13頁。

高橋健夫・向山洋一（1992）「教育技術法則化運動の可能性と限界」『体育科教育』
　　40-2，1～828頁。

吉見俊哉（2019）『平成時代』岩波新書。

（梅野圭史）

実践課題 1

個に応じた指導の複雑化を考える

「個に応じた支援」が重要視されています。学級の中には，段階指導（スモールステップ）が必要な子どもと課題解決型学習が効果的な子どもとが混在しています。また，発達に課題をもつ子どもも共に学んでいます。これらのことから，多様性への対応がこれまで以上に求められています。このとき，学習過程を編成する上でどのようなことに気をつけていかなければならないのでしょうか。また，個々の子どもたちへの支援の量と質のバランスをどのようにとっていくことが求められるのでしょうか。

1-1　子どもたちの個性の多様化

教室では，実に多様な子どもたちが共に学んでいます。例えば，学習に意欲的でより難しい課題に挑戦しようとする子ども，学習に自信がなく消極的になってしまっている子ども，学び方がゆっくりで定着には時間を要する子どもなど学習態度を見るだけでも，その個性は様々です。

令和4年実施の「通常の学級に在籍する特別な教育的支援を必要とする児童生徒に関する調査」において，全国の公立小・中学校の通常の学級に在籍する子どもたちのうち，およそ8.8％が学習面または行動面に著しい困難を示しているという結果が報告されました（文部科学省，2022）。この数値それ自体は，発達障害と診断された子どもの割合を直接示すものではありませんが，発達に課題のある子どもは，単純に換算すると30人学級中2人程度の割合で在籍しているということになります。

併せて，日本語指導を必要とする外国人の子どもも増加しています。「日本

165

語指導が必要な児童生徒の受入状況等に関する調査（平成30年度）」では，日本語指導が必要な子どもは5万1126人で，10年前のおよそ1.5倍となっています（文部科学省，2019）。

　さらには，近年，子どもの貧困や児童虐待，マルトリートメント（不適切な養育）に関する問題もクローズアップされてきています。これらの社会が抱える問題が背景となり，その影響を受けて学業不振に陥っている子どもたちも決して少なくありません。平成30年時点で子どもの貧困率は13.5％と報告されており，およそ7人に1人が貧困状態にある計算になります（厚生労働省，2019）。

　このような現状下で，学校は多様な子どもたちに応ずる教育的対応がますます求められてきています。しかしながら，「学級」という一つの集団の中で，一人ひとりの課題に応じた学習を展開していくことは決して容易なことではありません。そのため，本当の意味での「個に応じた指導」を考えていくためには，「学級」という集団を実践学的視座から捉え直す必要があります。

1-2　画一化した一斉指導から個に応じた指導へ

　これまで日本の学校教育では，学級全員で同じ内容を同じペースで学習していく，いわゆる画一化した一斉授業がその基盤に据えられてきています。そのため，私たちは「個に応じた指導」を充実させていく必要があるという課題意識をもちながらも，無意識のうちにこの画一化した一斉授業という伝統的な枠組みの内側で，その課題解決を図ろうとしてしまっているところがあるように思います。

　以下に示すのは，交流および共同学習の取り組みとして実践された「サッカーの授業」です。

　　A君には知的障害（交ぜ書きの‘障がい’とする表現方法も認められますが，本書では法律用語ならびに学術用語として概ね使用されている‘障害’を用いることにしました）があり，サッカーのルールがまだ十分に理解できていません。また，体をうまく使うことが難しく，ドリブルやパスがうまくできない様態にあります。そのような中，担任教師は，A君と通常学級の子どもた

ちとが一緒にゲームを楽しめるようにしたいと考えました。そこで，ゴール前にA君ゾーンを作り，A君にはその中で待機するよう伝えます。そして，他の子どもたちがA君のところまでボールを運び，シュートはA君にしてもらうようにしました。このようにすることで，全員が共にゲームを楽しむことができました。

　このような仕組みを整えれば，確かにA君はみんなと共にゲームに参加することができます。他の子どもたちにとっても，A君が一緒に楽しめるようにするための関わり方を考えることにつながるかもしれません。ですが，体育の学習という側面で見ればどうでしょうか。A君にとっては，とにかく自分のところに運ばれてきたボールをゴールに向かって蹴るという活動にとどまり，サッカーのルールを学ぶことや，シュート以外の体の動かし方を学ぶような場面は生まれません。また，他の子どもたちにとっては，どうすればA君にシュートを決めてもらえるかということにゲームの目的がすり替わってしまい，自分たちの力を抑えながら取り組むため，上達にはつながりません。これでは「個に応じた指導」とはいえません。

　では，具体的にどこに問題があるのでしょうか。それは，このサッカーの取り組みが「全員が同じ場で同じことに取り組めるようにする」ということを前提に組み立てられているところにあります。もっと言えば，子どもたち一人ひとりの課題に応じて授業が組み立てられているわけではなく，全員ができること，すなわち全員にとって容易なレベルに課題を設定してしまっているということです。これでは，無意識のうちに画一化した一斉授業という枠組みの内側にとらわれてしまっていることになります。

　集団に対して，どこかのレベルに同一の課題を設定すると，一部の子どもにとっては「しっくりくる」学習が展開できるかもしれませんが，多くの場合，少なからず子どもの側がその課題に合わせる必要が生まれます。設定された課題が本人の課題より低い場合，自分の今できることの範疇で活動するに留まってしまいますし，高い課題の場合には，学習がうまく成立せず，場合によっては学習性無力感を抱えることにつながってしまう可能性もあります（**実践知11**参照）。そのため「個に応じた指導」の実現には，改めて画一化した一斉授業

という枠組みからの脱却が求められます。

　ここで，あらかじめ押さえておきたいことがあります。それは，「個に応じた指導」と「集団による指導」が互いに相容れない関係ではないということです。確かに，指導の対象を集団という一つのかたまりとして捉えてしまうと，そこに個に応じた指導は存在しないことになります。大切なことは，個に応じた学習の成立を図るために学び合いを生かすという視点をもつことです（**実践知6** 参照）。

　加藤（1982）は，「個に応じた指導」を追求するにあたり，子ども一人ひとりの何を生かし，その子の何に応ずるべきかが根本的な問題であるとし，その具体的要因として学力（レディネス・学習課題），学習時間（学習ペース），学習スタイル（学習適性），興味・関心（学習志向性）を挙げています。

　こうした「個に応じた指導」を進めていくにあたっては，これらの「個人差」に応じて学習内容や学習方法を柔軟に設定していくという視点，そして同時に，これらの「個人差」を互いに生かし合えるような集団づくりの視点を共にもつことが重要になってきます。とはいえ，このような指導を進めるとき，人と異なることへの抵抗感や他者との比較による優劣の感覚にどのように向き合っていけばよいのかという問題を乗り越える必要がでてきます。

1-3　多様性を認め合える学習集団づくり

　多様性について考えるために，まず障害のある子どもたちを取り巻く昨今の状況に目を向けてみたいと思います。

　近年，障害の「社会モデル」という考え方が広がりつつあります。

　「社会モデル」では，障害の所在を個人と社会との相互作用の中にあると考えます。このことについてよく例として挙げられるのが，眼鏡です。現代では多くの人が眼鏡をかけています。近視であっても眼鏡をかけると生活にも学習にも困ることはないため，近視を誰も障害だとは捉えていません。ですが，これがはるか昔の旧石器時代であればどうでしょうか。もちろん眼鏡はありません。遠くのものを見ることができなければ，獲物を狩ることができず，生活することに大きく支障が生じます。このように，人がどのようなことに困り感を

表1−1 「違っていいな」の授業展開

学習活動	主な活動内容
① 自己分析	「スポーツをする」「細かい作業をする」等の全10項目について，それぞれ「とても得意」「まあまあ得意」「得意でも苦手でもない」「まあまあ苦手」「とても苦手」の５段階で自己分析し，ワークシートのグラフに記入する。
② 自己分析の共有	それぞれの生徒が，自己分析の結果を共有用の大きなグラフに転記する（開示したくないものは未記入でよい）。
③ コメントの交流	自分は苦手で，他の生徒が得意としているような項目についてコメントを作成し，交換し合う。

出所：筆者作成

覚えるか，どのようなニーズを抱えるかは個人の能力だけに規定されるのではなく，周囲を取り巻く環境が大きく作用します。

特別支援学校（高等部）での実践を紹介します（北岡，2014）。

学級の生徒は５名で，全員が地域の中学校を卒業し，高等部から特別支援学校に入学をしてきています。５名とも興味や関心のある物事，得意不得意，既習事項，学習のペース等々，何もかもが様々です。そして，なかには「自分はみんなのようにうまくできない」と自信をなくしてしまっている子どもや，「障害のある他のクラスメイトと自分は違う」と自分を固守しようとしてしまう子どもなど，自分と他者を比較することによってより緊張を強めてしまうような状況です。

そのため，生徒たちが互いの違いを認め合い，自他の価値に気づけるようにすることをねらいとし，「違っていいな」という授業を計画しました。

この授業の展開は，表1−1および図1−1に示しました。このように，３段階からなる学習活動を設定しました。すなわち，①自分の得意・不得意についての自己分析（個別ワーク）をする，②全員の自己分析の結果を重ね合い比較する，③互いの違いに着目してコメントを渡し合うです。その上で，①の自己分析の項目については，学級の生徒の実態把握をもとに，いずれの子どもについても得意なこと，不得意なことの両方が含まれるように設定しました。また，③のコメントを渡し合う場面では，自分が不得意で相手が得意としている項目についてコメントすることとしました。

展開①〜③では，それぞれ次のようなことへの気づきをねらっています。

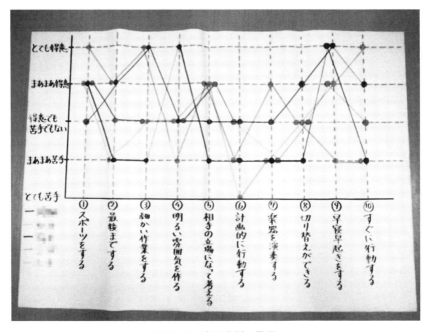

図1-1　自己分析一覧図

① 自分のことを客観的に見つめ（メタ認知），自身の中にはさまざまな側面があることへの気づき。

② すべてを得意とする人がいるわけではないこと，また，得意とする項目は人によってそれぞれ異なっているということへの気づき。

③ 自分と違って「得意でいいな」とコメントした相手からも，自分に対して「得意でいいな」とするコメントが返ってくるという経験を通しての自他ともに価値ある存在であることへの気づき。

　このような授業がそのまま子どもたちの価値観を即座に変容させるものではないと考えていました。価値観は教えられて変わるものではなく，自らの生活する環境や文化の中で形成されていくものだからです。そのため，学級の集団づくりの中でこのような働きかけを行いながら，教師と子どもたちが共に多様性を共有できるような土壌開拓を進めていくことが肝要です。

　ところで，子どもたちは学校生活を送る中で，教師のもつ価値観から大きな影響を受けることになります。それは必ずしも教師の意図的な働きかけによるものだけではなく，言葉の使い方やしぐさ，どのようにものごとを判断しているかなどのささいなことが，学級文化の形成に大きく影響します。教師が多様性を前提として子どもたちに関わることで，その学級の子どもたちも同じような目で他者のことを捉えることへとつながります。

　今の子どもたちはネットワーク社会，およびグローバル社会の中で生きています。そして，社会の文化も家庭の文化も多種多様であることが当たり前となってきています。つまり，子どもたちはすでに多様性の中に生きているのです。その中で，むしろ多様性というものをもっとも受け入れがたいのは「学校文化」かもしれません。子どもたちが多様性を認め合えるような集団づくりは，教師自身がいわゆる「学校文化」という壁を乗り越え，多様性を柔軟に受け止めていくことから始めなければなりません。

1-4　「目標─内容─方法」の合意形成

　これまで述べてきたように「個に応じた指導」を進めていくためには，集団を単一のものとみて一様に指導を進めるのではなく，集団において個の充実を図るという視点が求められます。

　加藤（2010）は，「個に応じた指導」には「指導の個別化」と「学習の個性化」の二側面からの働きかけが必要であることを指摘しています。前者の「指導の個別化」は，共通学力（基礎学力）の習得を保障することを目的に，子どもたち一人ひとりで異なる「レディネス」「到達度」「学習時間」「学習適正・スタイル」に応じた指導の展開であり，後者の「学習の個性化」は子どもの「興味・関心」に基礎づけられた学習活動の展開であります。

　いずれにしても，「目標─内容─方法」のすべてを教師が一方的に決めてしまっては子どもの学習の主体性が損なわれてしまいますし，安易にすべてを子どもに任せてしまっても子どもは路頭に迷ってしまいます。すなわち，「目標─内容─方法」を一人ひとりに応じて設定していくためは，教師の指導性と子どもの主体性を一体化させる必要があります（**実践知2**参照）。このことは，従

来まで「教授＝学習過程」とか，「教授・学習過程」と表現されてきています。そのためには，子ども自身が自らの興味・関心や学習状況，自分に応じた学び方についてふり返る機会を多く用いることが大切です。

　教師は課題（めあて）を提示するのではなく，学習問題（Learning Problems）を共有化する「構え」が求められます（**実践知 3** 参照）。これにより，子どもが気づいていない強みや弱み，学習の可能性を見出せるようになっていくものです。ただし，それらの強みや弱み，さらには学習の可能性がその子自身の目的意識と一致しているとは限りません。そこで，教師の指導性の発揮により，本人の目的意識や意欲，実現可能感を高めていく学習方法を展開させていく必要があります。その方法の一つとして，子どもたち自身で課題（めあて）を設定し，それに対する評価を集団において共有していくやり方が考えられます。その例として，再びサッカーの授業を取り上げます。

　授業の中では，戦術を立てながら力強く試合展開することをねらっている子どもたちもいれば，まずはじっくり体の使い方を確認しながら基礎となる技能（いろいろなパスのしかた）を獲得していくことをねらう子どもたちもいます。そこで，前者については大きいコート，後者については小さめのコートを使って練習することを子どもたちに提案し，その場における課題（めあて）を自分たちで設定するようにさせます。このとき，それぞれのコートの違いによって戦術的なプレイ行動（大きいコートでは縦パスを活かした戦術行動であり，小さいコートでは横パスを活かしたパスプレイ）が異なることに気づけるように，教師の指導性を発揮する必要が出てきます。具体的には，間接的指導としてそれぞれのチームの練習を互いで観察させる方法が，直接的指導としては肯定的フィードバック（褒める，認める，おだてる）や矯正的フィードバック（尋ねる，聞く，直す）などを駆使するやり方です。

　あくまで一例ですが，このように指導することでそれぞれのチームが異なる学習過程を辿っていても，互いの課題（めあて）が結束し合い，積極的に他者志向による学習が深まり，子どもたち一人ひとりで異なる学習の方向性が共有化されてくるのです。

　以上，個に応じた指導を展開させるためには，まずは画一化した一斉指導を最小限に留め，日常的に「教師の指導性と子どもの主体性」を一体化させる課

題解決的学習を心がけることから出発していくことと考えます。

文献

加藤幸次（1982）『個別化教育入門』教育開発研究所，15〜22，95〜100頁。

加藤幸次（2010）「指導の個別化・学習の個性化（Individualization・Characteriza-tion）」アメリカ教育学会（編）『現代アメリカ教育ハンドブック』東信堂，109〜110頁。

北岡大輔（2014）「違っていいな」小島道生・片山美華（編著）『発達障害・知的障害のある児童生徒の豊かな自己理解を育むキャリア教育——内面世界を大切にした授業プログラム45』ジアース教育新社，160〜163頁。

厚生労働省（2019）「2019年国民生活基礎調査の概況」14〜15頁。

文部科学省（2019）「日本語指導が必要な児童生徒の受入状況等に関する調査（平成30年度）」の結果について（報道発表），1〜3頁。

文部科学省（2022）「通常の学級に在籍する特別な教育的支援を必要とする児童生徒に関する調査結果について」1〜10頁。

（北岡大輔）

実践課題 **2**

いかにして一斉指導から脱却するか
～学級単位から活動単位へ～

　子どもたちの学びが多様化していく現在，画一化した一斉指導をいつまで続けるのでしょうか？　この問題を新たな視点から切り込み，その改善方途を検討してみます。具体的には，「学級」を中心とする授業形態観を打破すると共に，スウェーデンの「活動」中心の授業形態を検証してみます。

2-1　なぜ画一化した一斉指導から抜け出せないのか？

　一人の教師が多数の子どもたちに対峙して，同じ場所で，同じ時に，同じ内容を，同じ方法で教育する授業風景は，明治5（1872）年の学制発布以来，何ら変わっていません。江戸時代の寺子屋制度においてさえも，画一的な一斉教授ではなく，年齢や学習進度，一人ひとりの筆子の必要性に根ざした教育内容を個別教授するものでした（菱田，2013）。ただ，一斉指導による授業方式を軸とした学校教育が国民の教育の機会均等および教育水準，社会性の向上に少なからず貢献したことは確かな事実です。

　こうした一斉指導による授業方式は，戦後の教育改革以降も踏襲され続けることになりました。なかでも，画一化した一斉指導は，学習に飽きてしまったりついていけなくなったりする子どもたちを生み出す結果を招くことになりました。すなわち，画一化した一斉指導では子どもたち一人ひとりの興味・関心やそれまでの経験といった実態が考慮されないため，個々の子どもの可能性を引き出し，それを伸長させる指導からはかけ離れたものになったのです（苫野，2019：鈴木，2019）。

　では，未だに画一化した一斉指導から脱却することができないのはどうして

174

なのでしょうか。

　その要因の一つとして，若い教師の中に画一化した一斉指導を「是」とする授業観が深く形成されてしまっている点を挙げることができます。これには，教師として採用されてからの数年間で，次に示す5つの背景が影響しているように考えられます（酒井・島原，1991：齋藤，2015）。

①　教師は，初任者として働き出すと同時に授業づくりは自らの工夫に委ねられるが，仕事の流れもつかめず，日々，子どもたちとの関わりに明け暮れる中で，多くの新任教師はかつて自らが教わった画一化した一斉指導のイメージを抱き授業を行っている（慣習）。

②　新任教師は，画一化した一斉指導が「当たり前」と認識する場合が多く，授業が上手くできないと悩んでいても，子どもに応じて教材や指導法を変えるといった授業の工夫をすべきだと考えるわけではなく，常に画一化した一斉指導の範囲内で解決法を考えている（慣習）。

③　新任教師は，授業の効果が上がるか否かは指導法の巧拙にあるのではなく，子どもとの信頼関係が築けるかどうかに依るところが大きいとし，子どもとの良好な人間関係の構築に腐心する（環境因）。

④　新任教師は，指導書への依存度が極めて高く，指導書に書かれている指導方法が内容の説明と子どもへの発問を主体とする画一化した一斉指導の枠組みで記されていることが多いため，指導書に則り授業をすることでこうした指導方法を習得することになる（環境因）。

⑤　新任教師は，1年目に指導教員による支援制度があるものの，2年目以降はこうした支援制度がなく，授業づくりについて相談する先輩教師が校内の教師に限られてしまうことで，画一化した一斉指導から抜け出すことが困難になっている（環境因）。

　採用後数年経てば，授業力を高めようとするゆとりが生まれ，少しずつ学習指導法を工夫したり，研修会に参加したりしてきているものの，自身で創案した個別学習やグループ学習を展開させるまでには至りません。

　これらのことから，これまでになかった新たな授業システムの導入とそれに

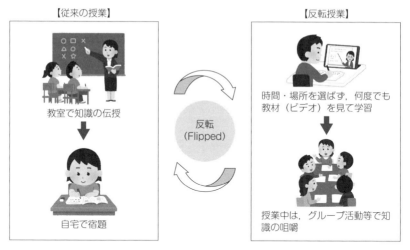

図2-1　反転授業のイメージ

出所：船守，2014より一部改変

　よる授業改善に挑戦する意志力を高めてもらえればと思念するところです。次項では，新しい授業システムとして注目されている「反転授業」を取り上げ，画一化した一斉指導から脱却する手がかりを見つけてみたいと思います。

2-2　コロナ禍における取り組みから見えてきた糸口

　今日，新型コロナ感染で学校教育活動にかなりの支障が認められます。これにより，子どもたちは登校が制限され，これまでに経験したことのない学習状況の中，現場の教師たちは，いかに授業時間を確保し，教育内容を理解させていくかという課題に向き合わなければならなくなりました。そうした中で，活用された授業方式が「反転授業」です。

　図2-1は，「反転授業」のイメージを示したものです。

　まず，子どもたちは，自宅で授業の映像やビデオ教材などを用いて個別学習を行います。学校では個別学習で得た知識や技術を基に，話し合い活動や実験・練習を行い，理解できなかったところを個別に指導してもらったり，友だちの考えを知ったりすることなどを通して理解を深めます。こうした反転した

学習を通して，一人ひとりの子どもの学びを成立させることをめざしています。このように，これまで教室で行っていた一斉指導による知識の学習を自宅で行い，逆にこれまでは自宅で宿題を通して行っていた知識の咀嚼を教室で行うことから，「反転授業（flipped classroom）」もしくは「反転学習（flipped learning）」という名称が生まれました（船守，2014）。

「反転授業」では，子どもたちが自宅などで学ぶべき教材を自主学習します。子どもによって理解のスピードに差があるため，理解の早い子どもは短時間で学習が終わり，理解の遅い子どもは時間をかけて何度でも映像を見返しながら，自分が納得できるまで学習することができます。GIGA スクール構想の推進に伴い，一人に1台タブレット端末等が配布されるようになったことで，こうした学習の実現が可能になった点は見逃せません。

　一方では，教師は自宅学習用のビデオ教材の制作だけでなく，自宅学習で課題を与えたりあるいは課題を見つけたりした後，教室でペア学習やグループ学習，あるいは学級全体で議論したり協力したりしながら課題解決を図るのが一般的です。そのため，教師はペア学習やグループ学習を前提にしながら，子どもたちの学びの過程で生じてくる個々の問題解決に対して適切な指導・助言を講じることが求められます。それゆえ，授業のデザインや展開を的確に遂行する力がとても重要になってきます（中野，2015）。

　これらのことから，「反転授業」は，画一化した一斉指導に慣らされていた子どもの学びを大きく変えるものとして期待されます。同時に，「学級」を単位として授業を展開させることが当たり前だと考えていた教師たちにとっては，従来の授業形態観を打破する糸口になるのではないでしょうか。つまり，「反転授業」では，個別学習，ペア学習，グループ学習，学級全体での学習などが混在しています。このことは，学習を行う単位が「学級」に固定されず，つねに可変的であることを意味しています。

　このようにみてくると，画一化した一斉指導から脱却する手がかりは，「学級単位の学び」から「活動単位の学び」への転換にあるといえます。

2-3　スウェーデンの事例──学級単位から活動単位へ

　スウェーデンでは，7歳から16歳までの子どもたちは，9年制の「基礎学校」（日本における小・中学校に相当します）で学びます。1980年に告知されたLgr80（日本の学習指導要領に相当します）の中で，「活動単位（Working Unit）」の位置づけが明記されました（Skolöverstyrelsen, 1980）。これは，同じクラスや学年に限らず，異なる学年も含めて「活動」を学びの単位とする柔軟な編成を認めるものです。これにより，スウェーデンでは学級を単位とした一斉指導の呪縛から解き放たれ，学習や活動内容に応じて組織的な学びの単位（活動単位）を自由に編成するようになりました。

　垣野（2011）は，スウェーデンの基礎学校では，子どもたちの学習空間（教室や共有スペース）をどのように運用しているかを検討しました。

　図2-2は，スウェーデンにある3つの基礎学校（Balingsnas校，Strand校，Trollboda校）における学習空間の使用を示したものです。図中には，校時ごとの学習内容と活動内容，および教室や共有スペースの使用実態，そして教員の配置を記しています。これより，スウェーデンの基礎学校における「活動単位」による学習活動の実態を見てみることにします。

　まずBalingsnas校では，1校時は子どもたちがホールに集まり2学級合同のミーティングをしています。ここでは学年が活動単位になっています。続く2校時はいずれの学級もスウェーデン語ですが，自教室を中心にプリント学習を行っています。また4校時の1組の英語は，4つの学習内容（パソコンの英語学習ソフト，英語の本を読む，英語の問題集〈2種類〉）からの選択学習です。いずれも個人を活動単位とした学習という点で共通していますが，前者のスウェーデン語の授業ではどの子どもも同じ学習内容なのですが，後者の英語の授業になると，子どもによって学習内容が異なっています。

　次にStrand校を見ますと，7校時の算数以外はいずれの授業も学級単位の学習になっています。その中で，2校時のB組の演劇の練習（スウェーデン語の学習）ではグループによる活動単位を，3校時のA組の地理では2人一組のペアによる活動単位を，それぞれ取り入れています。

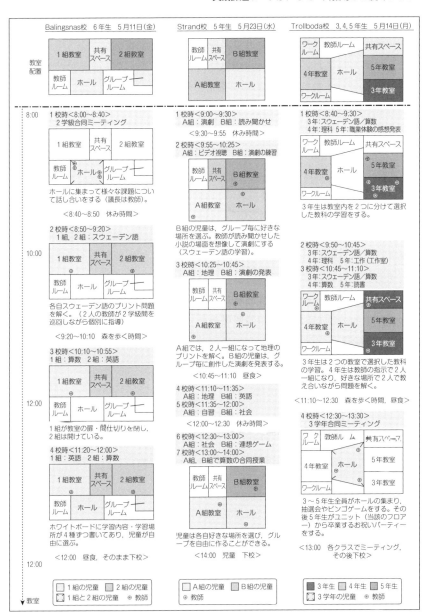

図2-2　スウェーデンにおける基礎学校の活動様態

出所：筆者により一部改変

　残る Trollboda 校ですが，ここでは3年生と4年生および5年生の例が示されています。いずれの学年も単一学級です。3年生では1校時から3校時まで，スウェーデン語と算数の選択教科の学習になっており，選択教科別の集団が活動単位になっています。4年生も2校時と3校時に算数を行っていますが，3校時は2人一組を活動単位としたペア学習を行っています。さらに4校時は，共有スペースにて3学年合同の活動（抽選会やビンゴゲーム，5年生のお祝いパーティー）をしています。ここでは，異学年での縦割り集団が活動単位になっています。

　垣野（2011）の報告では，Gunnesbo 校の事例も取り上げています。そこでは，8年生（3クラス）の「言語」の授業における選択学習（スペイン語，ドイツ語，フランス語，スウェーデン語の選択）と「数学」の授業における習熟度別学習がそれぞれ紹介されています。いずれの実践も学級を解体し，学年内で学習集団を形成している点で共通していますが，前者の活動単位が内容選択別グループであるのに対して，後者のそれは習熟度別グループになっています。

　他方，スウェーデンではテーマ学習（プロジェクト学習とも言われています）が多く用いているところにも特徴がみられます（宇野，2004）。ここで中学校の例を挙げれば，青少年を取り巻く社会問題（アルコール，麻薬，タバコなど）や地域社会の問題（自然，文化，歴史，風習，産業，インフラストラクチャーなど），さらには人間関係の問題（友情，愛情，いじめなど）などがテーマとして設定されています。こうした学習の活動単位は，興味・関心別のグループということになります。

　図2-3は，スウェーデンにみる活動単位の事例を整理したものです。

　活動単位の学びは，学級の枠組みを超えた複数の学級（学年も含む）による運用と自学級の中での運用とに大別されます。前者では，同学年や異学年の合同といった自学級の人数を超えた大きな集団による学習が展開される場合があります。このときは，加配教員が加わり，学習の密度が薄くなる（学級人数より多くなる）のを避けています。後者でも学級担任が一人で授業を行うのではなく，加配教員が加わり，学習の密度を濃くしようとしています。

　一方，グループ数が増えれば活動場所の問題が出てきますが，この点についてもホールや共有スペースを活用しながら運用している実態が窺えました。ま

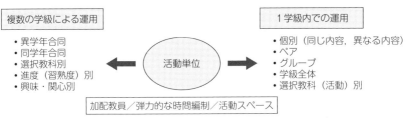

図2-3　スウェーデンの事例からみた活動単位の分類

出所：筆者作成

た，スウェーデンの授業展開のすべてが活動単位による学びではなく，自学級による一斉的学習も行われています。こうした一斉的学習も教育効果を高める活動単位の一つとして捉え，運用されています。

「活動単位」を基盤としたスウェーデンの取り組みからは，画一化した一斉指導から脱却する試みとして，学習内容に応じて多種多様な学習集団を編成するやり方が大事であることが看取されました（**実践知 6 参照**）。

2-4　チーム学校──新たな学校づくりを展望する

　スウェーデンにおいて「活動単位」の学習を取り入れるようになった当初は，教員同士の間で相当の戸惑いや混乱があったそうです。それでも実践を重ねる中で，少しずつうまく機能するようになり，授業づくりへの手応えが感じられるようになり，子どもたちの学習成果の向上が確かに認められるようになっていきました。こうした経験を積むことで，次第に教員の姿勢も変容していき，今日に至っているそうです（林，2014）。

　このように「活動単位」の授業を推進していくには，他のクラスの教員や加配教員を含めた教員同士の連携が不可避です。なぜなら，「活動単位」の授業では，特段に授業計画の綿密さと教員同士の共通理解が要請されてくるからです。具体的には，「授業のねらい」と「子どもの実態（興味・関心やレディネス等）」の共有化，「学習の流れ」の共通理解，「教師の役割分担」の確認など，多岐にわたります。これらのことから「活動単位」の授業を推進するには，新たな「チーム学校」を構想する必要があります。

　スウェーデンでは，図2-2で示した Trollboda 校による「異学年での縦割り活動」の報告に認められるように，「活動チーム」による取り組みが授業実践にとどまらず様々な教育活動に広がっています。このことから，スウェーデンでは，「同僚性」を中核にしながら「協働性」がそれを強く包み込んでいる状態にあると考えられます。これより，チームの協働の実体は，「同僚性」が高まると，それらを基盤に「協働性」が醸成されていく可能性が高いと考えられますが，両者を結びつける何かが存在しているように思われます。

　ここで，チームの協働性を行動的側面（チーム・プロセス）から明らかにしようとした2つの因子分析的研究より考えてみます（三沢ら，2009：稲川・五十嵐，2016）。これらは，研究の対象が異なるものの同じ内容の尺度（対象に応じて一部文言が修正されています）を用いて行われており，抽出された因子の内容や個数の変化からチームワークが高まっていく様相が見て取れます。

　まず三沢ら（2009）の結果では，「相互調整」「情報共有」「職務の分析と明確化」「フィードバック」の計4つの因子を抽出しています。

　「相互調整」は互いの仕事の進捗状況への配慮や調整を，「情報共有」は仕事に役立つ情報や助言の交換・共有化を，それぞれ指しています。また「職務の分析と明確化」は成員一人ひとりの役割分担を明確化する機能を，「フィードバック機能」は間違いや問題点があればただちに対応し，それらを共有するといった行動をそれぞれ意味しています。

　続く，稲川・五十嵐（2016）の結果では，「相互調整」と「情報共有」の2因子を導出しています。先の三沢ほかの結果との相違の背景として，調査対象者の違いが挙げられます。つまり，三沢ほかの研究では調査対象者が看護師であったこと，稲川・五十嵐の研究のそれでは高等学校の教員であったことの違いです。いずれにしても，「相互調整」と「情報共有」が共通して認められたことから，これら2つの因子は，職場の「同僚性」と「協働性」を繋ぐ基盤因子と解せられます。さらに，調査対象者が看護師の場合，「フィードバック機能」に顕著な特徴がみられ，これには，患者の生命に直接的に携わるという業務の性質上，つねにチームがひとつになって即時的な対応が求められるという実態を表出したものと思われます。

　これらのことから，教師集団のチーム化には「相互調整」と「情報共有」を

行動規範とし，成員一人ひとりの役割分担を明確化する「職務の分析と明確化」を通して「フィードバック機能」を生かすことが重要になってくるものと考えられます。とりわけ，「フィードバック機能」が「同僚性」を強固にし，これにより一人ひとりの子どもの教育を一人の教員だけでなくチームで施す「協働性」を生じさせる可能性が高くなるものといえます。

　以上のことから，画一化した一斉指導から脱却するには，「学級単位」の授業形態観を脱し，教育内容に応じて多種多様な学習集団の編成を基軸とする「活動単位」の授業を志向することが肝要と考えられます。その上で，こうした「活動単位」を主軸とする授業方式では，教師集団のチーム化が不可欠であり，一人ひとりの子どもの教育を一人の教員だけでなくチーム（複数の教員）で施すチームワークの形成がきわめて重要になってきます。とりわけ，「同僚性」と「協働性」を結びつける要因である「フィードバック機能」の果たす役割の大なることが推察されました。これにより，教師集団に強固なチームワークが生まれ，新たな学校組織風土が形成されていくものと考えられます。

文献

船守美穂（2014）「主体的学びを促す反転授業」『大学・短期大学・専修学校のためのリクルートカレッジマネジメント』32（2），36〜41頁。

林寛平（2014）「スウェーデンの脱集権化改革がもたらした授業形態の変容——1960年から80年の「活動チーム」の形成と普及に着目して」『比較教育学研究』48，3〜23頁。

菱田隆昭（2013）「近世寺子屋教育にみる学習意欲の喚起」『日本学習社会学会年報』9，7〜11頁。

稲川登美子・五十嵐透子（2016）「高等学校における教師のチームワークの検討」『上越教育大学心理教育相談研究』15，13〜23頁。

垣野義典（2011）「児童・生徒の学習用体からみたワークユニットの空間特性——スウェーデンのワークユニット型学校建築を事例として」『日本建築学会計画系論文集』76（661），541〜550頁。

三沢良・森安史彦・樋口宏治（2020）「教師のチームワークと学校組織風土の関連性——『チームとしての学校』を実現するための前提の吟味」『岡山大学教師教育開発センター紀要』10，63〜77頁。

中野彰（2015）「反転授業の動向と課題」『武庫川女子大学情報教育研究センター紀

要』23，35〜38頁。

齋藤公子（2015）「若き教師に求められる技術と資質」『宮城学院女子大学発達科学研究』15，1〜9頁。

酒井朗・島原宣男（1991）「学習指導方法の習得過程に関する研究——教師の教育行為への知識社会学的接近」『教育社会学研究』49，135〜153頁。

Skolöverstyrelsen（1980）Lgr80 Måloch riktlinjer för grundskolan, LiberFörlag. Ss.44-46.

鈴木大裕（2019）「社会の「成功の物差し」変わらないなら，学校の多様性は格差を生むだけだ」https://globe.asahi.com/article/12709128（2023年10月1日閲覧）。

苫野一徳（2019）「「同じ中身を同じ学年で」は時代に合わない「学級」を変えれば教育は変わる」https://globe.asahi.com/article/12699615（2023年10月1日閲覧）。

宇野幹雄（2004）『スウェーデンの中学校』新評論，115〜118頁。

（山口孝治）

実践課題 **3**

習熟度別（能力別）指導の
困難さを乗り越える

　個に応じた指導や少人数指導による効果的な指導として，習熟度別（能力別）指導があります。しかし，この指導法の評判は芳しくありません。また，実施教科も算数・数学科に限られる現状にあります。学校教育は，子ども一人ひとりの能力に応ずるために機能しなければなりません。にもかかわらず，なぜ習熟度別（能力別）指導が活用されないのでしょうか。

3-1　習熟度別（能力別）指導の何が問題か

　子ども一人ひとりの学習レディネスには，その単元に関する既習事項の習熟度の違いだけでなく，教材（教育内容）に対する興味・関心や意欲，それまで獲得してきた物の見方やわかり方など様々な要因が関係しています。それゆえ，教師は子ども一人ひとりのわかりを保障するため，教材研究を重ねて彼らの思考や習熟度を把握し，最適な指導を試みようとしています。しかしながら，従来の教師中心の一斉授業の展開により子ども一人ひとりで異なる能力に応じた指導を行うことが困難になっています。このような状況から，2000（平成12）年12月の教育改革国民会議「17の提案」の中で「習熟度別（能力別）指導」が提案され，その後の「21世紀教育新生プラン（文部科学省）」を契機に習熟度別指導の必要性が高まりました。ところが，習熟度別（能力別）指導の評判は芳しいものとはいえず，「仏作って魂入れず」の様態にあるのが実情です。この背景には，教師や保護者の習熟度別（能力別）指導に対する「懐疑」や「偏見」が強く関係しているものと考えられます。

　まず習熟度別（能力別）指導に対する「懐疑」については，以下の3つの内

容が考えられます。

① 能力別の集団による指導では学習進度が異なることから，子どもたち
に一定の学力を保証できるのかどうか。
② できる子とそうでない子がいるのが当然の社会であり，そのような中
でどの子どもに対しても優しくそして寛容に接せられる子どもを習熟度
別指導で育てることは可能かどうか。
③ 能力別集団であれ，目的別集団であれ，相当のグループ数を形成する
必要があることから，教員数を確保することが可能かどうか。

上記①～③の指摘は，いずれも教師の指導力に対する保護者あるいは教師自
身の不安が看取されます。
習熟度別（能力別）指導に対する「偏見」についても，以下に示す3つが考
えられます。

① 能力別の集団による指導により，学級のまとまりが低下する。
② 学力の高い子とそうでない子が可視化され，子どもに精神的な荷重が
かかる。これが原因となり，いじめが助長される。
③ 「学校」という場では一斉指導による共通学習が基本であり，それが
崩れる指導方法を用いるべきでない。もし，これを実践すれば「学校」
の機能は失われる。

上記①の指摘には能力差を顕在化させない画一性を重視する姿勢が，②の指
摘には「能力＝人格」であるとする偏見が，③の指摘には知識・技術観への誤
った理解が，それぞれの背後にあるように考えられます（**実践知3**を参照）。
これらのことから，「個別最適な学び」を実現するためには，効果的な習熟
度別（能力別）指導のあり様について問題意識を集中させる必要がありそうで
す。そこで，以下に示す観点から習熟度別（能力別）指導のあり様を論議した
いと思います。

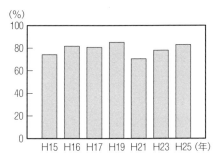

図3-1 習熟度別指導の実施率

出所：文部科学省，2013

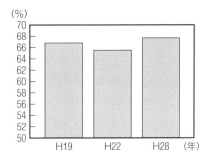

図3-2 児童間の学力差が大きくて授業がしにくいと感じている教師の割合

出所：ベネッセ教育総合研究所，2016

3-2 これまでどんな習熟度別（能力別）指導であったのか

　図3-1は，文部科学省（2013）の「公立小・中学校における教育課程の編成状況等の調査」における小学校の結果を示したものです。このように，「習熟度別指導」は，総じて70％を下回ることなく，比較的高い実施率が示されています。

　また，平成20年度全国学力学習状況調査追加分析報告書（国立教育政策研究所，2008）によると，年間を通して習熟度別少人数指導を行った学校は，それを短期間行った学校よりも低学力層が減り，高学力層が増えることが報告されています。また，習熟度別（能力別）授業を行った学校に在籍する子どもの方が関心・意欲・態度によい傾向がみられ，とくに「好き」と「よくわかる」の関係が顕著に認められています。さらに，習熟度別少人数指導を受けた低学力層の子どもは，これを受けていない子どもよりも無解答率が低い傾向がみられたことも報告されています。

　図3-2には，ベネッセ教育総合研究所の「第6回学習指導基本調査」（2016）の結果を示しています。これによると，「児童の学力差が大きくて授業がしにくいか？」とする問いに対して，「とてもそう思う」「まあそう思う」を合わせた人数の割合は，平成19年，平成22年，平成28年の3年ともにほぼ65％

で横ばいの傾向を示しています。一斉授業において教室内にいる多様な子どもたちに対応する授業を行うことの難しさを現場教師は日々感じているところですが，平成19年といえば習熟度別（能力別）指導の実施率が85％となっている年であり，その後も70％を超える実施率が続いてきていました。それにもかかわらず，「子どもの学力差が大きくて授業がしにくい」と感じている教師はまったく減っていません。この結果は，先の調査結果と矛盾します。

　続いて，研究者による調査結果をみてみます。

　桜井（2007）の「習熟度別指導の実態に関する調査」では，「上位児童と下位児童の学力差が小さくなった」という回答は14.2％にとどまっているものの，「学力差が大きくなった」との回答は4.6％と低値を示す結果であったことを報告しています。加えて，「上位児童と下位児童の間に心理的葛藤が起きている」との回答は0.4％と少なかったそうです。このことは，習熟度別（能力別）指導を展開しても，自尊感情や心理的葛藤，人間関係には明確な関係性はみられないことを示しています。

　また北尾（2011）によれば，習熟度別（能力別）指導を取り入れた学校とそうでない学校において，子どもの学習意欲に差がみられなかったとし，その原因として習熟度別（能力別）にグループ編成をしたものの，授業内容が従来通りの型にはまった一斉指導から脱却していないことを挙げています。しかしながら，理念を理解して取り組んでいる学校ではそうではなかったことも報告されています。

　これらの調査研究からは，習熟度別（能力別）指導が子どもの「わかる―できる」を保障し，学力を高める上で有用であるようにみえます。これは，佐藤（2004）が提起する習熟度別（能力別）指導に対する批判と著しく異なるものです。

　佐藤は，以下に示す概ね5点の批判を展開させています。

　① 「習熟度別指導」は，「競争」と「効率」を求める点で欧米諸国に比して時代遅れの学習指導である。
　② 「習熟度別の学級編成」は，学力向上に有益でなく，「下位」の子どもには危険な学習指導となる。

③　「習熟度別指導」は，同質の集団による学習を繰り返すことで，多様
　　な考え方を持つ子ども同士の交流を阻害し学習の広がりを妨げる。
④　「習熟度別指導」は，歪んだ優越感と劣等感を助長し，子どもの人格
　　に悪い影響を与える。
⑤　「習熟度別指導」の結果に対する教師の責任性が弱い。

　こうした佐藤の批判は，習熟度別（能力別）指導の急増状況に対する危機感
の現れと解せられますが，一方でこれらの指摘の実証性に乏しいとする指摘が
認められます（相澤，2005）。そこで，習熟度別（能力別）指導の実践を実証的
に検討した研究論文を概観してみました。
　表3-1には，習熟度別（能力別）指導の成果を実証的に検討した研究例を示
しています。これは，Google Scholar の「習熟度別（能力別）指導」で検索し
た140件の内，①小学校の実践であること，②習熟度別（能力別）指導の指導内
容と指導方法（教員の数や指導のシステムなど）が明示されていること，③習熟
度別（能力別）指導の実践結果が客観的データにより分析されていることの3
つの観点から，研究論文を抽出しました。わずか5件の検出にとどまりました。
　表からもわかるように，習熟度別（能力別）指導の効果に一定の成果が認め
られない様態にありました。すなわち，上位群・中位群・下位群の3群共に効
果を認めた報告が1例であり，上位群に効果を認めた報告が1例でした。これ
に対して，下位群に効果がみられなかった報告が2例であり，逆に上位群に効
果がみられなかった報告が1例でした。これらの結果は，習熟度別（能力別）
指導に学力格差を埋める効果があるとする決定論を支持することができないこ
とを示唆しています。もっと言えば，「習熟度」の基準が実践ごとで異なるこ
とから，効果がある場合とそうでない場合とを仔細に吟味していく必要が看取
されます。

3-3　習熟度別（能力別）指導を確かなものにするために

　習熟度別（能力別）指導により，子どもたちの学力の向上を確かなものにす
るにはどのような実践の工夫が必要なのでしょうか。

表3-1　習熟度別（能力別）指導の有効性に関する実践結果

教科	対象	内容	教員数	学習成果	著者	論文名
算数	小3年	算数の少人数習熟度別指導のあり方を「習熟度別指導における問題解決的な学習のパターンモデル」を用いて検討した。基礎コースと発展コースで，学習段階毎で明確な量的（時間的）な差がみられた。また導入場面と集団解決場面では，教師の発言内容（指示，発問，理解し型解・共感）においても基礎コースと発展コースとで明確な違いがみられた。	複数人（ティームティーチング，担任＋2名）	△上位群に効果あり	重松敬一 小嶋康弘	算数・数学教育における問題解決学習の研究（9）－小学校算数科における少人数習熟度別指導のコース別授業のあり方－ 奈良教育大学教育実践総合センター研究紀要, 13：49-57, 2004
体育	小3年	泳力別に上位群（27人），中位群（20人），下位群（14人）の3群に分け，平泳ぎの指導を行った結果，泳力は上位＞中位＞下位の順に高かった。とりわけ，上位群に有意な伸びが認められた。練習への取り組みは，下位群でもっとも消極的であった。	複数人（コース毎3名ずつの計9名）	△下位群に難あり	渡邊義行ほか	小学校教科体育・水泳（第3学年）における泳力別指導効果に関する実践的研究 岐阜大学教育学部研究報告, 6：1-8, 2004
理科	小6年	少人数学習のあり方，特に習熟度別少人数学習の効果と課題についてB領域（物質とエネルギー）の授業（5年生）の実践を通して検証した。その結果，追究の過程で多様な考えが出やすい分野であることから，追究する段階と発展の段階で習熟別指導を適用することができることを指摘した。その上で，単元構成の立場から「個別」「一斉」「習熟別」の使い分けを提案した。	複数人（ティームティーチング，担任＋2名）	○	野澤由美 岡崎惠視	小学校理科における習熟度別少人数学習の効果の検証 東京学芸大学研究紀要（自然科学系）, 57：57-74, 2005
算数	小3～6年	小規模小学校の教師に聞き取り調査を行い，習熟別指導の困難性や課題について検討した。その結果，学力の低い子どもの学習意欲を高める困難さと，教員数の少なさによりきめの細かい習熟別指導の難しさが看取された。その後，教員も子どもも少人数による習熟別指導に慣れ，学習意欲も高まってきたことを報告した。	学級担任↓複数人（加配教員，校長，教務主任などの助力による指導）	△下位群に難あり	坂本美紀	少人数指導の運営と継続に対する教師が意識した問題点とその改善 兵庫教育大学研究紀要, 29：21-30, 2006
算数	小4年	習熟別指導を支援するネットワーク型教材を開発し，その効果を実験的授業により検討した。小学4年生を対象に「10のまとまりを訓練するパズル型教材」による個別学習を行わせた結果，実験群の下位児童は，統制群の下位児童より顕著な学習効果が認められた。	学級担任	△上位群に難あり	川嶋芳昭	習熟別指導を支援するネット型教材の開発と評価 宇都宮大学教育実践総合センター紀要, 31：9-16, 2008
英語	小5年	リスニングテストの上位群（9名）と下位群（8名）に，デジタル英語教材を用いたパソコンによる個別学習（2回／週）を5週にわたり実施した。上位群では成績に変化はなかったが，下位群では有意に向上した。情意面では，本教材は英語の学習が楽しく勉強になるという点で両群に差はなく，ポジティブな受け止め方が認められた。	コース毎1名	△上位群に難あり	長谷川修治 安藤則夫	デジタル英語教材を使用した個別学習の習熟度別効果 植草学園大学研究紀要, 9：41-50, 2017

出所：Google Scholar をもとに作成

　この点から，表 3-1 の中で「学習効果あり」と評価されている理科の実践（野澤・岡崎，2005）に着目したいと思います。

　図 3-3 には，習熟度別（能力別）指導の実験的授業を行った調布市立八雲台小学校の理科「6 年：水溶液の変化」の単元計画を示しています。

　このように，単元過程で一斉指導と習熟度別（能力別）指導を使い分けている点が特徴的であるといえます。

　まず 1 つめの試みは，「第 3 次：5 種類の水溶液を見分けよう」でリトマス試験紙による酸性とアルカリ性を見分けるベースになる部分は一斉指導し，水溶液を見分ける技能と知識を習得させる場面では習熟度別（能力別）指導を導入するものです。ここでの習熟度別（能力別）指導は，学習内容の共通理解を企図して第 3 次までの学習のまとめとして適用されています。

　2 つめの試みは，単元最終の「第 6 次：もっと追究しよう」で，これまでの学習で得た知識や技術を基盤に，さらなる発展的な学習の展開を企図した習熟度別（能力別）指導の導入です。

　前者の試みは，単元過程の区切りで学習内容の理解度を揃え，効果的に全員が習得すべき単元の目標に到達させることを志向しているものと考えられます。また後者の試みは，興味・関心による小集団の編成ではなく，実験の進め方の習熟度によるものです。これは，概して「学び方の能力」を習熟度別（能力別）の観点として小集団を編成しているものといえます。

　これら 2 つの習熟度別（能力別）指導のやり方は，これまでにみられなかった斬新な実践として評価したいと考えます。

　加えて，野澤・岡崎（2005）によれば，習熟度別（能力別）指導は，A 領域（生物とその環境）では発展的な部分に導入する方が，B 領域（物質とエネルギー）では実験等の追究する部分と発展的な部分の双方で導入する方が，それぞれ効果的と考えられるとしています。残る C 領域（地球と宇宙）については，教材・教具の工夫で個人差が補えることから，習熟度別（能力別）指導を用いる必要性の小さいことを指摘しています。

　これらのことから，今後の習熟度別（能力別）指導において，教育内容に応じて学習集団を編成すること，場合によっては学級の枠を越えて学習集団を編成することで学習成果が高まる可能性が示唆されます。また，習熟度を「既習

理科　　第6学年　　「水溶液の性質」

1　単元の目標

　　いろいろな水溶液を使い，その性質や，金属を変化させる様子をその要因と関係付けながら調べ，見いだした問題を多面的に追究する活動を通して，水溶液の性質や働きについての見方や考え方をもつようにする。

2　評価規準（紙面の都合により省略・国立教育政策研究所教育課程研究センターのものを活用）

3　指導計画（全13時間）および指導の実際・評価・支援

	評　価
第1次　「色の変わる液」　2時間 　　水溶液の変化を見つけよう ○まほうの液を入れると変化がおこる現象の予想を立てる。　　　**学級一斉・ＴＴ** ○変化の様子を観察し，要因を考え，グループ分けする。	関ア 思ア
第2次　「水溶液のなかまわけ」　1時間 　　リトマス紙を使ってなかまわけをしよう ○リトマス紙を使って，色の変化を調べる。　　　**学級一斉・担任** ○色の変化の仕方にしたがって，なかまわけをする。	思ア 技イ・知ア
第3次　「5種類の水溶液を見分けよう」　3時間 　　5種類の水溶液を見分けよう！ ○5つの水溶液が何か予想を立て，実験方法を考えワークシートに書く。　**学級一斉** ○学習スタイルによってグループに分かれ，調べる。　　　**学級一斉・ＴＴ** 　結果と根拠について話し合う。　　　　　**又は習熟度別・1学級2分割** 　じっくりコース　　　　　　　　　　わいわいコース 　友だちや教師と相談しながら　　　　友だちと相談しながら実験を進める 　実験を進める　　　　　　　　　　　自分のペースで実験を進める	思ア・技ア 思イ 技イ・知イ
第4次　「気体の溶けている水溶液」　2時間 　　出てくるあわの正体を調べよう ○炭酸水から出てくるあわを調べる。　　　**学級一斉・担任** ○二酸化炭素を水に溶かして炭酸水を作る。	関イ 技ア・知イ
第5次　「金属を溶かす水溶液」　2時間 　　金属はどのように溶けるのだろう ○金属の溶け方を調べる。　　　**学級一斉・ＴＴ** ○溶けたアルミニウムがどうなったか予想し，調べる。	技イ・知ウ 思ア
第6次　「もっと追究しよう」　3時間 　　金属の他に溶けるものは何か・身の回りの水溶液を使って性質を調べよう ○追究したい課題について，実験方法を考えワークシートに書く。　**学級一斉・担任** ○学習スタイルによってグループに分かれ，調べる。　**習熟度別・3学級4分割** 　じっくりコース　　　わいわいコース　　　どんどこコース 　友だちや教師と相談し　友だちと相談しながら　自分のペースで 　ながら実験を進める　　実験を進める　　　　　実験を進める	思ア・技イ 関イ 技ア・知イ

図3-3　理科「水溶液の変化（6年）」単元計画（調布市立八雲台小学校）

出所：野澤・岡崎，2005

内容の理解度に対する習熟」に限定せず，「学び方の能力」を観点にした編成により効果的な習熟度別（能力別）指導が期待されます。

　続いて，能力別集団によるグループ学習を展開させた梅野・辻野（1995）の実践を取り上げてみます。

　図3-4には，「6年・走り幅跳び」の単元計画を示しています。

　この実践は，走り幅跳びの技能的特性を「踏み切り手前の助走スピードを生かして跳躍距離を伸ばす」として，グループごとに課題（めあて）を形成し，その解決をも自分たちで成し遂げる「課題形成的学習」を展開させています。

　課題形成的学習は，グループごとに課題を形成しその解決も自分たちで行う学習のため，前述の理科の実践と違って単元を通しての少人数集団での学習となっています（梅野，1998）。

　具体的には，「つかむ段階：うまく着地しよう」では，よい着地姿勢を習得させることをねらって，「グループ内異質―グループ間等質」の小集団学習を展開させています。ここでは，「両腕を大きく振り下ろすと同時に，両脚をしっかりと振り出す姿勢」がよい着地であることを見つけ出させようとしています。こうしたグループ学習は，「確かめる段階：自分に合った助走スピードを見つけよう」でも用いられています。

　これに対して，「深める段階：踏み切り手前の走り方を工夫しよう」および「身につける段階：オリンピック大会を開こう」では，跳躍距離の違いによって小集団を形成する，いわゆる能力別集団によるグループ学習を展開させています。前者の「深める」学習段階では，踏み切り手前一歩の歩幅を短くするために「横木幅跳び」を導入しています（梅野ら，1992）。図3-5には，横木幅跳び練習の場づくりを示しています。これは，踏み切り手前の一歩が平均歩幅の85％となるように助走路に「横木」を設置し，「タ・タ・タン」のリズムで踏み切り手前3歩の歩幅調整を学習する練習方法です。この練習を円滑に進めていくには，グループ内の成員の疾走時のストライドがだいたい同じであることが大切です。なぜなら，成員のストライドが異なっていると，跳躍試技の都度，横木の位置を変える必要があり，手間と時間がかかってきます。こうした学びのロスをできるだけ少なくするため，跳躍距離の近しい子ども中心の小集団，いわゆる能力別小集団を形成させています。このとき，きわめて重要な実

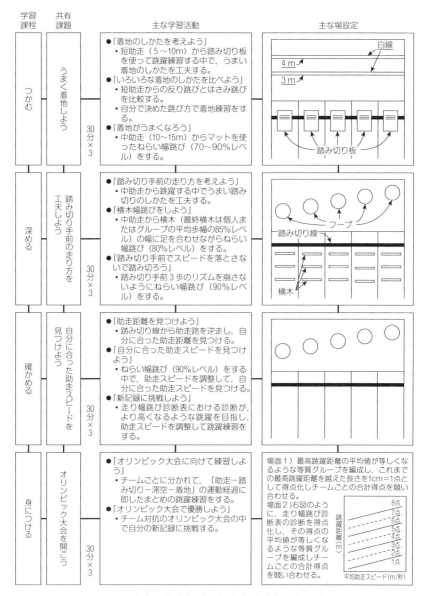

学習課程	共有課題	主な学習活動	主な場設定
つかむ	うまく着地しよう 30分×3	●「着地のしかたを考えよう」 ・短助走（5〜10m）から踏み切り板を使って跳躍練習する中で，うまい着地のしかたを工夫する。 ●「いろいろな着地のしかたを比べよう」 ・短助走からの反り跳びとはさみ跳びを比較する。 ・自分で決めた跳び方で着地練習をする。 ●「着地がうまくなろう」 ・中助走（10〜15m）からマットを使ったねらい幅跳び（70〜90%レベル）をする。	
深める	踏み切り手前の走り方を工夫しよう 30分×3	●「踏み切り手前の走り方を考えよう」 ・中助走から跳躍する中でうまい踏み切りのしかたを工夫する。 ●「横木幅跳びをしよう」 ・中助走から横木（最終横木は個人またはグループの平均歩幅の85%レベル）に足を合わせながらねらい幅跳び（80%レベル）をする。 ●「踏み切り手前でスピードを落とさないで踏み切ろう」 ・踏み切り手前3歩のリズムを崩さないようにねらい幅跳び（90%レベル）をする。	
確かめる	自分に合った助走スピードを見つけよう 30分×3	●「助走距離を見つけよう」 ・踏み切り線から助走路を逆走し，自分に合った助走距離を見つける。 ●「自分に合った助走スピードを見つけよう」 ・ねらい幅跳び（90%レベル）をする中で，助走スピードを調整して，自分に合った助走スピードを見つける。 ●「新記録に挑戦しよう」 ・走り幅跳び診断表における診断が，より高くなるような跳躍を目指し，助走スピードを調整して跳躍練習をする。	
身につける	オリンピック大会を開こう 30分×3	●「オリンピック大会に向けて練習しよう」 ・チームごとに分かれて，「助走ー踏み切りー滞空ー着地」の運動経過に即したまとめの跳躍練習をする。 ●「オリンピック大会で優勝しよう」 ・チーム対抗のオリンピック大会の中で自分の新記録に挑戦する。	場面1）最高跳躍距離の平均値が等しくなるような等質グループを編成し，これまでの最高跳躍距離を越えた長さを1cm＝1点として得点化しチームごとの合計得点を競い合わせる。 場面2）右図のように，走り幅跳び診断表の診断を得点化し，その得点の平均値が等しくなるような等質グループを編成しチームごとの合計得点を競い合わせる。

図3-4　体育科「走り幅跳び（6年）」の単元計画

出所：梅野・辻野，1995

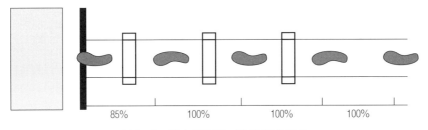

図3-5　横木幅跳びにおける場の設定

出所：梅野ら，1992

践上の留意点があります。それは，子どもたちが練習のしかたを理解し，「なぜ能力別に分かれて学習する必要があるのか」をしっかりと説明することです。これにより，子どもたちは能力別小集団による指導に不満を感じることなく，学習意欲を向上させる実践が可能となるのです。後者の学習段階では，自身の最高の跳躍（跳躍距離だけでなく，走り幅跳び全体の動きの円滑さも含めています）をめざして，これまでの学習過程で習得した動きのどれに焦点を当て跳躍するかという「個性的な跳躍」を志向しています。個別的個性的学習の展開法として，能力別集団による指導を適用しています。

　上記2つの実践事例には，既習内容の習得が不十分な子どもたちに対する補習的なイメージはありません。子どもたちの中にある多様な個性を前提とし，様々な学び取り方を保障しながら「習熟度別（能力別）指導」を多様に使い分けています。これにより，子どもたちは「これから行う学習を楽しむために，課題別に編成された少人数のグループで学習を行うんだ」という意識をもつことで，習熟度別（能力別）指導に危惧されていた歪んだ優越感や劣等感は消失するものと考えられます。

　いずれにしても，教師は教えることに汲々とせず，子どもたちの学力（学ぶ力と学んだ力）をじっくりと育て上げたいものです。今後，こうした考えからの「習熟度別（能力別）指導」の工夫が待たれるところです。

文献

相澤真一（2005）「運動イデオロギーとしての〈「習熟度別」批判〉」『年報社会学論集』18，124〜135頁。

ベネッセ教育総合研究所（2016）「第6回学習指導基本調査」。

国立教育政策研究所（2008）「平成20年度全国学力学習状況調査追加分析報告書」，97
　　〜100，107〜112頁。

北尾倫彦（2011）『授業の創造「本物の学力」を伸ばす』図書文化社，104〜109頁。

文部科学省（2013）「公立小・中学校における教育課程の編成状況等の調査」。

野澤由美・岡崎惠視（2005）「小学校理科における習熟度別少人数授業の効果の検証」
　　『東京学芸大学紀要（自然科学系）』57，57〜74頁。

桜井均（2007）「習熟度別指導の実践形態に関する基礎研究——実態調査に基づく類
　　型化」『大阪府立大学紀要（人文・社会科学）』55，39〜51頁。

佐藤学（2004）『習熟度別指導の何が問題か』岩波書店，39〜42，58〜59頁。

梅野圭史・新井浩一・塩谷嘉六・門屋浩・辻野昭（1992）「学習課題の組織化とその
　　展開（その4）——6年・走り幅跳び」『体育科教育』40(3)，72〜77頁。

梅野圭史・辻野昭（1995）「課題解決的学習の授業」『学校体育授業辞典』大修館書
　　店，697〜701頁。

梅野圭史（1998）「課題解決的学習の考え方と授業実践」中村敏雄（編）『戦後体育実
　　践論』第3巻，創文企画，253〜266頁。

（田中裕貴）

実践課題 4

学習集団の手段論から
機能論への移行を考える

　小集団学習を展開させるとき，様々な特性の子どもを均等に振り分ける「グループ内異質−グループ間等質」といった異質集団を編成する場合と，興味・関心別のグループ（目的別集団）や能力の似通った者同士のグループ（能力別集団）といった等質集団を編成する場合とがあります。現在，学校現場では後者の編成を用いることにかなりの抵抗感があります。この背景には，学習集団を手段として利用しようとする教師の想いが関係しています。今後，個別指導も含めて，様々な学習集団を機能的に運用する方途を考えてみましょう。

4-1　学習集団の編成における問題

　小集団学習を展開する場合，学習集団の数やそれぞれの人数，構成メンバーなどについて，子どもの学習レディネスの違いやリーダーシップの有無，人間関係の緊密度などを考慮しながら編成するのが常です。このとき，様々な特性をもつ子どもを均等に振り分ける「グループ内異質−グループ間等質」といった異質集団と，興味・関心別（目的別集団）や能力の似通った者（能力別集団）といった等質集団の2つの編成法が考えられます。

　現在，学校教育現場では前者の異質集団を用いる場合が圧倒的に多いのが現実です。その主たる理由として，一人ひとりの感じ方や考え方の違いによる集団思考を育成しようとする教師の意図が挙げられます。これ以外に，子どもの学習機会をより増やし，学習効率を高めようとする考え方もあります。前者の理由による例としては理科における実験活動を，後者の理由による例としては体育科の跳び箱での練習活動をそれぞれ挙げることができます。これらの実践

は，同じ課題（めあて）の下で同じ学習活動を行うことから，「班別指導」と称されています。これは，後述する「グループ学習」とは "似て非なるもの" なのです。

ところで，今日の学校教育現場では，なぜ等質集団（目的別集団，能力別集団）を用いた授業がほとんど行われていないのでしょうか。

興味・関心別（目的別集団）や能力別（能力別集団）といった等質集団を編成した場合，次のような工夫が必然的に要請されてきます。

①　授業の設計段階では，課題（めあて）を系列化させるとき，子どもの興味・関心や子どもの能力に応じて複数の学習路線を設定しなければならず，そのための課題（めあて）に応じた場の設定や教材・教具を工夫しなければならない。

②　授業の展開場面では，グループごとで異なる要求と子ども一人ひとりで異なる要求の双方に対応する教師の相互作用力（直接的指導および間接的指導）が求められる。

③　学習評価に関しては，複数の学習路線に合わせた相対的な評価基準を定めるとともに，子ども一人ひとりで異なる学習成果を値踏みする絶対的な評価規準を定めるといったダブルスタンダードによる学習評価をしなければならない。

これより，等質集団による授業実践は，異質集団よりもかなりの労力が要請され，実践の難易度が高いといえます。

2000年頃，主として算数科を中心に等質集団を活用した授業として習熟度別指導が全国的に展開されました（**実践課題3**参照）。このとき，事前テストによる成績から習熟度別集団を編成する場合がほとんどであったことから，能力別集団（ability groups）による指導になっていました。そのため，習熟度が低いグループに配属される子どもやその保護者への配慮から，本人（もしくは保護者）の希望も取り入れる学校が多数でてきました。こうした状況から，習熟度の低いグループの子どもは能力が低い子どもという認識に繋がって，劣等感が生まれたり，偏見に結び付いたりするという誤認を生じさせる結果となりまし

た。

　小集団学習は，習熟度別指導に限らず，個人差を前提として各種の学習集団による授業を構成することで，意見の対立／交流を多様で個性的な子どもたち一人ひとりを活かす学びを保障していくところに本来の使命があります。つまり，子どもの個性を重視し，グループごとの問題意識に即して異なる課題（めあて）が形成され，その解決を図っていくような「子ども本位の学び（learners' ship）」を尊重する学習です。

　今後，一人ひとりの子どもの学びを保障する個別的で個性的な学習として成立させていくためには，学習集団がもつ機能的側面に着目し，活用する方策を検討していく必要があります。

4-2　機能論としての学びの集団による授業展開

　近年，ジョンソン（Johnson, D. W.）やスレヴィン（Slavin, R. E.）などアメリカの多くの研究者によって提唱された集団学習の一つである「協同学習（Cooperative Learning）」が広く行われています。

　ジョンソンら（2010）は，これまでの社会において，人間が存在する限りグループが存在し，そのグループは目標達成のために用いられるとして，学校教育における「協同学習」の意味を次のように説明しています。

　　協同とは，共有された目標を達成するために，一緒に取り組むことである。協同的な事態では，一人ひとりが自分自身の成果を追求すると同時にグループの仲間全員のためになるような成果を追求する。協同学習は，生徒たちがともに課題に取り組むことによって，自分の学びとお互いの学びを最大限に高めようとする小グループを活用した指導方法である。

　こうした協同学習の考え方を取り入れた授業の一つとして，「読み書き統合型協同学習」が紹介されています。これは，協同的に「読み，書き，綴り，言葉の仕組み」などを学ばせようとするやり方です。そこで，次のような学習が示されています（ジョンソンら，2010）。

①ベースグループで宿題のチェック

　ベースグループ（1学期，もしくはそれ以上の期間に亘る集団内異質の
グループ）を編成し，連絡係，説明係，チェック係といった役割を分担し，
宿題を正確にできたかどうかを相互にチェックし合います。

②ペアでの読解

　読解の得意な子とそうでない子でペアを組み，一人がまとめ係，もう一
人がチェック係となって，相互に段落の要約とその内容について間違いや
抜け落ちを指摘し合いながら，読解を進めていきます。

③3人グループでの読解

　異質集団の3人グループを編成し，それぞれが読む係，記録係，チェッ
ク係となって，詩や本の一節，物語，引用文，配布資料等の読解について，
読解内容の発表，チェック，内容の記録といった役割から話し合いにより
合意されたまとめを行います。その後，グループ同士で読解内容について
論議することでグループ間の交流を図ります。

　これら以外にも，ペアでの復習と反復練習を繰り返したり，同じくペアで作
文を書いたり，互いの文章を推敲したりする学習も紹介されています。

　こうした「協同学習」では，いずれの場合も異質集団が用いられています。
そして，説明役とチェック役というように役割を明確にすると共に，その役割
を交互に担うことで，「互恵的な協力関係」を成立させようとしています。こ
の「互恵的な協力関係」とは，お互いに利益を与え合う関係であり，自他の成
功への関与をもたらす関係と捉えられています。

　しかしながら，どうして異質集団なのでしょうか。もっと言えば，等質集団
による協同学習を展開させることはできないのでしょうか。

　異質集団において「互恵的な協力関係」を成立させるためには，一人ひとり
で異なる意見を出し合うことが必須です。しかし現実的には，自信のない子は
声が大きくて発言力のある子の意見に同調してしまう傾向がみられます。これ
には，学習レディネスの揃っていないことが大きく関係しているものと考えら
れます。これより，総じて子どもたちの学習レディネスをできるだけ揃えてい
く学習が補足的に必要になってくるのです。しかも，この補足的指導の比重は，

学年進行に伴ってますます漸増していきます。

　以下，こうした個人差に応じる補足的指導として等質集団の活用を考えてみたいと思います。

　例えば，算数科（小学 3 年）で履修する除法を一斉的学習により理解させていくためには，乗法についての理解（具体的には，逆の九九〈16は二八，八二，四四〉がいえること）が学習レディネスとして必要となります。そこで，単元の序盤に能力別グループを編成し，乗法の理解と習熟度を揃える展開が考えられます。

　また社会科（小学 4 年）の例を挙げてみますと，自然条件と人々のくらしの単元学習で，気候的条件の違い（暖かい地域と寒い地域）および地理的条件の違い（高地と平地）が人々の暮らしや産業とどのような関係にあるのかについて調べる学習があります。こうした調べ学習を行うためには，様々な資料を読み取る力が事前に必要です。つまり，地図記号，地勢（色分けや等高線），等圧線，各種グラフや図表の読み取り方などです。これらの補足的指導は，単元の序盤に一斉的学習により展開させる場合もあれば，興味・関心に沿って「気候の違い」「地勢の違い」「交通網の発達の違い」といった異質集団による学習も考えられます。

　さらに体育科（小学 5 年）で取り扱うサッカーでは，レディネスアップをねらう意図からボール操作の学習を一斉指導し，その後はグループ学習（異質集団）による戦術学習を展開させていくといった単元構成が考えられます。

　このように，異質集団での学び合い（一斉的学習も含む）を保証するためには，その前提となる学習レディネスをある程度揃えておく必要があります。そのために，単元の序盤に等質集団（能力別集団や目的別集団）を活用したり，共通課題による一斉的学習を展開させたりしていく必要があります。

　しかしその一方で，文化的自己観（ある文化において歴史的に共有されている自己観）の違いを見逃すことはできません。つまり，欧米社会ではお互いが集団や他者から独立した存在としての自己観（相互独立的自己観）が優位であるのに対して，わが国では集団や他者と協調し合うことを前提としての自己観（相互協調的自己観）が優位であるといった違いです（北山，1991）。これより，ジョンソンらが提唱する「協同学習」の考え方を無批判に受け入れることは避けなけ

ればなりません。

4-3　学びの集団の活性化と学校変革

　個別化・個性化教育は「教育の人間化」運動の中核をなす考え方です。

　「教育の人間化」運動は，現状の学校制度を認めた上で，人間味あふれる学校づくりを企図したもので，イギリスでは Informal Education として，アメリカでは Open School として，それぞれ展開されました。いずれも，子ども一人ひとりの興味・関心や能力に応じた個別指導を重視する学校改革です。この背景には，アメリカにおける学校教育に対する批判が通底しています（シルバーマン，1973）。1つは，従来の「学校教育」では下級層と中級層の子どもの学力格差を是正してこなかったことであり，もう1つは，教育内容や教育方法が画一的であり，かつ学習管理がきわめて形式的で強制的であったことです。その上で，シルバーマンは，従来の「学校」が有しているもっとも特徴的な様相を「秩序と統制」にあると見做しました。

　こうした思索を実現させるため，シルバーマンは，従来から固定的に捉えられていた教室，時間割，学年制などを non-wall，non-chime，non-grade という手法によって改革していこうとしました。

　non-wall とは，教室と教室を区切っている壁，学級担任制，教科編成，学校と地域といった学校制度を形づくってきた「壁」を取り除く方策です。具体的には，オープンな学習空間での授業やティームティーチングなどを挙げることができます（**実践課題2**参照）。non-chime とは，学年，学級，教科，内容，教材，学習方法の違いに関係なく，一律に授業時間を45分間と固定化するのではなく，より弾力的に運用しようとする方策です。具体的には，後述しますモジュール制を挙げることができます。non-grade とは，異なる学年の子どもたちを一つの学習集団として授業を行う方策で，具体的には複式学級編成や縦割り集団での授業などを挙げることができます。

　これら3つの方策の中で，non-wall と non-grade の実践は，わが国でも頻繁に実践されていますが，残る non-chime に関しては，まったくといってよいほど実践されていません。これには，学校生活の規則性と統一性を重んじる管

理主義的な教師感覚が関係しているものと考えられます。

　ところで，著者らは，過去にモジュール制を実践してきた経験（兵庫教育大学附属小学校での実践）を有しています。この制度を用いるようになった理由として，水泳の学習を少ない時間（30分程度）で毎日行うことにしたことです。これには，6年生になると遠泳行事（日本海での約1000mの遠泳）が行われるため，子どもたちの泳力を高める必要があったからです。

　図4-1は，小学5年生の時間割（10月下旬から11月上旬頃の1週間）の例を示したものです。ここでは，授業の始業時間と終業時間，および業間休みと給食・清掃時間を一律に揃えた上でモジュール制を導入しています。

　まず算数科の計算演習と国語科の漢字演習は，1モジュール（15分）での個別的学習とし，日々交互に行うことにしました。

　大きなモジュール単位である国語科の「大造じいさんとガン」の授業を見てみると，火曜日（3モジュール：45分間）と水曜日（6モジュール：90分間）とで異なる時間を設定しています。前者は一人読み（視写と書き込み）の個別的学習の時間であり，後者は一斉的学習による子どもの読みの発表時間（3モジュール：45分）と教師と共に行う読解の時間（3モジュール：45分）です。このパターンを週2度行い，残りを書写の時間（3モジュール：45分），漢字演習（3モジュール：15分×3）としています。これにより，学習指導要領に示されている週8授業の時間を担保できます。

　算数科についても同様で，算数の主要学習（教師と子どもとの相互作用による指導展開）は，1回4モジュール（60分）を3回採り，残りは計算演習に週3モジュール（15分×3）を費やすことにしています。これにより，学習指導要領に示されている週5授業を担保します。

　また体育科では，例えば「バスケットボール」の授業でウォーム・アップも含めた基礎的なボール操作能力を高めるドリル・エクササイズ（目的別集団）を15分行った後，グループ学習（異質集団）による戦術学習を45分行う60分授業（4モジュール）を採用しています。これ以外のやり方として，鉄棒の学習（一斉的集団）を副教材として15分行い，走り幅跳びの学習（異質集団や能力別集団）を主教材として45分行う方法も考えられます。

　上記体育科のモジュール制による実践は，理科においても同様に取り扱うこ

時刻 …	火曜日	水曜日	…	金曜日
8:30	◆国語：1モジュール 漢字演習〈個別的〉	◆算数：1モジュール 計算演習〈個別的〉		◆算数：4モジュール 単元学習：分数と小数・整数 〈能力別集団〉
	◆国語科：3モジュール 単元学習：大造じいさんとガン ・一人読み（試写と書き込み） 〈個別的〉	◆国語科：6モジュール 単元学習：大造じいさんとガン		休憩（10分間）
	休憩（10分間）	○前半：3モジュール ・一人読みの発表 〈一斉的集団〉		休憩（10分間）
	◆道徳：3モジュール 単元学習：マラソン大会 〈一斉的集団〉	○後半：3モジュール ・学級全体での読解 〈一斉的集団〉		◆国語科（書写）：3モジュール 単元学習：「登る」 〈一斉的集団〉
10:25				
10:45	業間休み（20分間）		木曜日	業間休み（20分間）
	◆音楽科：3モジュール 単元学習：日本の音楽 〈一斉的集団〉	◆家庭科：6モジュール 単元学習：光と場所のハーモニー 〈目的別（興味・関心別）集団〉		◆理科：6モジュール 単元学習：流れる水のはたらき ・野外での観察学習 〈異質集団（グループ学習）〉
	休憩（10分間）			
	◆社会科：3モジュール 単元学習：日本の工業生産 〈一斉的集団〉			
12:25				
	給食・昼休み・清掃（90分間）			給食・昼休み・清掃（90分間）
13:55	◆算数：4モジュール 単元学習：分数と小数・整数 〈能力別集団〉	◆社会科：3モジュール 単元学習：日本の工業生産 〈一斉的学習〉		◆体育科：4モジュール 単元学習：バスケットボール ○20分：ドリル・エクササイズ 〈目的別集団〉 ○40分：戦術学習 〈異質集団（グループ学習）〉
	休憩（10分間）			休憩（10分間）
	◆理科：3モジュール 単元学習：流れる水のはたらき ・観察学習の課題づくり 〈一斉的集団〉			◆算数：1モジュール 計算演習〈個別的〉
15:50				

（左欄に縦書き：月曜日）

図4-1　モジュール制による時間割例（小学校5年生）

出所：筆者作成

とが可能でしょう。実験や自然観察，飼育や栽培に要する時間を座学との組み合わせで，多様に仕込むことができます。

　残る図工科，家庭科，総合的な学習の時間などは，個人やグループでの制作，創作活動が中心となる場合が多いことから6モジュール（90分）と設定しました。道徳の授業は，週1度の3モジュール（45分）の場合と2週に1度の6モジュール（90分）制で行う場合とに分かれる場合を想定しました。前者の週1

度の授業では一斉的集団によって資料の読解学習が，後者の 2 週に 1 度の授業では興味・関心別集団や目的別集団によるジレンマ学習を展開させることにしています。

　いずれにしましても，non-chime 制による授業実践は，伝統的な学校環境や学校制度を改革しようとする試みの一つです。これにより，教師たちは，子どもの学びを保障するための学習集団の使い分けが可能となり，そこで発揮される教師一人ひとりの努力と工夫が"one team"となって「チーム学校」が仕上がっていくことを確信しています。

文献

ジョンソン，D. W.・ジョンソン，R. T.・ホルベック，E. J.（2010）『学習の輪——学び合いの協同教育入門』石田裕久・梅原巳代子（共訳），二瓶社，11，44〜57頁。

北山忍（1994）「文化的自己観と心理的プロセス」『社会心理学研究』10（3），153〜167頁。

シルバーマン，C. E.（1973）『教室の危機——学校教育の全面的再検討（上）』山本正（訳），サイマル出版，61〜178頁。

（林　修・梅野圭史）

実践課題 5

アクティブ・ラーニングで何が変わるのか
~総合学習に光！~

「自律的学習能力」は，未だに一部の優秀な子どもによってしか実現されていません。これを受けて，この能力の形成を企図した「アクティブ・ラーニング」が登場してきました。この学習方法は，目先だけの改革に留まるのでしょうか？　本章では，「主体的な学び」と「対話的な学び」の定義を試み，これらを掛け合わせた「深い学びのアクティブ・ラーニング」を試案・実践することで，「アクティブ・ラーニング」のあり方を考えてみます。

5-1　推奨されるアクティブ・ラーニング

現在の学校現場において，課題（めあて）の形成とその解決に向けて主体的・協同的に学ぶ，いわゆるアクティブ・ラーニングが推奨されています。このアクティブ・ラーニングは，もとは大学教育の質的転換（一方的な知識・技術の講義からの脱却）を図るために提唱された教授・学習法です（中央教育審議会,2012）。加えて，目まぐるしいスピードで新たな知識や技術が生まれ，これまで培ってきた知識や技術が陳腐化していく現代社会において，基礎的・基本的な知識や技術を身につけること以上に，自ら課題（めあて）を形成し，それを自力で解決していく能力を育んでいくことの重要性も指摘されてきています。さらには，他者と協力する力（協働力）も不可欠であり，そこでの情報を共有したり，価値を創造したり，関係性を構築したりするコミュニケーション能力を高めていく必要があります。このとき，田村（2015）は，授業の質的向上に向けて教師は 2 つの転換について意識することを指摘しています。1 つは暗記・再生型から試行・発信型の授業への転換であり，もう 1 つは教師中心から

学習者中心の授業への転換です。

　これらの指摘は，子どもたち自身が主体となって自らの考えを表現し，自力で問題を解決していく「自律的学習能力」を身につけさせる必要性を特段に看取させるものです。

　一方，山中（2018）は，アクティブ・ラーニングに取り組む教師には，「ファシリテーターとしての態度」を身につけることが重要であるとしています。すなわち，教師は，教師と学習者，学習者と学習者の間に自らの意志を自由に表明できる関係を築き，学習者が自らを省察できる学習環境を創ることとし，以下に示す5つの心得を提示しました。

①　瞬間的に学習者の間に生起している問題に気づき，その状況を概観し，即座に対応できる「授業を想定した教科内容知識」を養うための取り組みをすること。
②　ファシリテーターは理論に基づいた実践を行うことにより，参加者に安心・安定をもたらし，ねらいに沿った場づくりをすること。
③　ワークショップの参加者が自らの日常をふり返り，これまで気づくことがなかった日常に気づけるような機会をつくること。
④　ワークショップにおいて，常に参加者の自己決定が保証されるようにすること。
⑤　ワークショップの参加者それぞれがメンターとしての役割を果たせるようにすること。

　これらのことを踏まえ，本章では子どもたちの「自律的学習能力」を高めるアクティブ・ラーニングとはどのような授業なのかを考えてみたいと思います。具体的には，以下に示す3つの観点から検討したいと考えます。

①　主体的なアクティブ・ラーニングの定義と実践
②　対話的なアクティブ・ラーニングの定義と実践
③　深い学びを保障するアクティブ・ラーニングの試案と実践

5-2　主体的なアクティブ・ラーニング

　「主体的なアクティブ・ラーニング」について論考するにあたって，まず「主体的」とは，どのような状態のことを指すのか考えてみます。

　一般に，自分の意志や判断によって行動することを「主体的」といいます。また主体活動とは，意志の選択決定に立脚する能動活動であるとされています（広岡，1973）。これより，「主体的」とは自らの意志によって周囲の環境に働きかけることであると考えられます。

　では，「主体的なアクティブ・ラーニング」とは，どのような学習なのでしょうか。

　広岡（1973）によれば，学習が成立するには，「均衡の喪失→同化→調節→均衡の成立」といった4拍子のリズムが大切な要件とされています。すなわち，新たな課題（めあて）にぶつかった子どもは，今の自分と問題解決に繋がる課題（めあて）とのズレを感じる「均衡の喪失」が起こります。そうすると，子どもは均衡を取り戻すために既有の活動様式を働かせ，課題（めあて）の解決を図ろうとします。これが「同化」です。しかしながら，その課題（めあて）は，既有の活動様式だけでは包括されきれず，逆に子どもに働き返して，現在の活動様式の改変を求めてきます。そこで，子どもは既有の活動様式に「調節」を加えます。これによって，子どもは新たな課題（めあて）とのズレがなくなり，「均衡が成立する」ということです。これには，Hunt（1965）の「最適不適合理論」が下敷きになっています。

　このように，学習する際には学習者が既有の知識・技能やこれまでの経験では解決が難しく，彼らの調節により活動様式を改変することができる課題（めあて）に直面することが必要です。つまり，学習者が頑張ればできそうな課題（めあて）に直面することが大切であると考えます（**実践知11**参照）。

　しかしながら，課題（めあて）に直面するだけでは，子どもたちが持続して主体的に課題（めあて）の解決に向かっていけるとは限りません。まずは，学習集団として課題（めあて）の解決に向かっていくため，課題（めあて）の共通化を図っておくことが重要です。すなわち，教材（教育内容）に対して子ども

たち一人ひとりが抱いている課題意識を彼ら自身の言葉で語り合わせることによって，課題（めあて）の共通化を図っていくのです。こうした課題（めあて）を共通化する考え方は，「主体的なアクティブ・ラーニング」をより活性化する作用があるとする指摘が認められています（八塚ほか，2020）。

　さらに，子どもたちが主体的に学習し続けることができるようにするためには，教材（教育内容）そのものに興味をもつことができるように動機づけていくことも必要であると考えます。そのためには，「自律性（Autonomy）」「熟達（Mastery）」「目的（Purpose）」の 3 点が満たされた学習内容にしていくことが大切です（Burke，2014）。

　「自律性」とは，「自分の人生を自ら導きたいという欲求」のことです。一般には，学習規律といった学びのルールに制約されることはありますが，そのルールの範囲内であれば，教師は「次にこうしなさい」とか「そういうことはしてはいけません」などの指示をすることなく，自らの意志で授業に参加させることが大切になってきます。

　「熟達」は，「自分にとって意味のあることを上達させたいという衝動」のことです。どの子どもも心奥では，様々な事柄ができるようになりたい，わかるようになりたいといった欲求があります。教師は，こうした子どもたちの上達欲求や知的欲求を満足させなければなりません。そのためには，子どもに合った学びの筋道を立てること（学習路線の確保）や「肯定的フィードバック」や「矯正的フィードバック」，さらには「励まし」など，子どもの学びを支える教授活動を意図的に適用する必要があります。

　「目的」は，「自分の利益を超えた何か大きなもののために働きたいという憧れ」のことです。教師は，子どもたちが学習する際に，その目標が彼らにとって価値あるものにすることが大切です。これにより，子どもたちは，その目標の達成に向けて，自らの意志による価値ある主体的学習を展開させるようになるのです。

　これらのことから，「主体的なアクティブ・ラーニング」は，「学習者が課題（めあて）を共通化していく中で，自らの意志によって課題解決を図り，新たな価値観を形成する学習」であると定義することが可能であるものといえます。

　続いて，「主体的なアクティブ・ラーニング」の実践例を紹介します。

　まず小学校第5学年を対象とした算数科「○や△を使った式（比例）」の実践を挙げてみます（藤川, 2016）。

　この実践では，授業の冒頭にアニメーション教具による視聴があります。ここには，子どもたちを頼るキャラクターが登場します。そして，このキャラクターを助けるという文脈の中で，「町の中で比例しているものを探して，僕を助けてくれないか？」と依頼をされることで，子どもたちは主体的に学習に取り組みます。そこでは，比例しているものをただ見つけるのではなく，比例していることを表や式，文章を用いて丁寧に説明することが求められます。そして，発表者は抽選によって決定されるため，発表することになった子どもは周りの子どもたちと確認し合ったり，発表した子どもの意見に補足をする子どもが現れたりするなど，協力して課題に取り組む様子が見られたことが報告されています。

　こうした「主体的なアクティブ・ラーニング」の展開において，宮谷・宮前（2020）は，ベテラン教師（教職経験15年以上）と若手教師（教職経験6年以下）とで指導のしかたに顕著な違いのあることを報告しました。すなわち，ベテラン教師は，①子どもに見通しをもたせる，②考えさせる機会を提供する，③子どもに活動の意義を考えさせ，どうすれば目標を達成することができるのかを検討させる，とする3つの指導力の発揮が認められたそうです。これに対して，若手教師では上記の指導がほとんど認められず，とりわけ「①の指導」は皆無であったそうです。これより，主体的なアクティブ・ラーニングをよりよく展開させていくためには，子どもに見通しをもたせる指導によって目標を明確化させていくことの重要性が示唆されます。

　以上のことから，「主体的なアクティブ・ラーニング」を成功させるためには，教材（教育内容）に対する子どもたち一人ひとりの問題意識の共有化を図ることを主軸に，子どもたちの目標を明確化させ，そこに向かう見通し（学習路線）をもたせることの重要性が示唆されます。

5-3　対話的なアクティブ・ラーニング

　一般的に「対話」とは，2人以上の人物間の思考を交流することをいいます。

また，「対話的に学ぶ」とは，他者との対話だけでなく，教材（教育内容）との対話や先達との対話なども含まれると考えられます。このような「対話」を通じて，教師は子どもたちが自らの考えを深められるようにする必要があります。これより，「対話」とは，周囲の環境（他者・教材・先達）との相互作用によって，自らの考えを深めることであるといえます。

　では，「対話的なアクティブ・ラーニング」とは，どのような学習なのでしょうか。

　周囲の環境との相互作用によって自らの考えを深化させていく学習方法として，「協同学習（Cooperative Learning）」でも，「協同」を重視する学習と「協調」を重視する学習があります。

　「協同」を重視する学習は，教材（教育内容）の理解と習得をめざすと共に，その過程から仲間と協同することの価値を学び取らせていくことを意図するやり方です。一方の「協調」を重視する学習は，学習者が仲間との相互作用を通じてどのように知識を習得し，新たな知識を創発するのかという認知的プロセスを重視するやり方です。これら2つの学習方式は，どちらが優れているかといった対立的な関係にあるのではなく，相互相補的な関係にあることが指摘されています（関田，2017）。

　これらの学習方式以外に，多様な人々が同じ目的に向けて協力する「協働学習（Collaborative Learning）」と呼ばれるやり方も認められています（友野，2016）。

　いずれにしましても，「対話的なアクティブ・ラーニング」を実践するにあたって，上記3つの学習方式（協同学習，協調学習，協働学習）を適宜に取り入れていく工夫の必要性が看取されます。

　これらのことから，「対話的なアクティブ・ラーニング」は，「学習者が周囲の環境（他者・教材・先達）と相互作用を図ることによって，自らの考えを深めると同時に，新たな知識を創発したり，協同する価値を創造したりする学習」であると定義することが可能であるといえます。

　続いて，「対話的なアクティブ・ラーニング」の実践例を紹介します。

　小学校第4学年の算数科「小数×整数，小数÷整数」の実践を挙げてみます（山内ら，2019）。

　この実践は,「6÷4」や「5÷4」のような(整数,小数)÷(1,2位数)で割り進む場合の筆算のしかたを理解し,計算できることを目標としています。教師は,グループを編成するのではなく,教室全体をひとまとまりのグループとして捉え,自らがコーディネーターの役割を果たし,子どもたちが対話しながら授業を展開させていきます。つまり,教師は,「解き方を周りの人と相談してみて」といった指示をしたり,ある子どもが発表した筆算の解法を別の子どもに説明するように促したりすることで,子どもたちの対話を成立させていたことが報告されています。

　他方,ハンガリーの小学校における協同学習の実践に目を向けてみようと思います。ここでは,第3学年の算数科において「かけ算の練習」を行う実践を取り上げています(山内ら,2019)。

　この実践は,グループごとに異なる問題が渡され,その問題に合ったかけ算を使い,ポスターを完成させることがめざされています。教師は,導入段階においてグループで活動する際の役割や課題(めあて)を確認し,グループ活動中には「仲間の意見をきちんと聞けて,いいね」や「タイムキーパーの人は,ポスターを描く時間を決めて友達に伝えられているよね」などの言葉かけをし,子どもたちが課題(めあて)に集中して取り組むことができる雰囲気を醸成していました。これによって,子どもたちは協同することを体験的に理解できたことが報告されています。

　このように,意外に算数科の例の多いことが認められます。これには,従来までの算数科の授業が画一化した一斉指導による解き方伝達タイプであったことによるものと想像します。

　一方,「対話的なアクティブ・ラーニング」の実践では,学習集団の編成とその運用は不可欠です。

　日向野(2015)は,「対話的なアクティブ・ラーニング」を実践するには,子どもたちが安心して,自らの意見や考えを表現することができる雰囲気が必要であることを報告しています。そこでは,学級内の子どもたち一人ひとりの行動や存在が教師や周囲の子どもたちから認められる必要があり,そのための学習規律の大切さが指摘されています。

　また河村・武蔵(2016)は,授業を展開していく際に,教師が漠然と子ども

たちに「仲良くしよう」「協力しよう」「話し合ってみましょう」といった言葉かけを行うだけでは，彼らの考えを深め，新たな知識を創発させたり，協同する価値を創造させたりすることは難しいことを指摘しています。これを回避するためには，教師は，子どもたち一人ひとりの考えや想いを表出させ，「Aさんの考えとBさんの考えの違いを説明してくれる人，いるかな？」「Cさんの動きとみんなの動きのどこに違いがあると思う？」など，自身の思考を説明させたり，自分自身との違いに気づかせたりすることの必要性を提案しています（**実践課題8**参照）。

　以上のことから，「対話的なアクティブ・ラーニング」では，学級が子どもたちにとって安心・安定した場（雰囲気）にあることを基軸に，学び合う集団（学習集団）を組織・運用することで仲間との関係性を密にしていくことの重要性が示唆されます。

5-4　深い学びを保障するアクティブ・ラーニング

　これまで論考してきた「主体的なアクティブ・ラーニング」と「対話的なアクティブ・ラーニング」のいずれのやり方も，各教科の教材レベルで実践していくところに意義深いものがあります。つまり，学級の子どもの実態から特段に「主体性」が要請される教材に対しては「主体的なアクティブ・ラーニング」を展開させることが望まれます。他方で，子どもたちの人間関係の密を図ろうとする意図からは，「対話的なアクティブ・ラーニング」の展開が企図されるものと考えられます。その上で，「深い学びを保障するアクティブ・ラーニング」の実践は，どのようなものなのでしょうか。

　「深い学びを保障するアクティブ・ラーニング」は，「主体的なアクティブ・ラーニング」と「対話的なアクティブ・ラーニング」とが相互補完的な関係として機能する学習行動と考えたいと思います。言い換えますと，「深い学びを保障するアクティブ・ラーニング」を「主体的なアクティブ・ラーニング」もしくは「対話的なアクティブ・ラーニング」とは別物と考えるのではなく，双方のやり方によって生まれる学習行動を掛け合わせた上位の学習行動概念と解する方が実践的と考えます。それだけに，「深い学びを保障するアクティブ・

ラーニング」は，各教科で創案していくことも大事ですが，それ以上に「総合的な学習」において展開させる方が有効と考えます。なぜなら，「総合的な学習」は，文字通り，各科で習得した知識や技術の活用を基盤に生活問題（環境，情報，国際理解，福祉・健康，その他地域の伝統や文化にもとづく課題など）を解決する方途を思考したり判断したりする能力を培うことを目的にしているからです。

　そこで本項では，小学校第5学年の総合的な学習（環境）において「50年後の車社会について考えよう」という単元を設定し，そこでの学習方法を「課題形成的学習」（梅野，1998）により展開させた実践を論及してみたいと思います。

　この学習法は，「子ども自らで課題（めあて）を形成し，その解決をも自らの手で成し遂げる」ものであり，「共有課題（Common Problems）」により問題状況を子どもたちで創り出させる，いわゆる「課題の形成過程」を重視し，彼らの洞察学習を成立させようとするものです。

　図5-1には，「課題形成的学習」における共有課題の系列様相を示しました。「課題形成的学習」では，子どもたちが自らで課題（めあて）を形成しやすいように，「共有課題（3〜4時間を1単位とする問題設定）」という学習土俵を設定し，「課題をつかむ—課題を深める—教材の本質を確かめる—知識や技術を身につける」といった基本的な学習段階に即して「共有課題」を配列していくものです。つまり，子どもたちの多様な問題意識が内包されるように設定する「多義的な共有課題」から学習が始まり，次いで子どもたちの多様な問題意識が教材の本質的内容に向かうように設定する「焦点化した共有課題」を経て，教材の本質的内容に触れることを意図した「観点を決めた共有課題」の3つによって構成されています。最終の「知識や技術を身につける」段階では，子どもたち全員で共通した課題（めあて）により単元の目標に到達していくことをねらうことになっています。このように，「課題形成的学習」は，子どもたち一人ひとりで異なる問題意識を仲間同士で何とか共有化させていこうとする学びの行為が要請される学習法なのです。

　図5-1の共有課題の流れに従い，単元構成を以下のように設定しました。

　まず本単元を設定した理由は，子どもたちが自分たちの住んでいる地域にある自動車製造工場を見学し，ハイブリッドカーや電気自動車などの現在開発さ

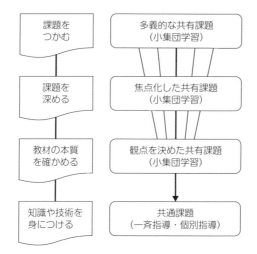

図5-1　「課題形成的学習」における学習段階
　　　　と共有課題の系列

注：カッコ内は，学習集団の様態を示す。
出所：梅野，1998より作成

れている自動車について知り，自動車への興味・関心が高まっている様子が看取されたためです。これを受けて，「（課題を）つかむ―（課題を）深める―（教材の本質を）確かめる」とする３つの学習段階により単元計画を立てました。具体的には，「つかむ」段階では「50年後の車社会について仮説を立て，検証することを考えよう」を，「深める」段階では「検証内容についてくわしくなろう」を，「確かめる」段階では「50年後の車社会について話し合おう」を，それぞれ共有課題として設定しました。

　「つかむ」段階では，「50年後には，どのような車が走っていると思いますか？」と問い，そこで子どもたちから出てきた車が実現・普及することでどのような車社会になっていると思うかを尋ね，仮説を立てさせました。表5-1には，子どもたちが実際に立てた仮説と検証内容を示しました。

　次の「深める」段階では，グループごとで1人1台ずつパソコンを使って自分たちが検証する内容について調べていきました。このとき，調べた内容を付箋にまとめ書きさせました。

　最後の「確かめる」段階では，調べた内容の結びつきをグループごとで話し

合い，自分たちの仮説が成り立つかどうかを検討させました。

　ところで，「身につける」とする学習段階は，教科指導（教材に内包されている特定の知識や技術の習得）でないため，実施しないことにしました。

　以下，本実践が「深い学びを保障するアクティブ・ラーニング」に相当するのかどうかについて検討したいと思います。

　まず，単元終了後に子どもたちに今回の学習のしかたについて振り返ってもらい，感想を書いてもらいました。その結果，

　　　・自分で考えたり調べたりして楽しかった。（3/30名）
　　　・何度も繰り返していくうちに，調べることが楽しくなった。（3/30名）
　　　・いろいろな疑問が出てきてもっと調べたいと思った。（4/30名）
　　　・わからないことを詳しく調べられた。（7/30名）
　　　・普段の授業よりも自分の考えを多くもつことができた。（4/30名）

などの意見が認められました。これらの意見は，自らの意志によって課題（めあて）を解決しようとしていたことを窺える内容でした。また，

　　　・この学習の仕方は相手の意見も聞けるし，自分の意見も話せるし，クラスの人と協力できるからいいと思う。（3/30名）
　　　・自分たちだけでめあて（仮説）をつくったり，調べたり，疑問を解決したりするのが面白かった。（5/30名）
　　　・自分たちの力で授業を進めていくことができた。（5/30名）
　　　・みんなが話し合っていたことがよかった。（6/30名）
　　　・どうすれば相手に内容が伝わるのか考えられた。（4/30名）

などの意見も認められました。これらは，友達と相互作用を図りながら，自らの考えを深めたり協同したりする楽しさに関係する内容と考えられます。以下に，子どもの感想の一例を紹介します。

　　　今回の学習の仕方をふり返って，普段はめあてを書いて先生が授業を進め

ていくけど，今回は自分たちの力で授業を進めていくことができました。
自分たちで必要な情報を調べ，その内容が相手に伝わる発表の仕方を話し
合うことで，あまり先生の力を借りずにできて楽しかったです。私は，仮
説が難しくて，何を調べたらいいのかわからなかったけど，何度も何度も
繰り返していくうちに調べることが楽しくなり，嬉しかったです。他にも，
友達と話し合ったりすることができてよかったです。この学習の仕方が好
きになりました。
（M・Fさん）

　以下に示す発話は，「渋滞はなぜ起こるのか」と「どんな空飛ぶ車が必要に
なるのか」について検証したグループ同士が話し合ったときのものです。
　当初は，お互いのグループが調べたことをなかなか繋げることができません
でした。そこで，教師は次のように介入していきました。

　　T：50年後，道路を走っている車ってどんな車なの？
　　C：うーん，自動車。
　　T：うん。自動車だけど，何に使われている車が多いの？
　　C：一般車。
　　T：うんうん。じゃあ，こういう使い道だと渋滞って緩和されるかな？
　　C：されない。だって，一般車はそのままだから，交通量はあまり変わら
　　　　ない。
　　C：うん。一般車が減らないと渋滞は緩和されない。

　このように，教師の問いかけを契機にお互いで調べたことを理解し合うこと
ができ，結果的に仮説が成り立たないということを導き出しました。残る2つ
の仮説グループ（表5-1）においても同様に，子どもたち自身が話し合うこと
で仮説が成り立つのかどうかを検討し合い，自分たちの答えを導き出すことが
できていました。
　さらに，子どもたちは，それぞれの仮説グループで話し合いを進めていく中
で，50年後の車社会の様子についても検討しました。

表5-1　子どもたちが立てた仮説と調べる内容

仮　説	水素自動車や電気自動車が普及し，世界の CO_2 排出量が0になる	自動運転車が普及し，交通事故がなくなる	空飛ぶ車が実現され，渋滞が緩和される
検証内容	水素自動車はどのようにして製造されるのか	自動運転車の安全システムはどのようになっているのか	空飛ぶ車はどのようにして製造されるのか
	50年後の地球の CO_2 排出量はどうなっているか	路車間通信システムはどこまで整備されるか	どんな空飛ぶ車が必要になるのか
	電気自動車はどのようにして製造されるのか	50年後の交通事故の数はどれくらいになっているのか	渋滞はなぜ起こるのか

出所：筆者作成

T：50年後，どんな車社会になっているの？

C：自動車から出る Co_2 が減るけど，工場から出る Co_2 や発電による Co_2 が多くなる。家庭や人から出る Co_2 は，人口が変わらなかったら排出量も変わらないから，世界全体の Co_2 排出量がちょっと減る。

T：なるほど。じゃあ，これからどういうことをしていかないといけないの？

C：森林破壊をなくす。

T：うん，どうして？

C：Co_2 の吸収される量が減るから。

T：なるほど。まずは森林を減らしたらいけないんだね。むしろ増やさないといけない。じゃあ，電気もたくさん作るようになると思うけど，Co_2 が増えそう？

C：発電！

T：うん，じゃあ発電による Co_2 が出ないようにするにはどうすればいい？

C：あっ，再生可能エネルギーを使う。

C：Co_2 が出ない発電をたくさんするといい。

T：うん，そうだね。そういう発電の仕方をしていかないといけないね。50年後に向けてやらないといけないことも分かったんじゃない？

C：森林破壊をなくすことと再生可能エネルギーを使った発電を増やすこと。

　このように，子どもたちは，話し合いを通じて50年後の車社会の実現に向け

て，森林破壊をなくすことや再生可能エネルギーによる発電を増やすことなど，取り組んでいかなければならない新たな課題を発見することができました。

　今後，このような新たな課題の発見によって子どもたちの学びはさらに深まっていくものと予想されます。それゆえ，これを実現させていくためには，「総合的な学習」を中心に，まずは教科の枠組みを取り払って横断的に学習を連動させるようにすることが，さらに学年間の繋がりをもたせたカリキュラムを編成することがそれぞれ求められます。一例を挙げますと，「森林破壊をなくすためにはどうすればよいか」という課題は，第6学年の理科「地球に生きる」単元に連動させることができるからです。これにより，学年間の繋がりをもたせた「深い学びを保障するアクティブ・ラーニング」の展開が可能になってくるといえます。また，「総合的な学習」におけるアクティブ・ラーニングは，学習内容に発展性が認められることから，各教科の学習内容へと拡げる単元構成も考えられます。

　以上のことから，「深い学びを保障するアクティブ・ラーニング」は，各教科で展開される「主体的なアクティブ・ラーニング」や「対話的なアクティブ・ラーニング」の場合のように一過性のアクティブ・ラーニングに留まることなく，子どもたちの連続的な問いを継続的に，そして発展的に体現させることが肝要になってくるものと考えられます。これを確かに保障する学習活動が「総合的な学習」に存するものといえましょう。

文献

Burke, B. (2014) Gamify: How Gamification Motivates People to Do Extraordinary Things, Bibliomotion, Inc., Brookline. (鈴木素子訳 (2016), 『GAMIFY　ゲーミファイ──エンゲージメントを高めるゲーミフィケーションの新しい未来』東洋経済新報社，38〜42頁)

中央教育審議会 (2012)「新たな未来を築くための大学教育の質的転換に向けて〜生涯学び続け，主体的に考える力を育成する大学へ〜 (答申)」。

藤川大祐 (2016)「ゲーミフィケーションを活用した「学びこむ」授業の開発」『千葉大学教育学部研究紀要』64, 143〜149頁。

八塚真明・日高正博・後藤幸弘 (2020)「「アクティブ・ラーニング」による体育学習

プログラム作成に向けての基礎的研究」『宮崎大学教育学部附属教育協働開発セ
ンター研究紀要』28，211〜219頁。

日向野幹也（2015）「新しいリーダーシップ教育とディープ・アクティブラーニング」
松下佳代（編著）『ディープ・アクティブラーニング』勁草書房，241〜256頁。

広岡亮蔵（1973）『学習論——認知の形成』明治図書，13〜14，110〜112頁。

Hunt, J. M.（1965）"Intrinsic Motivation and Its Role in Psychological Development"
Nebraska Symposium on Motivation.

河村茂雄・武蔵由佳（2016）「小学校におけるアクティブ・ラーニング型授業の実施
に関する一考察——現状の学級集団の状態からの検討」『教育カウンセリング研
究』7（1），1〜9頁。

宮谷奈央・宮前涼子（2020）「子どもの主体性に関する探索的検討——小学校教師の
視点から」『香川大学教育実践総合研究』40，45〜57頁。

関田一彦（2017）「アクティブ・ラーニングとしての協同学習の研究」『教育心理学年
報』56，158〜164頁。

田村学（2015）「学習指導要領改訂の方向性とアクティブ・ラーニング」http://www.
sky-school-ict.net/shidoyoryo/151218/（2023年10月1日閲覧）。

友野清文（2016）「Cooperation learning と Collaborative learning」『総合教育セン
ター，国際科学特集』907，1〜16頁。

梅野圭史（1998）「課題形成的学習の理論と展開」平成9年度筑波大学大学院体育学
研究科博士論文。（この博士論文の中心概念を著した論文として，「課題形成的学
習における'共有課題'のもつ教育学的意義に関する一考察」『体育・スポーツ
哲学研究』17（2），27〜49頁，1995。）

山中信幸（2018）「ファシリテーターとしての教師の養成——豊かな心を育む生徒指
導の実践者の養成に向けて」『川崎医療福祉学会誌』27（2），269〜277頁。

山内敏男・エジハージ・ドーラ・米倉里奈（2019）「アクティブ・ラーニングにおけ
る学びの意義と課題——日本における主体的・対話的で深い学びとハンガリーの
協同学習との比較を手がかりに」『兵庫教育大学研究紀要』55，95〜105頁。

（杉山友太）

学習戦術（学び方）をどう教えるか

　過去，主体的に学ぶ子どもたちを育てるため，様々な取り組みがなされてきました。しかし，依然として子どもの学習意欲の低下は止まりません。教科と総合的な学習に加えて道徳や外国語活動が領域から教科になり，キャリア教育やプログラミング教育といった新たな課題が生じてきています。子どもたちの主体性を育むためには，従来と異なる新たな取り組みを展開しなければならなくなってきました。子どもたちの主体性を育むためには，「学びの戦術（学び方）」それ自体を教える授業を創案していく必要があるのではないでしょうか。

6-1 「学び方を学ぶ」ということ

　学習意欲を高めることの重要性とそれが低下することの問題は，今日に至っても叫び続けられています。これより，わが国は学力的には先進国であっても，子どもたちは学ぶ意味や目的をもたず，知的な興味や関心がない状態に陥ってしまっている様子が想像できます。このことからは，教師が指導プログラムや教授技術を組織的・体系的に戦略化することで，本来，「主体（教える）─主体（学ぶ）」であるべき教師と子どもの教育的関係が「主体（教える）─客体（教わる）」関係図式の強化に転嫁されてきているようです（**実践知** 1 および**実践知** 2 参照）。こうした教師と子どもの関係図式を「教える─学ぶ」関係図式へと復権させるためには，子どもたちに「学習戦術（＝学び方）」を身につけさせ，それらを組み合わせた「学習戦略（学習方略）」を駆使して授業に臨めるようにする必要がありそうです（**実践知** 5 参照）。そのためには，現在，子どもたちがどのような「学びの戦略（学習方略）」をもって授業に臨んでいるのかを知る必要が

あります。そこで**実践知5**で検討したO'Malley & Chamot（1990）とOxford（1990）およびCohen（1998）の「学びの戦略（学習方略）」が小学校段階の子どもたちへの適用が可能なものかどうかを考えてみることにします。

　まず，O'Malley & Chamotは，中学生と高校生を対象に学習ストラテジーをメタ認知ストラテジー，認知ストラテジー，社会・情意ストラテジーのわずか3つに構造化しました。これにより，第2言語学習だけにとどまらず，他の教科における知識学習や技能学習に対しても適用可能なストラテジーと考えられました。しかしながら，彼らは，中学生や高校生の授業観察やインタビューから学習ストラテジーを構造化させているため，小学校段階の子どもたちにそのまま適用するには困難性があります。

　またOxfordとCohenは，第2言語学習に特化させた学習ストラテジーの設定に力点を置いているため，小学校段階の学習に適用するのは適切ではないと考えられます。

　これに対して，日本学び方研究会（石川，1975）の「学習戦術（学び方）」は，5つの学習段階からなる122項目に及ぶ具体的な学び方を提示しています（**実践知5**参照）。具体的には「問題をさがす」「学習計画を立てる」「教材のしくみをつきつめる」「まとめ確かめる」「適用する」という学習段階ごとの学び方を低学年，中学年，高学年・中学生に分けて，学び方を分類しています。しかしながら，122項目にも及ぶ学び方の中から，どの学び方を取り上げて，どのように指導するのかの方法やそれに伴って得られた学習成果が明確に検討されていません。

　いずれの「学習戦術（学び方）」も，小学生の子どもにどのような学び方を学ばせればよいのかとする問いを追求する上で困難性が認められました。

　こうした中で，体育授業を対象に子どもたちがどのような学び方をもっているのかを調査した研究が2つあります（長田ら，2016：亀津，2016）。そこで，これら2つの研究結果をもとに，小学生の子どもにどのような学び方を学ばせることが可能かについて考えてみたいと思います。

6-2　子どもの学びの戦略（学習方略）──小学校高学年を対象として

　長田ら（2016）は，中学2年生の体育授業における85個の学び方を質問項目として編纂し，「いつもそのようにしている：7点」から「そのようなことはまったく思っていない：1点」までの7段階評定尺度による回答を求めました。その後，得られた回答に主成分分析を施し，導出された因子の構造を彼らが有する「学びの戦略（学習戦術）」としました。

　その結果，7つの因子（学習戦術：学び方）が解釈されました。それらは，以下に示す通りです。

　①有能感を味わうための学習戦術（学び方）（6項目）

　　例：練習やゲームを重ねる毎に，自分の動きやプレイが段々とうまくなっていく自覚を持てるように努力している。

　②課題（めあて）や練習の良し悪しを判断する学習戦術（学び方）（6項目）

　　例：終わりの話し合いやまとめなどで，自分たちの立てた予想や計画の通りできるようになったかどうかを確かめる。

　③情報を収集・活用する学習戦術（学び方）（6項目）

　　例：ビデオやデジカメを使って自分の動きやプレイをふり返り，練習したりゲームをしたりする。

　④仲間の動きやプレイを観る学習戦術（学び方）（5項目）

　　例：うまくできる子たちの動きやプレイを見て，自分の動きやプレイの違いをさがし，練習したりゲームをしたりする。

　⑤運動のわかりを身体に移す学習戦術（学び方）（6項目）

　　例：習っている運動の動きやプレイが，いつでもどこでもできるようになるまで，練習したりゲームをしたりする。

　⑥仲間と共にみんながうまくなる学習戦術（学び方）（7項目）

　　例：わがままや勝手な考えや意見が出たとき，その仲間に注意する。

　⑦教師の意図を探る学習戦術（学び方）（4項目）

　　例：自分の考える課題（めあて）が先生の指導内容と合っているのかどう

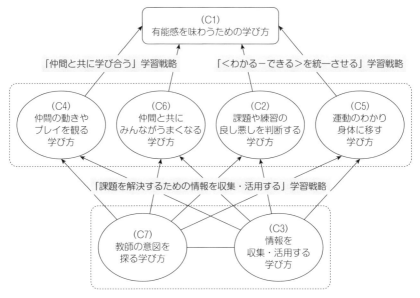

図6-1　中学2年生生徒の学びの戦略（学習戦略）モデル

出所：長田ら，2016

　かを考えようとする。

　図6-1は，上記7つの因子（学習戦術：学び方）の重回帰式から構造化した「学びの戦略（学習戦略）」モデルです。中学2年生では，「仲間と共に学び合う戦略」と「〈わかる―できる〉を統一させる戦略」を中核に「有能感を味わうための学び方」を生じさせると共に，「情報を収集・活用する戦略」が上記の2つの学習戦略を下支えする関係にありました。

　続いて，小学生では「学びの戦略（学習戦略）」と「学習戦術（学び方）」は，どのように形成されているのでしょうか。

　亀津（2016）は，小学校高学年（5・6学年）の子どもたちを対象に，長田らの研究を踏襲しました。表6-1には，策定した質問項目を示しています。

　「有能感を味わうための学習戦術」では，6つ学び方項目すべてにおいて，授業に対する愛好度（態度得点）と新体力テスト（総合得点）との結びつきが高く，先の中学生の場合と同様の結果が認められました。これより，小学生版と

表 6-1　「体育授業における学び方調査票」の質問項目

成分名	項目番号	項目内容
有能感を味わうための学習戦術（C1）	1	体育の勉強では，うまくできる楽しさや喜びを味わえるようにしている。
	2	体育の勉強では，「あっそうか，わかった！」という発見のよろこびや「やった，できた！」といううまくできたよろこびを自分から味わおうとする。
	3	体育の勉強では，だんだんうまくなっている自分がわかるようにしている。
	4	体育の勉強では，「あっそうかわかった」「こうすればいいんだ」という発見を忘れないようにしている。
	5	体育の勉強では，うまくできるよろこび，新しい発見，仲間とかかわるよろこびの大切さを知って，がんばろうとする。
	6	体育の勉強では，あきらめずに何度も練習してうまくできるようになったとき，自分もやればできるという自信をもつようにしている。
課題（めあて）の良し悪しを判断する学習戦術（C2）	7	体育の勉強の終わりの話し合いやまとめなどで，自分たちの練習計画の通りにできたかどうかを確かめる。
	8	体育の勉強の終わりの話し合いやまとめなどで，自分たちがうまくなったかどうかを確かめる。
	9	体育の勉強の終わりの話し合いやまとめなどで，めあての解決ができなかった時，どこまでうまくでき，どこからうまくできていないのか確かめる。
	10	体育の勉強では，オリエンテーションで先生に教わった練習のしかたを参考に，自分たちで考えた練習のしかたを工夫する。
	11	体育の勉強では，先生や仲間と話し合った練習の方法の良い点と悪い点を考える。
	12	体育の勉強では，うまくなったでき方から，めあてや練習のしかたの良い悪いを考える。
情報を収集・活用する学習戦術（C3）	13	体育の勉強では，うまくなるために，ビデオやデジカメなどを使って自分たちの動きをうつして，練習したりゲームしたりする。
	14	体育の勉強では，先生が用意した学習プリントやインターネットで調べたことがほんとうに正しかったのかどうかを確かめながら，練習したりゲームしたりする。
	15	体育の勉強の終わりの話し合いやまとめなどで，良い動きができるようなルールを考える。
仲間の動きやプレイを観る学習戦術（C4）	16	体育の勉強では，うまくできる子たちの動きを見て，自分の動きとの違いを考え，練習したりゲームしたりする。
	17	体育の勉強では，うまくできる子たちの動きを見て，同じところや違うところを考え，練習したりゲームしたりする。
	18	体育の勉強では，うまくできる子の動きをいつも観察しながら，練習したりゲームしたりする。
	19	体育の勉強では，練習の中で仲間の動きをみて，うまくなるためのコツをはっきりと見つけ出そうとする。
	20	体育の勉強では，仲間の動きを見たり，先生や仲間がアドバイスしている言葉を聞いたりして，自分の動きが良いか悪いかを考える。
運動のわかりを身体に移す学習戦術（C5）	21	体育の勉強では，どうすればうまくなるのかを考えて，練習したりゲームしたりする。
	22	体育の勉強では，習っている運動がいつでもどこでもできるように，何度も練習したりゲームしたりする。
	23	体育の勉強の終わりの話し合いやまとめなどで，自分たちが立てた計画どおりにできなかった時，休み時間や放課後に練習する。
仲間と共にみんながうまくなる学習戦術（C6）	24	体育の勉強では，わがままや勝手な考えが出たとき，その仲間に注意する。
	25	体育の勉強では，自分から進んで仲間に教えたり助けたりする。
	26	体育の勉強では，グループで話し合うとき，ある子の意見だけで学習が進むのではなく，自分も進んで意見を言うようにする。
	27	体育の勉強では，めあてについての先生の話がわからないとき，自分から質問したりする。
	28	体育の勉強では，発表するときは自分の思い，考え，意見を素直に言うようにする。
教師の意図を探る学習戦術（C7）	29	体育の勉強では，自分の考えるめあてが先生から教わっていることと合っているのかいないのかを考えようとする。
	30	体育の勉強では，先生の考えるめあてをはっきり知るようにする。
	31	体育の勉強では，なぜそのようなめあてで運動するのか考えるようにする。

出所：亀津，2016

して因子の命名を「有能感を味わうための学び方」と優しく表現することにしました。

　続く「課題（めあて）や練習の良し悪しを判断する学習戦術」では，7・10・11番の3つの項目が，「仲間と共にみんながうまくなる学習戦術」では25・26番の項目が，それぞれ授業に対する愛好度（態度得点）との関係性の強いことが認められました。これらの項目内容より，前者の因子を「練習の仕方を自分たちで"工夫—実践"する学び方」，後者の因子を「自ら進んで仲間と関わる学び方」と命名しました。

　さらに「運動のわかりを身体に移す学習戦術」の中で，22番の「体育の勉強では，習っている運動がいつでもどこでもできるように，何度も練習したりゲームしたりする」が新体力テスト（総合得点）との結びつきが高かったことから，「運動を主体的に学ぶ学び方」と命名しました。

　以上より，小学校高学年（5・6学年）の子どもたちは，知識・技術を習得していくための学び方を保持している可能性の高いことが示唆されました。これに対して，「情報を収集・活用する学習戦術」および「教師の意図を探る学習戦術」は，小学生段階では未だ形成されていない学び方と考えられました。

6-3　子どもの学び方（学習戦術）の一般化

　先の亀津の研究結果を他教科に援用するためには，体育授業における代表的な「学習戦術（学び方）」を一般化した学び方に変換する必要があります。その上で，一般化した学び方をどのように教えていくのかについて考えてみます。これには，辰野（2006）が指摘するように，学び方は子どもたちが自ら見出して自然と身につけていくものではなく，教師が発達段階に即して指導する必要があるとする指摘によります。そこで，亀津の体育授業における「学習戦術（学び方）」とO'Malley & Chamotのラーニングスキルとの対応を試みました。

　表6-2は，小学校高学年にみる4つの「学習戦術（学び方）」とO'Malley & Chamotのラーニングスキルとの対応を示したものです。項目番号を①から⑫の通し番号に換えました。

　まず「有能感を味わうための学び方」では，①と②の項目は，末尾が「味わ

表6-2　体育授業の「学習戦術（学び方）」とラーニングスキルとの対応

	体育授業における学び方項目	O'Malley&Chamot（1990）の ラーニングスキル
有能感を味わうための学び方	① 体育の勉強では，うまくできる楽しさやよろこびを味わえるようにしている。	自己対話する 課題解決を成功裡に収めさせるような，もしくは不安を軽減させるような学習活動を自分たち自身でコントロールする。
	② 体育の勉強では，「あっそうか，わかった！」という発見のよろこびや，「やった，できた！」という うまくできたよろこびを自分から味わおうとする。	
	③ 体育の勉強では，だんだんうまくなっている自分がわかるようにしている。	要約する 学んだことを定着させるために必要な情報をそれまでに学んだことと統合する。
	④ 体育の勉強では，「あっそうかわかった」「こうすればいいんだ」という発見を忘れないようにしている。	
	⑤ 体育の勉強では，うまくできるよろこび，新しい発見，仲間と関わるよろこびの大切さを知ってがんばろうとする。	——
	⑥ 体育の勉強では，あきらめずに何度も練習してうまくできるようになったとき，自分もやればできるという自信をもつようにしている。	
練習の仕方を自分たちで「工夫─実践」する学び方	⑦ 体育の勉強では，オリエンテーションで先生に教わった練習のしかたを参考に，自分たちで考えた練習のしかたを工夫する。	イメージする 新しい情報を理解したり，覚えたりするために視覚的なイメージ（思い描いたイメージや実際のイメージ）を用いる。
	⑧ 体育の勉強では，先生や仲間と話し合った運動のしかたや練習の方法の良い点と悪い点を考える。	評価する 自分がどれくらい理解できたのかをチェックしたり，どのような成果がそこで得られたのかを評価したりする。
	⑨ 体育の勉強の終わりの話し合いやまとめなどで，自分たちの練習計画の通りにできたかどうかを確かめる。	
自ら進んで仲間と関わる学び方	⑩ 体育の勉強では，自分から進んで仲間に教えたり助けたりする。	協力する 学習活動において仲間と共に問題を解決したり，仲間と情報を集め共有したり，仲間の気づきをチェックしたり，仲間とフィードバックし合ったりして学習する。
	⑪ 体育の勉強では，グループで話し合うとき，ある子の意見だけで学習が進むのではなく，自分も進んで意見を言うようにする。	明確化のための質問をする 先生や仲間から追加説明や言い換え，例を聞き出す。
運動を主体的に学ぶ学び方	⑫ 体育の勉強では，習っている運動がいつでもどこでもできるように，何度も練習したりゲームしたりする。	繰り返す 学習すべき事項や内容を覚えるまで繰り返す。

出所：筆者作成

えるようにしている」および「味わおうとする」となっているところに共通性が認められます。これらの表現からは，つねに有能感を味わうことを心がける「学びの構え」が看取できます。こうした「学びの構え」を持続させていくためには，自身の学びの成果が有能感を味わえているのかどうかを感じ取り，自身の学びを修正したり変更したりする必要があります。これより，「自己対話する（課題解決を成功裡に収めさせるような，もしくは不安を軽減させるような学習活動を自分たち自身でコントロールする）」ラーニングスキルが対応するものと考えられました。また③の学び方項目の末尾は「わかるようにしている」であり，④の学び方項目のそれは「忘れないようにしている」となっていることから，それまでに学んだ事柄を着実に理解していこうとする構えが見て取れます。これは，「要約する」ラーニングスキルそのものと対応するといえます。残る⑤と⑥の学び方項目に対応するラーニングスキルは認められませんでした。これには，いずれの学び方も目標に向かう課題解決を促す教師の相互作用（ほめる，認める，おだてる）が必要です。こうした相互作用は，基本的にはあらゆる学び方に通底する指導技術であると考えられます。それゆえ，O'Malley & Chamotのラーニングスキルとの対応が認められなかったものと推察されます。

　続いて「練習の仕方を自分たちで"工夫—実践"する学び方」では，⑦の学び方項目は，先生から教わったことを参考に課題解決に向かう視覚的なイメージを形成する学び方と考えられました。これは，「イメージする（新しい情報を理解したり，覚えたりするために視覚的なイメージを用いる）」ラーニングスキルがよく対応するものと考えられました。

　次の⑧の学び方項目では「良い点と悪い点を考える」が，⑨の学び方項目では「できたかどうかを確かめる」がそれぞれ特徴的な表現といえます。これらの表現は，自身の活動をふり返る反省的思考といえます。これより，「評価する（自分がどれくらい理解できたのかをチェックしたり，どのような成果がそこで得られたのかを評価したりする）」ラーニングスキルが対応するものとしました。

　続く「自ら進んで仲間と関わる学び方」では，⑩の学び方項目は「協力する」ための学び方です。これは，「協力する（学習活動において仲間と共に問題を解決したり，仲間と情報を集め，共有したり，仲間の気づきをチェックしたり，仲間とフィードバックし合ったりして学習する）」ラーニングスキルと対応するものと考

えられました。また⑪の学び方項目は，「自分も進んで意見を言うようにする」というところに特徴のある学び方であることから，「明確化のための質問をする（先生や仲間から追加説明や言い換え，例を聞き出す）」ラーニングスキルそのものといえます。

　最後の「運動を主体的に学ぶ学び方」では，⑫の学び方項目は「何度も練習したりゲームしたりする」という課題解決のために繰り返し取り組む学び方です。これは，「繰り返す（学習すべき事項や内容を覚えるまで繰り返す）」ラーニングスキルと対応するものと考えられました。

　以上のことから，小学校高学年（5・6学年）の子どもたちの一般的な「学習戦術（学び方）」として「自己対話する」「要約する」「イメージする」「評価する」「協力する」「明確化のための質問をする」「繰り返す」の7つのラーニングスキルとの対応が認められました。

6-4　子どもの学び方を育てる授業実践

　本項では，前項で示された7つのラーニングスキルの適用を「体育科」「国語科」「算数科」を例に考えてみることにします。なぜ，この3教科なのかについては，その理由も含めて論考することにします。

6-4-1　体育科の授業

　先の亀津の研究対象が「体育授業」であったことから，具体的な例示により他の教科への適用モデルが提示しやすいものと考えました。とりわけ，「よい動き方（よい作戦）」を想定し実践する「陸上運動」「器械運動」「水泳」「ボール運動」の学習は，仮説実験的要素の強い「理科」の授業に近似しています。加えて，一人ひとりで異なる動きの感覚を基盤に客観的な運動成果（パフォーマンス）へと高めていく学習は，後述する国語科の授業との類似性が認められます。

①　自己対話をする

　めざす動き（目標値）と今の自身の動き（現在値）の隔たりを自己内で吟味させる。そのためには，客観的な基準をめやすにする。例えば，時間（疾走タイ

ム・リレータイムなど），回数（シュート回数），距離（跳び箱での着地の距離），高さ（走り高跳びでの跳躍高），パフォーマンス評価の基準（走り幅跳び診断表（梅野・辻野，1992）など。

② 要約する

運動やゲームのふり返りを仲間と共に行わせ，その結果を学習カード（個人ノート）やグループノートに記述させる。

③ イメージする

タブレットを用いて仲間の動きやプレイを録画させ，「よい動き」や「よいプレイ」のイメージを高めさせる。また，インターネットを用いて，「手本となる動きやプレイ」を検索させ，自分たちの「動きやプレイ」との比較から課題（めあて）を明確化させる（**実践課題7**参照）。

④ 評価する

自身の学びがどのようなものであったかをふり返らせ，自己評価させる。体育科では，高田（1972）の「よい授業への到達度調査票（①精一杯運動することができましたか，②何か発見がありましたか，③技や力の伸びがありましたか，④仲間と協力して楽しく学習することができましたか）」を毎授業後に用いる場合が多い。

⑤ 協力する

仲間と課題（めあて）や作戦を話し合わせたり，動きやプレイを見合わせたりして，互恵関係を強化する。

⑥ 明確化のための質問をする

共有課題（問題）の提示とともに，その意味を発問によって深めさせる。例えば，走り幅跳びの授業で「うまい着地ってどんな着地だろう」と問いかけることで，課題（めあて）の形成が容易になる。また，観察学習時では観察する体の部位や観点を示すことによって，動きのポイントが明確になる。

⑦ 繰り返す

「あと10回練習してごらん」とか，「いつでもできるように何回も練習しよう」など，練習回数を促す指導・助言を与える。

6-4-2　国語科の授業

国語科の授業の代表的な領域は，物語文の読解指導であるといえます。そこ

では，子ども一人ひとりで異なる読みを基盤に「共有化した読み（客観的な読み）」に立ち上げていく必要があります。このとき，子ども自らで読みを立ち上げていく「学習戦術（学び方）」が必然的に要請されてきます。こうした能力は，社会科での資料調べと発表の学習場面で，また図工科では仲間の作品の鑑賞場面でそれぞれ発揮されるものと考えられます。

① 自己対話をする

　視写と書き込みをさせる。その中で自分の考えをしっかりともたせ，交流させる。お互いの考えを聞き合う場を設定し，多様な考え方に触れさせ，自己内で読みを吟味することができるようにする。

② 要約する

　自分や仲間との読みをふり返らせる。ノートやワークシートなどを用意して，先生や仲間，自分の読みを学習記録として残させる。

③ イメージする

　本文の叙述を視覚的に想像をさせ，登場人物の様子や心情をイメージしやすくする。実物や写真，資料を用意して物語の設定を捉えさせたり，物語に関わる体験をさせたりする。また，同じような主題の物語をいくつか用意して同時に読ませ，それらの比較から主題に迫りやすくする（大村，1983）。

④ 評価する

　自分や仲間との読みをふり返って記述させる。例えば「石うすの歌」では，登場人物になって「千枝子日記」を書かせたり，「わらぐつの神様」では披露宴の祝辞を考えさせたりすることで，読みの深さを評価する。

⑤ 協力する

　書き込みで記した子どもたち一人ひとりの読みを発表させ，自身の読みと仲間の読みの違いに気づかせる。これにより，仲間と共に読みの共有化を図る意識が生まれてくる。そこで，教師の発問により共通した読み（客観的な読み）へと立ち上げさせる。

⑥ 明確化のための質問をする

　話し合いのしかたを指導する。話し合うための手引きを作成したり，モデルを決めて，全体で確認しながら実際に話し合わせたりして自分の考えを伝えたり，相手の考えを引き出したりできるようにする（大村，1983）。

⑦　繰り返す

　同じ作者が書いた別の作品や同じ主題の別の作者が書いた作品などを用意して並行読書をさせたり，自分の読書記録を書かせたりして繰り返し文章に触れ，自分の考えをもつことができるようにさせる。

6-4-3　算数科の授業

　これまでの学習形態ともっとも相違するのが「算数科」です。なぜなら，算数科はアルゴリズムや系統性が強いからです。すなわち，「1＋1＝2」になることがわからない子どもは，「2＋3」もできないし，「10の繰り上がり」がわからなければ「100の繰り上がり」もできないということです。こうした教科の特性上，子どもたちの見方や考え方を自由に創出させることが困難です。こうした学習のしかたと近似する教科・領域としては，教科学習における基礎的基本的な知識習得や実験・観察の技能，資料の収集・分類・整理の技法，楽器の演奏技能などの学習が相当すると考えられます。

①　自己対話をする

　解答が複数考えられる問題を提示する。例えば，「5＋3はいくつですか」と問うのではなく，「8は，何＋何ですか」と問う。こうした問い方により，自己内で試行錯誤しながら，解答を見つけさせる。

②　要約する

　子どもたちが見つけた課題解決のポイントを板書し，授業の最後に確認させたり，ノートにまとめさせたりする。

③　イメージする

　実物やイラスト，アニメーション，おはじきや数図ブロックなどの具体物を活用して視覚的に問題を捉えさせたり，課題解決をさせたりする。

④　評価する

　新しく学習したことを使って自分で問題を作らせる。例えば，本時に取り組んだ問題の数値を変えたり，モノを変えたり，状況を変えたりなどした問題を作らせることで教育内容の理解度を評価する。

⑤　協力する

　1人の子どもにすべてを発表させないようにする。例えば，「この式を書い

た人がどのような考え方をしたか，みんなで考えてみよう」と発言することにより，多くの子どもの考え方を創出させる。

⑥　明確化のための質問をする

算数科では，直線的な思考になりやすいものです。そこで，仲間の考えに対して「おたずね」や「付け足し」などの発言を行わせることで，ものの見方・考え方を広げさせる。

⑦　繰り返す

試行錯誤する課題を与える。例えば，「2000cm³の立体を作る」や「実物の立体の体積を求める」など，実際に計測したり計算を繰り返したりさせる。

以上のことから，小学校高学年段階の子どもたちに「自己対話する」「要約する」「イメージする」「評価する」「協力する」「明確化のための質問をする」「繰り返す」の7つのラーニングスキルを教えることが可能であることが理解できました。つまり，子どもたちに学び方を教えるためには，様々な学び方が自然と問題や課題（めあて）を解決する中で使われるように，学習環境（学習計画や学習活動，発問，学習用具）を整えることが重要です。こうした学び方を教える一連の教授技術を「教育技術」と呼びたいと思います。なぜなら，「教育技術」は，子どもの学びを方向づける「指導技術」とは異なり，主体的にしかも戦略的に学びに挑む子どもを育成する教師の技術的実践法と考えたいからです。これにより，「教育技術」の創意的な発揮は，「教える―学ぶ」とする能動的な教育的関係を促進させることになるでしょう。

文献

Cohen, A. D. (1998) 'Strategies in learning and using a second language vocabulary over time: Investigating the role of mnemonic associations', System, 8-2: 221-235.

石川勤（1975）『学び方学習の授業入門』明治図書，89～93頁。

亀津貴広（2016）「児童の学習戦術（学び方）に関する基礎的研究――体育授業に対する志向性と身体資源性に着目して」鳴門教育大学修士論文。

長田則子・梅野圭史・池上哲也・小林徹（2016）「体育授業に対する学習戦略モデル構築――中学校生徒を対象にして」『教育実践学論集』第17号，289～300頁。

大村はま（1983）『大村はま国語教室4　読むことの指導と提案』筑摩書房，171～

193頁。

O'Malley, J. M. and A. U. Chamot（1990）Learning strategies in second language acquisition. Cambridge: Cambidge University Press.

Oxford, R.（1990）Language learning strategies: What every teacher should know. New York: Newbury House.

高田典衛（1972）『授業としての体育』明治図書，26頁。

梅野圭史・新井浩一・塩谷嘉広・門屋浩・辻野昭（1992）「学習課題の組織化とその展開（その4）――6年・走り幅跳び」『体育科教育』40(3)，72～77頁。

（池上哲也・亀津貴広）

実践課題 7

ICT 教育の推進と実物に触れる学習の
二律背反をどう考えるか

　学校に ICT 機器が次々に導入され，教員にもメディアリテラシーが求められています。多様な情報が容易に，また正確に得ることができる ICT 教育はきわめて重要です。しかしながら，一方では本物に触れる機会が減少したり，苦労して体験を積む努力がなくなったりすることが危惧されます。また，映像ではわからない匂いや触覚，雰囲気（肌で感じる感覚）に触れることもできません。こうした二律背反の問題を考えます。

7-1　日本の教育を大きく変えた「GIGA スクール構想」

　文部科学省（以下，文科省と略す）が発表した「GIGA スクール構想」では，学習活動のより一層の充実を図るとともに，主体的・対話的で深い学びの視点からの授業改善を目的としています（文部科学省，2020）。

① 　1人1台端末と高速大容量の通信ネットワークを一体的に整備することで，特別な支援を必要とする子どもを含め，多様な子どもたちを誰一人取り残すことなく，公正に個別最適化され，資質・能力が一層確実に育成できる教育環境を実現する。
② 　これまでの我が国の教育実践と最先端のベストミックスを図ることにより，教師・児童生徒の力を最大限に引き出す。

　これらの目的を達成するために，文科省は当初5年かけて機器整備をするよう働きかけましたが，コロナウイルス感染症による臨時休校の影響で令和2年

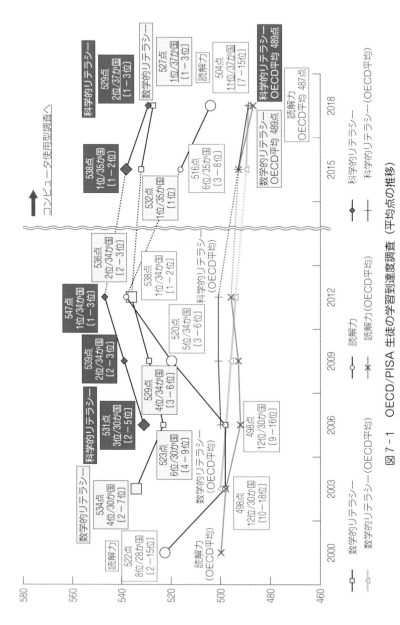

図7-1　OECD/PISA 生徒の学習到達度調査（平均点の推移）

出所：国立教育政策研究所，2019

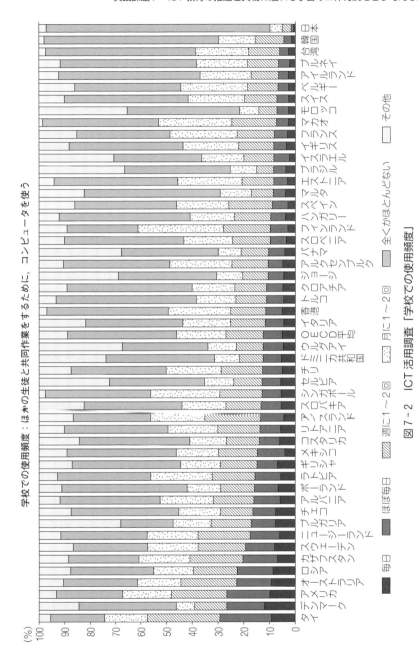

学校での使用頻度：ほかの生徒と共同作業をするために、コンピュータを使う

図7-2　ICT活用調査「学校での使用頻度」

出所：OECD/PISA, 2018

度中の整備完了を自治体に要請することとなりました。令和3年3月末時点では，全国自治体の96.5％で整備が完了したと報告されています。

　そもそも，このGIGAスクール構想が推進された背景には，OECDが実施しているPISA2018の結果が大きく影響しています。

　図7-1は，2018年までに実施されたPISAの学習到達度調査における日本の平均点の推移を示したものです。◆は科学的リテラシーを，□は数学的リテラシーを，○は読解力をそれぞれ示しています。これまで日本は，科学的リテラシー，数学的リテラシー，読解力のどの点においても世界トップレベルを維持してきました。しかし，2018年の調査では，読解力のみ，前回より平均得点・順位が有意に低下する結果となりました。国立教育政策研究所は，この原因の一つとして「子どもたちがコンピュータ画面上での長文読解に不慣れであったこと」を挙げています。

　これを裏付けるデータがあります。

　図7-2は，PISA2018のICT活用調査における学校でのICT機器の使用頻度を国際比較したものです。ここからも，日本はOECD加盟国の中でもっとも使用頻度が低いことが明らかとなりました。

　さらに，日本の子どもたちは，図7-3に示すようにICT機器をSNSやゲームなどを中心とした余暇で利用している割合がOECD平均よりもきわめて高いこともわかっており，ICT機器の使い方を見直す必要も出てきました。

　これらの結果を踏まえ，文科省は，「GIGAスクール構想」と銘打ち，全国すべての子どもたちに1人1台の端末を与え，学習をはじめとする日常の様々な場面でICT機器を活用し，Society 5.0社会に対応できる人材を育成しようと考えました。

　GIGAスクール構想は，戦前からほとんどの学校で行われてきた黒板と教科書，さらにはノートを使った学びの姿を大きく変えることになりました。

7-2　GIGAスクール構想は是か非か

　GIGAスクール構想の推進により，子どもたちは1人1台のタブレット端末を手にするようになりました。以下，学校生活の一日を取り上げ，タブレット

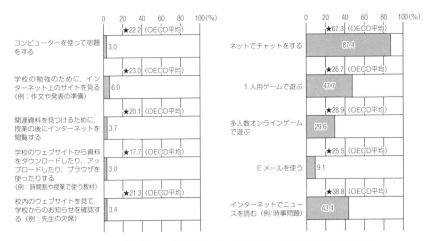

図7-3　ICT活用調査「学校外での平日のデジタル機器の利用状況」

出所：OECD/PISA, 2018。アミかけの部分が日本，★はOECDの平均値

端末の有用性を見てみることにします。

- ・始業前，カバンから自分のタブレット端末を取り出し，今日の体調を入力し報告します。これにより，先生は子どもたちの連絡帳を確認しなくても，手元で全員の体調を把握することができます。
- ・始業直後のモジュール学習（**実践課題5**参照）では，タブレット端末を使ってドリル教材に取り組みます。答え合わせは自動で行われ，その後問題の解説も表示されるので，子どもたちは自分の間違ったところや確かめたいところをすぐに確認することができ，次に取り組むべき課題が表示されます。先生は，子どもたちのドリルの結果がすぐに確認できるので，点数だけでなく誤答のあった箇所もすぐにわかります。これにより，一人ひとりに応じた指導・助言が可能になってきます。
- ・タブレット端末にはカメラが付いています。そのカメラを活用すれば，例えば，国語科の授業や外国語活動ではスピーチの様子を，体育科では自分の運動の様子をそれぞれ動画撮影することで，自身の学びの様子を確認したり修正したりすることができます。とりわけ，体育では撮影した動画を仲間と共有することで，子どもたち同士で動画を確認し，動き

239

のポイントなどを話し合うことができるようになります（赤堀，2019）。加えて，動画はタブレット端末やクラウド上でも保存できるため，自分の動きの変容も容易に確認することができます。これにより，自分の「できた」という感覚に，より明確に迫ることができ，自己肯定感の高まりも期待できます。理科や生活科，総合的な学習では，自身が見つけたものをすぐに写真で撮影し，記録することができます。

・社会科や理科などの授業では，すぐに調べ学習をすることができます。これまでは，パソコン教室に行く必要がありましたが，場所と時間を選ばずにいつでもできるため，とても便利になります。

・インターネットがすぐに使えるので，様々な動画を視聴することができます。こうした学びは，理科の実験や観察，体育科における動作学習，国語科における音読指導などで簡単に行うことができます。また，タブレット端末で行うドリル教材には，多くの解説動画なども収録されています。これらを用いることで，子どもたちは自ら基礎的・基本的な学習に取り組めます。さらに，近年ではAIが学習履歴を分析し，子どもたち一人ひとりに応じた課題を出すこともできるようになりました。これにより，子どもたちは自らの課題を認識し，その解決に向けて，自ら取り組むことができます。

・授業のふり返りについても，子どもは先生が用意した書式に打ち込むだけで容易に積み重ねていくことができ，最終的には単元を通したふり返りをまとめることができます。従来のように，教科ごとのふり返りカードを印刷する必要がなくなります。

・毎日の連絡帳に関しては，クラスのチャットなどで先生から配信すれば，子どもたちはそれを書き写す手間がなくなります。

・家庭ではタブレットを使ってドリルに取り組んだり，作文を書いたりして，宿題を先生に提出することができます。これにより，先生は手元で提出の様子が逐一わかるので，宿題チェックをする手間が省けます。また，この方法を上手く学習に取り入れることで，「反転授業」に取り組むことが可能となります。反転授業とは，授業と宿題の役割を「反転」させる授業形態のことを指します（重田，2014）（**実践課題2**参照）。つま

り，わざわざみんなで一緒にする必要がないことを予習動画に収録し，事前に知識として習得しておき，学校では仲間と共に「主体的・対話的で深い学び」に取り組むということです。

・学校が休校になっても，オンライン授業ができます。課題の配付や回収も簡単です。今日，コロナウイルス感染症の拡大に伴い，日本全国で休校措置が取られたとき，Web会議システムを利用したオンライン授業よりも先に取り組まれたのが，授業動画の作成でした。自作したプレゼンテーションに音声を吹き込んだ動画を撮影したり，スマートフォンなどを活用し授業そのものの動画を撮影したりして，YouTubeなどのストリーミングサイトに投稿し，それを子どもたちが閲覧するといった方法でした。このやり方は，比較的簡単に撮影・編集をすることができるため，多くの自治体・学校で取り組まれました。

　これらのことから，タブレット端末を積極的に活用することで，子どもたちにとっても，教員にとっても多くの利点があることは想像に難くありません。しかし，本当に利点ばかりなのでしょうか。タブレット端末を多用することによる弊害はないのでしょうか。

　例えば，国語科における文字の書き取りの学習です。平仮名や漢字などの書き取りは，ノートに鉛筆で書くことがほとんどです。この学習でのタブレットの活用は，まず"ない"といっていいでしょう。今は様々な動画サイトで簡単に検索し視聴できるにもかかわらず，理科の実験はこれまでのように教員によって事前にしっかりと準備され，子どもたち自身の手で行われています。また，動画を見せれば10分で済むものをわざわざ時間をかけて工場，博物館，資料館などの見学を校外学習として組み，現地を訪れています。これについては，「本物に触れることが一番の学びになる」とする意見が理由付けとなっています。こうした意見は経験知により語られたものですが，体育哲学者の片岡暁夫（1999）は，21世紀の教育の課題を次のように提示しています。

　　日本の教育にとってまず，リアリティの回復が課題である。これは身体の復権を必然とするであろう。（中略）いわば，身体で自分および他の存在

を知り，つながりを回復することが重要となる。生きている森と死んだ都
会の空気の違いを直感できること，あるいは，他の生命と人間のつながり
を直感できること，それらの原点に身体で知るということ，身体によるリ
アリティの確保が位置づくのである。現代生活では専ら「見る」，「聴く」
といった映像や言語に関する知覚が情報処理の重要な機能を果たしてきた。
しかし，それらの多くの時間はヴァーチャル・リアリティ化され，道具
化・手段化され，感情や直感の能力との結びつきを喪失し，身体から離れ
ていく傾向になってしまっている。身体疎外，つまり，生命の中心部と遊
離し，感覚・知覚の機能が断片化する傾向を強めているのである。

　このように，片岡は本来五感を使ってリアリティを感じるべきことの多くが
ヴァーチャル・リアリティに置き換わることにより，自分と他の様々なものと
の繋がりを感じにくくなると危惧しています。
　これまで私たち人間は，様々なものの色彩や，匂い，音，味，質感などを物
質そのものから感じてきました。それだけではなく，人の感情や距離感などを
"肌"，つまり身体で感じてきました。このことから，タブレット端末が1人1
台配備され便利になったからといって，ヴァーチャル・リアリティの世界で済
ませてよいはずがありません。
　学校は，教科の学習だけでなく，多くの人との関わりによって自らの人間性
や社会性を育む場でもあります。ヴァーチャル・リアリティでは決してできな
いことが，学校というリアリティのある場ではできるのです。基礎的・基本的
な知識の習得だけであれば，タブレット端末を用いれば可能かもしれません。
しかし，これからの学校の価値は，基礎的・基本的な知識の習得だけではなく，
多くのリアリティに触れ，自分の感情や直感といった深部感覚をも培い，自分
と多くの人や生命，様々なモノやコトとの繋がりを感じ取れるところにあるこ
とを忘れてはならないでしょう。
　文科省とともにGIGAスクール構想を主導してきた経済産業省は，「教育
DX（デジタル・トランスフォーメーション）」を推進しています。よく勘違いされ
るのは，「教育DX」により学校教育をICT機器などのデジタルに置き換えよ
うということです。この「教育DX」の本質的なところは，これまで長きにわ

たり変わってこなかった「学校のシゴトの構造」の転換をめざすものであり，「生徒の学び方と，先生の働き方の生まれ変わり」と解せられています（浅野，2021）。加えて，学校は「面倒臭くて，手間のかかる，答えのない問い」に向かう場所であり，「探求・協働・試行錯誤」のために多くの時間を費やすべき場所であるとも指摘しています。この言より，タブレット端末などのデジタル機器は，「本物の"人，コト，モノ"に触れる学び」を実現させるための一つのツールでしかないことを自覚しておく必要がありそうです。

　以上のことから，学校では「本物の"人，コト，モノ"に触れる学び」，つまりリアリティを大切にした学びがこれまで以上に展開される必要があり，そこに学校の価値があるということがいえます。同時に，ICT機器を活用したヴァーチャル・リアリティによる学習を用いなければ，限られた時間の中でリアリティを大切にした学びが難しくなることも示唆しています。

　これからの学校は，「本物の"人，コト，モノ"に触れる学び」に向かって，リアルな学びとヴァーチャルな学びをどのようにして使い分けるかを子どもたちも教員も当事者意識をもって取り組む必要がありそうです。

文献

赤堀侃司（2019）「授業におけるICT活用と情報教育」『通信ソサイエティマガジン』50秋号，86〜91頁。

浅野大介（2021）『教育DXで未来の教室をつくろう』学陽書房，17頁。

片岡暁夫（1999）『新・体育学の探求──「生きる力」の基礎づけ』不昧堂出版，81〜82頁。

国立教育政策研究所（2019）「OECD生徒の学習到達度調査2018年調査（PISA2018）のポイント」。

文部科学省（2020）「〈GIGAスクール構想〉について」https://www.mext.go.jp/kaigisiryo/content/20200706-mxt_syoto01-000008468-22.pdf（2023年10月1日閲覧）。

重田勝介（2014）「反転授業　ICTによる教育改革の進展」『情報管理』56(10)，667〜684頁。

（武田庸助）

実践課題 **8**

音声言語教育は教科学習を変えられるか

　「聴く・話す」活動は，国語科の教育内容にとどまらず，各教科学習の成果に大きく影響する能力の一つです。これまでの「読む・書く」活動（リテラシー）の能力を高めることはもちろんのことですが，それ以上に「聴く・話す」活動を中心とする音声言語能力は，新たな教育実践の裾野を拡げる可能性が高いものと思念します。そこで，望ましい音声言語能力とはいかなる様態なのか。また，それをどうすれば身につけさせることができるのか。教科学習をより充実させる音声言語教育を考えます。

8-1　望ましい音声言語能力の様態

　子どもたちの学習は，日々言語とともにあります。近年，「外国語学習」や「プログラミング学習」など，子どもたちを取り巻く言語教育の環境は大きく変化しています。当然ながら，「読む・書く」といった文字言語による学習だけでなく，「聴く・話す」活動に関わる音声言語教育も「対話的な学び」を進めるための重要な言語教育として注目されてきています。

　しかしながら，国語科をはじめとして，多くの教科学習で行われている音声言語教育は，子どもたちの音声言語に関わる能力の伸長に必ずしも寄与するものになっていないように考えられます。そこでは，次のような課題を提示することができます。

　まず，音声言語というものがあまりにも日常生活に密接に関わっているために，「学習する対象である子ども」もしくは「指導する対象である教師」の双方に音声言語に対する意識の低さが考えられるということです。もっと言えば，

音声言語は「放っておいても勝手に身につく能力」と思われている節があるということです。この点に関わって，高橋（2001）は，「現在，小中学校における子どもたちの話し合いは，活動としては設定されつつも，教師にとっても子どもにとっても，自覚的な教育活動になっているとは言い難い」と学校現場における音声言語教育に批判的な見方を示しています。丁寧に行われる文字言語教育に対して，音声言語教育は，「ただ話していればよい。聞いていればよい」として表面的な活動だけが見られ，指導や評価が蔑ろにされる傾向にあることは否めません。

　また，音声言語は文字言語と比較しても，その指導や評価が難しいというのも理由の一つとして挙げられます。先の高橋（1996）は，「コミュニケーションとして交わされる声は，瞬時にして消えてしまう。また，自分に届けられた声に対しては即座に返さなければならない。この瞬時にして消えてしまうということが，音声言語を軽視する原因ともなり，また指導する難しさや評価のしにくさの原因ともなってきた」と述べ，音声言語の指導と評価の難しさを指摘しています。

　一般に，推敲を重ねながらノートやワークシートに書き綴られていく文字言語とは異なり，音声言語は即時的・即興的に行われる場合が多くあります。そのため，子どもの音声言語活動に対しての指導と評価の難しさは，日頃から多くの教師が感じていることと考えられます。

　では，このような音声言語教育の課題を乗り越え，多様化する社会を生き抜いていく子どもたちに身につけさせたい音声言語能力とはどのようなものなのでしょうか。ここでは音声言語能力を「聴くこと」「話すこと」「話し合うこと」の3つの観点から考えていきたいと思います。

　1つめの「聴くこと」の能力です。これは単に話された内容を正確に聞き取る能力だけではありません。これ以外に，話された内容の中から自分に必要な情報を選んで，的確に聞き取る能力や話された事柄の妥当性や相互関係を判断して批判的に聞き取る能力も身につける必要があります。また，話された内容について質問したり反論したりして，新たな考えを得る能力も大切です。これより，「聴く」という活動は，受動的な活動や能力なのでなく，むしろ話されたことを下敷きに思考し，次の新しいコミュニケーションに繋げていく能動的

な活動や能力なのです。

　２つめの「話すこと」の能力ですが，これも前述した「聴くこと」の能力と同様に多角的な視点から考えていく必要があるでしょう。単に話しをすればよいというのではなく，聞き手の立場に立って話し方を工夫し実践していくことが求められます。聞き手が自分の話しをどのように聞くのかを考えながら，つねに聞き手を意識して話すことが大切です。非言語コミュニケーション（Non-verbal communication）は，そのことについて考える一つの契機となります。周辺言語（声の表情としての表現要素：音の高低，話す速さなど）・身体言語（身体の連動関係による表現要素：話すときの表情や動作など）・場の言語（空間的・時間的背景となる表現要素：対人的な距離や位置取りなど）も「話すこと」の能力に大きく関わってきます。

　他方，一見，「話すこと」とは対極に位置しているかのような「沈黙」も重要な要素の一つとしてみることができます。こうした「沈黙」の価値性について，倉沢栄吉（1973）は，次のように指摘しています。

　　沈黙はけっしてことばを言わないとか，言えないとかで黙ってしまう状況を言うのではなく，沈黙というのは言語の『原始状況』であります。言語はそこから始まるのであり，沈黙に支えられて言語が生まれてくるのであります。

　３つめの「話し合う」能力ですが，ここで注目したいのは，音声言語における目に見える行為としての「外言」ばかりに注力するのではなく，事物を認識したり関係について思考したりする思考活動である「内言」の領域にも焦点を当てることです。なぜなら，「話し合い」の活動は，話し手と聞き手の双方の連携によってコミュニケーションが成立するからです。それゆえ，様々な話し合いの形態で「対話」を成立させていくためには，自己や他者における「内言」への理解が不可欠になってきます。富山大学教育学部附属小学校（1979）の実践研究において，「自分の不完全性の自覚と相手が自分にないものを必ずもっているという認識を前提として，相互に受け入れようとする構えで話し合うこと」も話し合う能力の一つであるとする見解は，興味深い指摘と考えられ

ます。

8-2　音声言語能力を身につけるための指導と評価

　音声言語活動を積極的に学習に取り入れる機会を増やし，子どもたちが経験を積み重ねていくことは大切なことです。そしてこの背景には，音声言語活動に関するカリキュラムが明確に存在していることが重要です。このとき，音声や映像などの記録媒体に蓄積していくポートフォリオ評価の活用は，その一助となることでしょう。自身の音声言語によるパフォーマンスを長期的に自己評価していくことによって，音声言語能力に関わるメタ認知能力が働き，よりよい音声言語能力を身につけようとする態度に繋がります。

　また，国語科で身につけた音声言語能力を他教科で生かしていくことや，他教科で行った音声言語活動を国語科でふり返る機会をもつことも考えていく必要があるでしょう。

　続いて，音声言語教育を充実したものにするために，まず教材の開発・工夫が重要な実践課題として挙げられます。教科書に載せられている既存の教材だけに頼るのではなく，教師や子ども自身の音声言語活動を教材として活用することや，音声言語のプロフェッショナル（アナウンサーや落語家）などを模倣するロールプレイに教材としての可能性を見出すことができるでしょう。あらゆる音声言語教育の機会の中から，子どもたちが主体的に音声言語活動に取り組んでいけるような教材の工夫は，音声言語教育の成果に大きく関わってくるものだと予想されます。

　また，音声言語教育を充実したものにするための2つめとして，よく練られたカリキュラムや教材が音声言語教育の背景に存在していたとしても，そこに評価の機会がなければ，それは音声言語教育の形骸化に繋がりかねません。音声言語に関わる評価項目を設定したルーブリックを作成し，特定の文脈の中でスキルを使いこなす能力を評価する「パフォーマンス評価」や，先述した音声や映像などの記録を長期的に蓄積し，定期的にふり返りを行う「ポートフォリオ評価」が適した評価方法の例として挙げられます。

　このような評価活動の中で大切にしていきたいのは，教師からの一方的な評

価活動に終始するのではなく，子ども自身の自己評価や子どもたち同士の相互評価の機会も取り入れた多面的な評価システムを活用する努力です。とくに，子どもにとって音声言語活動が自覚的な活動となるための評価であることが肝要であると考えられます。

　音声言語教育を充実したものにするための3つめとして，子ども一人ひとりの学力保障をしていくことを念頭に置き，個々人の特性に応じた指導を展開していく必要があります。つまり，運動や音楽が「得意―不得意」な子どもがいるように，音声言語活動に関しても「得意―不得意」な子どもがいます。例えば，話すことが得意な子どもは，話し合い活動の中心になったり，スピーチ代表になったりすることが多々認められますが，逆に話すことが不得意な子どもは，集団の中で隠遁状態を保持しようとするものです。こうした状況は，音声言語活動を得意とする子どもがさらに得意になり，苦手な子どもは機会に恵まれずさらに苦手になっていく二極化の状況を生み出すことになるでしょう。西尾（1975）は，「先生と学習者の一人ひとりとの間に行われる一対一の対話・問答の機会を多くすることは，これからの国語教育を充実させるために，欠くことのできない根本的な課題である」とし，音声言語能力にもっとも影響を及ぼすのが教師であると指摘しています。その一例を挙げれば，授業での教師発言が方言による発話では，共通言語によって思考したり，判断したり，会話したりする能力の育成が遅延していきます。これより，子どもたちの豊かな音声言語能力を培っていくためにも，教師自身が多様な音声言語の能力（しゃべる，話す，語る，聴く）を身につけておく必要が看取されます。

8-3　教科学習をより充実させるための音声言語教育

　本節では，3つの教科の授業場面（算数・理科・体育）の逐語記録を取り上げ，教師と子どもの音声言語によるコミュニケーションの様態を音声言語教育の観点から検討してみたいと思います。

（例1）算数科の学習場面例（小6「対称な図形」）

　T：（点対称の図形を見せながら）この図形は，どのような対称の図形と

　　　言えるでしょうか。わかる人はいますか。

C1：はい，点対称の図形だと思います。

T：　どうしてそう思ったのですか。

C1：この図形を180度回転させると同じ図形になるからです。

C2：他にもあります！

T：　はい，（C2）さん，どうぞ。

C2：（首を大きく捻り，逆さまに図形を見ながら）こうやって見ても，同
　　　じ形になります！
　　　（笑いが起こる教室，C2の真似を始める他の児童……）

T：　でも，それだと首が痛くなっちゃうよね。教科書を反対にして見る
　　　方が楽で良いと思いますよ。では，次の……

　この逐語記録の場面では，教師の発問に正確に答える（C1）と，気がついた
ことを元気よく体を使って発表する（C2）が登場します。どちらも点対称の図
形の特徴を見抜き発表していますが，教師の反応はどうでしょうか。無味乾燥
な返答に終始し，適切なフィードバックができているとはいえません。このよ
うな学習場面にこそ，音声言語教育の好機があるはずです。もし，下記のよう
に発言したとすれば，子どもたちの反応はどうなったでしょうか。

　「うん，それはとっても面白い見方ですね。先生，気がつかなかったよぉ。
　すごい！　C1さんの180度回転させることと同じ考えですね。みんな，
　C2さんの言ったとおりにやってみる？」

　このように教師が発言すると，C2さんの発言は，他の子どもに理解できる
ように意味づけ（面白い見方）され，価値づけ（C1さんと同じ）され，結果的に
共感的世界への参入（みんな，やってみる？）を可能にさせることになるものと
考えられます。こうした教師の音声言語に関わる所作は，「隠れたカリキュラ
ム」として子どもたちの音声言語能力に関与していくわけです。

（例2）理科の学習場面例（小3「明かりをつけよう」）

T：　机の上にあるものを回路に繋いで，豆電球が光るか光らないか実験
　　　をしていきましょう。グループで話し合って，結果を予想してから
　　　実験しましょうね。

C1：じゃあ，この紙コップからやってみる？

C2：うん。紙コップはたぶん……。

C3：紙コップは鉄とかで出来てないから光らないよ！　ぜったい！

C1：(回路に繋いで) 本当だ。光らないね。

C2：次はハサミでためしてみようよ。

C1：ハサミは鉄のところと，プラスチックのところがあるね。だから
　　　……。

C3：そんなの鉄のところは光るし，プラスチックのところは光らないの
　　　決まってるじゃん！（一人で回路を繋いで）ほらね！

T：　実験が順調のようですね。特に（C3）はしっかり意見が言えていま
　　　すね。その調子で，みんなもしっかり話し合っていきましょう。

　この逐語記録の場面では，グループで実験を行う3人の子どもと，近くでその様子を観察している教師が登場します。C1とC2の子どもの発言に対し，C3の子どもがその発言を遮るような形で自分の予想を話している場面が2回見られます。教師はその様子を見て，C3の子どもを「自分の意見をしっかり言える」と評価しています。教師はしきりに「話し合い」をするよう促していますが，このグループの話し合い活動は，果たして「話し合い」として成立しているでしょうか。このとき，子どもたちの話し合いが双方向性をもったものであるか適切に評価し，指導していくことが必要です。ときには自分の発言を我慢して友達の話に丁寧に耳を傾けることや，友達に対して質問して意見を引き出すことなどは音声言語活動を豊かなものにしていくために欠かせません。

　　T：　（C3）さんは，しっかりと自分の意見が言えていますね。でも，
　　　　　（C1）さんも，（C2）さんも言いたいことがあったんじゃないかなぁ。
　　　　　（C1）さん，どうなの？

C1：紙コップはダメだとわかっていたけど，一度やってみて確かめたかった。

T：　なるほどね。じゃあ，（C2）さんは，どうかな？

C2：ハサミは，鉄でできているから，光ると思ってたけど……。

T：　けど？　どうした？

C2：（C1）さんの意見がなるほどと思ったから，もういいです。

T：　みんな，自分の考えをしっかり話していこうよ。そして，それをみんなで聴いてあげるといいと思うよ。

　このように指導することで，C3さんの積極性を価値づけながら，友達の意見を聴くことの大切さを伝えることができるでしょう。「話し合い」の活動は，「聴き合い」の活動であるということを，教師はこのような機会を捉え，適宜指導していくことが必要です。そしてお互いの音声言語を尊重し合い，大切にしていこうという精神的な素地を養っていくことで「聴き合う」活動が充実し，「話し合い」の活動がより価値のある活動となることでしょう。

（例3）体育科の学習場面例（小5「走り幅跳び」）

T：　今日の走り幅跳びの学習で新しく「こういうことができるようになった」という人はいますか？（数人の子どもが手を挙げる）

T：　じゃあ……，（C1）さん。

C1：うまく着地ができるようになった。

T：　もうちょっと詳しく教えて？

C1：えっと，今までは手前の方でまっすぐに立って着地してたけど，おしりから着地したとき，何かいい感じで着地ができた。

T：　いい感じで着地することができた。いい感じって，どんな感じ？言えるかな？

C1：うんー。うまく言えないけど……。

T：　そっかぁ。じゃあ，他にもできた人はいますか？

　この逐語記録の場面は，「うまくできるようになったときの運動の感じ（身

体運動感覚：キネステーゼ）」を発表しているところです。走り幅跳びの着地について子どもが一生懸命に説明しようとしますが，漠然とした内容のため，うまく伝わっていません。教師も聞き返していますが，発表しているC1さんは要領を得ない様子で，最終的には教師からC1さんの発表を切り上げる形で終わっています。これでは発表したC1さんにとって「うまく発表できなかった」という印象の方が強くなり，以後，意欲的に発表しようという気持ちにならないことでしょう。

　運動学習では身体の動きを言語化することは簡単ではありませんが，実地に動作しながら説明させたり，五感に訴えさせたりして，C1さんの主観的な身体運動感覚に近い言葉を引き出して（吹き替えて）あげることが大切です。

　　T：　（C1）さん，「いい感じ」って，いいこと言ってくれました。その時，
　　　　　どんな感じだった？
　　C1：えっと，足がスッと出た。
　　T：　ふーん。足がスッと前に出たって。
　　　　　一度，スローモーションみたいにやってみてくれる。
　　　　　（C1さん，砂場に向かって軽く跳び，わざと尻もちをついて説明する。）
　　C1：こんなふうにして，尻もちをつくと足が前にでた。
　　T：　その時，お尻は痛かった？
　　C1：（首を横に振りながら）うーうん，あんまり。
　　T：　なるほどね。みんな，わかったかな？　着地する時，尻もちをつく
　　　　　ようにしたら，うまく着地できそうですって。
　　　　　はい，（C1）さん，ありがとう。（下線部は，教師による吹き替え）

　自身の運動感覚をできるだけ言語に置き換えさせる指導は，非言語コミュニケーション（Non-verbal communication）を有効に活用した音声言語の能力に他なりません。また自分の話す内容がより聞き手に伝わりやすいように様々な手段（ジェスチャー，フィンガーアクションなど）を用いることも大切な能力の一つです。こうしたやり方は，教師だけでなく，子どもたちにも身につけさせていくことで，音声言語活動が深まっていくことでしょう。

　こうした「伝わった」「わかり合えた」という成功体験は、自身の運動能力を高めることに繋がっていくのです。単に、「できた―できない」をパフォーマンスの視点から決めるのではなく、子ども一人ひとりで異なる身体運動感覚を仲間で共有し合う関係を築いていきたいものです。これは、国語科の「物語文」における読みの交流とまったく同じ意味をもつものです。

　本章では3つの教科での音声言語活動の一部を抜き出し、音声言語教育の視点から考察を行いました。教師や子どもたちの音声言語に視点を向け、改善を図ることでコミュニケーションの質は上がり、言葉のやり取りの中で思考が深まることで、教科学習の拡大・深化が期待されます。

　西尾（1969）は、音声言語教育について「ことばを話す主体と聞く主体の通じ合いであると考えると、ことばは個人心理的な行為ではなく、相手との社会的行為でなくてはならない」と述べています。日々の学習場面における子どもたちの社会的行為である音声言語を丁寧に指導し価値づけていくことは、言語教育に携わるすべての教師の喫緊の課題といえるでしょう。子どもたちが望ましい音声言語能力を身につけ、生活面・学習面において豊かに自分を表現できるように、音声言語教育の創造的な実践が希求されます。

文献

倉沢栄吉（1973）『ことば・人間・教師』富山県教育委員会、75頁。

西尾実（1969）『人間とことばと文学と』岩波書店、3頁。

西尾実（1975）『西尾実国語教育全集』第六巻、教育出版、88頁。

高橋俊三（2001）『国語科話し合い指導の改革』明治図書、24頁。

高橋俊三（1996）『音声言語指導のアイデア集成1　小学校低学年』明治図書、14頁。

富山大学教育学部附属小学校（1979）『対話的思考による学習』明治図書、14頁。

（湊本祐也）

インクルーシブ教育の展望と課題

　学校教育現場では，未だに一人ひとりの子どもを看取っているとはいえない現状の中で，様々な差別や格差の問題を含んだ「多様性の教育」が加重してきました。こうした「多様性の教育」について，私たちはどれほどの実践的認識をもっているのでしょうか。インクルーシブ教育の歴史と実践から，「多様性の教育」を学んでみたいと思います。

9-1　インクルーシブ教育の概要

　「インクルーシブ教育」という言葉が国際的に認知されるようになったのは，「特別なニーズ教育における原則，政策，実践に関するサラマンカ声明ならびに行動大綱」(1994) からです。そこでは，指針となる原則が以下のように述べられています。

　　学校というところは，子どもたちの身体的・知的・社会的・情緒的・言語的もしくは他の状態と関係なく，「すべての子どもたち」を対象とすべきであるということである。これは当然ながら，障害児や英才児，ストリート・チルドレンや労働している子どもたち，人里離れた地域の子どもたちや遊牧民の子どもたち，言語的・民族的・文化的マイノリティーの子どもたち，他の恵まれていないもしくは辺境で生活している子どもたちも含まれることになる。

　この原則より，インクルーシブ教育は障害のある子どものみを対象とするの

ではなく，何らかの困難を抱える子どもを「特別な教育的ニーズ（SEN；Special Educational Needs）」のある子どもとして捉え，すべての子どもの学びが保障される教育をめざしていることがわかります。

　“サラマンカ声明”以前（主として1980年代）は，インテグレーション（統合）という考え方が主流でした。このインテグレーション（統合）は，一般には障害のある子ども（交ぜ書きの“障がい”とする表現方法も認められますが，本書では，現在，法律用語ならびに学術用語として概ね使用されている“障害”を用いることにしました）が通常の学校教育の中で共に学ぶことができるようにすることを目的にしようとしたのですが，実際には通常の学校教育への機械的な統合をめざすことに重きを置く様態でした。しかし，“サラマンカ声明”以降からは，個の多様性に応じた教育をデザインすることを目的としたインクルージョン（包摂）の考え方が一般的となり，現在ではインクルージョン（包摂）が国際的な潮流となっています。

　日本におけるインクルーシブ教育の検討は，「障害者の権利に関する条約（以下，障害者権利条約）」（2007）への署名を皮切りに，その批准に向けた体制整備を進めていく中で本格化してきました。そして，「特別支援教育は，共生社会の形成に向けて，インクルーシブ教育システム構築のために必要不可欠なものである」（中央教育審議会初等中等教育分科会，2013）として，特別支援教育を着実に進めていく必要のあることが示されています。しかしながら，特別支援教育をそのまま発展させていけば，インクルーシブ教育になるのでしょうか。

　窪田（2018）は，インクルーシブ教育の本来の趣旨から現在の特別支援教育の限界を4点指摘しています。すなわち，①障害児教育という枠組みを超えていないこと，②「障害」ありきの特別なニーズ教育の展開になっていること，③不登校や外国籍などの子どものニーズを受け止める教育になっていないこと，④通常教育の改革という視点の弱さがあることです。これらの指摘は，特別支援教育という枠組みを超えて，インクルーシブ教育を通常の学校教育の対象として見直していくことの必要性を強く示唆しています。そのためには，「特別な教育的ニーズ（SEN）」の概念を整備する必要があります。

　しかしながら，インクルーシブ教育は，国や地域ごとで教育制度が異なることから，インクルーシブ教育の実践は，自国の教育制度の状況に応じる必要が

あります。これより，日本においてインクルーシブ教育の充実を図るためには，子どもたち一人ひとりの多様性に目を向ける視点と現在の教育制度の枠組みとの関係から，「特別な教育的ニーズ（SEN）」を具体的に整備していくことが鍵になってくるものと考えられます。具体的には，「特別な教育的ニーズ（SEN）」を①「障害のある子どもの学習の困難さ」を基準にするのか，②障害のある子どもが学習指導要領に即した学習をするための教育的手立てを基準にするのか，③イギリスの「特別な教育的ニーズ（SEN）」の定義のように，障害カテゴリーにとらわれず個々の子どもの「学習の困難さ」を基準に置くのか，のいずれの考え方を基軸に据えるかであります（横尾，2008）。まず①の立場に立つと，通常の学校教育の場でインクルーシブ教育を展開させることができなくなります。続く②の立場に立つと，障害のある子ども中心の教育となり，健常児は障害のある子どもの学びの手段になってしまいます。これより，残りの③の立場に立つことが，これからのわが国おけるインクルーシブ教育の基軸ということになるでしょう。

　そこで本章では，その子どもたちをどのように指導していくのかとする「教育的手立て」のあり様について検討したいと思います。

9-2　子どもの「学習の困難さ」をどのように捉えるのか

　インクルーシブ教育を考える中で基本となるのは，どのように子どもを看取るのかということです。子どもの何をどのようにアセスメントするかが，インクルーシブ教育の方向性に強く影響します。

　時代が進むにつれて，障害の概念は大きく変化してきています。

　世界保健機関（WHO）における「国際障害分類」（1980）では，障害の構造を「機能障害（Impairment）」「能力障害（Disability）」「社会的不利（Handicap）」の3つの階層に分けました。このような障害の概念の階層化は，障害者が独自にもつ問題の所在とその対応の方法を明確にしました。例えば脳梗塞（疾患）により右半身の麻痺（機能障害）が生じた場合，歩行が困難（能力障害）となり仕事を続けることが難しくなってしまいます（社会的不利）。しかし，障害の構造を上のように三層に分けることで，右半身の麻痺（機能障害）への医学的な

アプローチは難しいとしても，車いすなどを利用することにより能力障害は軽減され，仕事を続けることが可能となると考えることができます。このように，障害者が独自にもつ問題の所在とその対応の方法を明確にしたところに大きな意義が認められます。

　一面，この「国際障害分類」では，①障害のマイナスの側面を中心に構成されている，②健康の状態を当事者がどのように捉えるかといった主観的な側面が含まれていない，③当事者を取り巻く環境が考慮されていない，といった問題点が看取されるに至りました。

　こうした問題を受けて，世界保健機関（WHO）は，「国際生活機能分類」という新しい枠組みを提示しました（世界保健機関，2002）。そこでは障害のある人のみを対象としたものではなく，すべての人を対象とした内容へと改変されました。具体的には，個々人の生活機能を大きく3つの次元に区分しました。すなわち，「生物（生命）」次元，「個人（生活）」次元，「社会（人生）」次元です。その上で，それぞれの次元を代表する要素として，「心身機能・身体構造」「活動」「参加」を設定しました。図9-1には，「国際生活機能分類」の構造を示しました。

　これらの生活機能は，一方では「健康状態」に左右されると同時に，他方では「環境因子」と「個人因子」からの影響も受けるとしています。

　このように，すべての構成要素を双方向の矢印で結ぶことにより，各要素が互いに影響し合うものとして捉えようとしました。つまり，病気や機能障害の治療・訓練に重点を置く「医学モデル」と，「環境因子」と「個人因子」との相互作用に重点を置く「社会モデル」とを統合し，生活機能を多面的・総合的に捉えようとしたものです。

　こうした「国際生活機能分類」の考え方を学校教育の現場に援用すると，子どもたちの抱える多様なニーズが見えてきます。具体的には，障害・疾病の有無（医学モデル）や行動の可不可（社会モデル）の両面から子どもの全体像をアセスメントすることが肝要になります。つまり，障害区分の細分化を志向するのではなく，子どもの学習困難の内容や程度を一人ひとりで把握していくことの重要性であります。具体的には，本人の弱み，つまずきの内容とつまずき方，興味関心を示さない内容，目的意識のなさ，さらには本人を取り巻く負の環境

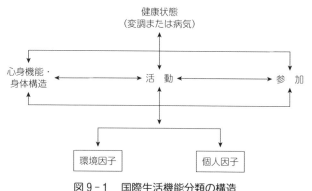

図9-1　国際生活機能分類の構造

出所：世界保健機関，2002

要因などです。「国際生活機能分類」（図9-1）の構造は，種々な学習困難の要素を総合的に看取っていくことの重要性を示しているのです。

9-3　「教育的手立て」の基本的な考え方

「合理的配慮」は，「障害者の権利に関する条約」において，何らかの特別なニーズに対して「理にかなった調整を行うこと」と考えられています（外務省，2014）。つまり，「視覚障害のある人に食事を配膳する際に料理内容や食器の位置を言葉で伝える」「読むことに困難がある人に文節ごとに区切った文章を提示する」などが「合理的配慮」に当たります。

「合理的配慮」の機能は，「調整（Accommodation）」と「修正・変更（Modification）」という2つが考えられています（Nolet & Mclaughlin, 2005）。鳥居（2020）によれば，「調整」とは「内容（質）を変更せず指導方法や形式を変更すること」であり，「修正・変更」とは「子どものニーズに応じて授業や課題そのものを変更すること」と定義され，とりわけ前者の「調整」が「合理的配慮」の中核であるとされています。具体的には，本人の能力と課題（めあて）の内容とが明らかに乖離している場合，「修正・変更」の手続きを採り，指導のしかたを変えたり学習集団を編成し直したりする場合，「調整」の手続きを採るといった具合です。

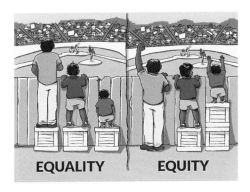

図9-2　平等な対応と公正な対応

出所：https://interactioninstitute.org/illustrating-
equality-vs-equity/

　続いて，「合理的配慮」のしかたとして，「個別性」と「決定過程の重視」の
2つを挙げることができます。

　図9-2には，「合理的配慮」が有する「個別性」をイラストで表現したもの
です。3人の男性が野球観戦をしている様子が描かれています。このうち，左
側のイラストでは，3人全員に同じ数の踏み台が用意されています。これは平
等（equality）な対応です。しかし，この対応では，右端の背の低い人はゲーム
を見ることはできません。また，左端の背の高い人には踏み台は必要ないでし
ょう。

　右側のイラストでは，真ん中の人に踏み台が1つ，右端の人には踏み台が2
つ用意されています。踏み台の数だけ見れば，左端の人は1つももらえず，不
平等です。しかし，野球観戦をするという目的に照らすと，全員がその目的を
同様に果たすことができています。つまり，公正（equity）な対応なのです。
後者の考え方が「合理的配慮」の「個別性」なのです。

　「合理的配慮」の特徴のもう一つとして，「決定過程の重視」があります。

　「合理的配慮」では，本人の意思を最大限に尊重することとされています。
そのため，どのような「合理的配慮」を行うかについては，本人や保護者の意
思を聞き取ると共に，学校側は可能ないくつかの手段を提案し，相互の話し合
いにより決定していくことが求められます（武田，2017）。つまり，そこでは
「視覚障害のある人のために点字ブロックを設置する」といった支援を指すの

ではなく，個々のニーズに応じて合意形成を図るための「調整」と「修正・変更」を行うことなのです。

9-4　教育的手立ての実際

　新井（2018）は，「多様な子どもたちをインクルーシブ授業ではどのように包摂しようとするのかといった原理的検討が希薄である」として，「多様性・差異のある子どもたちが共同して学びに値する集団を当事者の目線からつくること」の必要性に言及しています。このことから，インクルーシブな授業の実現に向けては，学習者の主体性を尊重し育てること，学習者に合わせて調整可能な授業デザインとすること，差異や異質性を尊重し合える学習集団を育てることが重要であると考えられます。

　現在，特別支援学校や特別支援学級に在籍する子どもたちと通常学級の子どもたちとの間で，様々な“交流及び共同学習”が試みられています。そこには大きく2つの課題が見られます。

　1つめは，それらの実践は音楽や体育といった実技教科において行われることが中心となっており，国語，算数・数学，英語ではほとんど実施されていないという点です（吉利，2017；田村・川合，2018）。その理由としては，これらの教科の特性として系統的・理論的な学習内容であることから，日常的に“交流及び共同学習”が行いにくい教科であることが考えられます。しかし，特別支援学級に在籍する知的障害のない子どもであっても，過半数がこれらの教科で“交流及び共同学習”を行っていない状況があることを勘案すると，知的障害の有無以外に別の理由があるものと推測されます（国立特別支援教育総合研究所，2008）。

　2つめは，社会性や人間性の育成を目的とする交流の側面と教科等のねらいの達成を目的とする共同学習の側面のうち，後者についてはほとんど実践されておらず，成果もあまり見られていないという点です（稲荷ほか，2014）。

　いずれにしても，共に活動しやすい，場を共有しやすいといった観点だけで取り組みを設定すると，実技教科や行事における活動レベルの交流にとどまってしまいます。そのため，個々の子どもたちがどのような課題（めあて）をも

っていて，それらがどのような形で交われば学習の相乗効果が得られるのかという視点から取り組みを考える必要があります。そこで，「どのようにして同じことをさせるか」と考えるのではなく，一つの授業の中であっても個々の課題（めあて）に応じて学習活動をどのように工夫・展開させればよいのかを柔軟にデザインすることが求められます。

　ここでは，算数における事例を取り上げ，「合理的配慮」における「決定過程の重視（調整，修正・変更）」に力点を置いて紹介します。

　この授業では，子どもたちが3名ずつほどのグループに分かれ，複数用意された問題の中から自分たちで取り組む問題を選びます。そして，グループで問題を共に解き，時間内に解いた分の合計得点をグループ間で競い合うといった学習の流れになっています。

　この授業でまず大切なことは，グループ編成です。子ども一人ひとりの学習状況や互いが及ぼし合う学習効果の可能性をよく勘案した上でグループ編成を行います。あくまで一例ですが，時間をかけて学ぶことにニーズがある子ども同士のグループ（安心して学び合える関係性）や，算数の学習に対して積極的な子ども同士のグループ（高め合う関係性）などを編成するといった具合です。また，一定の学力はあるものの算数には自信がない子どもの場合には，定着に丁寧な学習が必要となる子どもと同じグループ（教える―学ぶ関係性）に編成するといったことも考えられます。つまりグループ間の課題（めあて）はそれぞれ異なることとなり，グループ内で見ても課題（めあて）が均一ではないグループが存在することになります。

　そこで教師は授業の中で，その都度子どもたちと合意形成を図っていくことになります。そのタイミングの一つは課題（めあて）を形成する場面です。まず，子どもたちがどのように考えて課題（めあて）を形成しようとしているかをよく観察します。複数の課題（めあて）が設定されると，多くの子どもたちは迷いに入ってしまいます。このとき，明らかに難易度の高い課題（めあて）を選ぼうとしている場合などは「その課題（めあて）を解決するには，まずこっちの課題（めあて）を解決してみる方がいいんじゃない」など，そのグループの子どもたちの主体的な学習が成立するように提案します（修正・変更）。次に，課題（めあて）の解決場面では，算数を苦手としている子どもが理解でき

ている部分を生かせるように「これは○○さんがこの前勉強したところだね。○○さんの力を借りてみよう」とグループに働きかけるなど，一人ひとりがグループの中で主体性を発揮できるように留意します。なかには，課題解決の速いグループも見られるかと思います。そのような時には，「この課題（めあて）の解決のしかたをしっかりと説明できるようになったらボーナスポイントをあげよう」「こっちの難しい課題（めあて）にもチャレンジしてもいいんじゃないかな」と，学習の幅を広げることができるように提案します（調整）。つまり，教師は子どもたちの学習の状態を見ながら，より効果的に学ぶことができるようにその都度提案と交渉を行い，子どもが主体的に課題（めあて）と向き合えるように促していくことになります。

　以上のことを踏まえると，インクルーシブ教育の実現に向けては，①子ども一人ひとりには違いがあることが「標準」であるとする認識に立つこと，②子どものニーズは本人と環境（社会）との相互作用の間に生じるということを理解すること，③子どもたちの学習の主体性を尊重し育むこと，④それらに対応しうる柔軟で調整可能な教育をデザインすること，の４点が切り口になると考えられます。そして，これら４点の切り口からインクルーシブ教育を実践していくためには，子どもたち一人ひとりへの対応や多様な学び方を可能とする授業づくりはもちろんのこと，現在の教育制度自体を俯瞰していく必要もあります。

　私たち教師は，「一学級は大体20〜35人」「学級は同学年の子ども同士で構成されるもの」「教科の学習は学年ごとに内容が定められている」といったことを当たり前と捉え，日々の教育を行っています。これを固定的なものと考えていては，間違いなくそこに当てはまらない子どもが出てきてしまいます。冒頭のサラマンカ声明では「カリキュラムは子どものニーズに適合されていなければならず，その逆であってはならない」と評しています。カリキュラムがあっての学習指導なのではなく，学習指導の結果がカリキュラムであること，つまり子ども一人ひとりに応じた学習指導の柔軟性が教師に求められているということです。

　まずは個々の子どもの学びにとって何が最善かをつねに問い続け，私たちの"当たり前"の枠組みを広げていく姿勢をもち，新しい教育を模索し続ける営みがインクルーシブ教育を推し進めていくことになるでしょう。

文献

ユネスコ（1994）サラマンカ声明「特別なニーズ教育に関する世界会議：アクセスと質」国立特別支援教育研究所（訳）．https://www.nise.go.jp/blog/2000/05/b1_h060600_01.html（アクセス2021年8月5日）

中央教育審議会初等中等教育分科会（2013）「共生社会の形成に向けたインクルーシブ教育システム構築のための特別支援教育の推進（報告）」3～11頁。

窪田知子（2018）「特別支援教育とインクルーシブ教育の関係性に関する検討」湯浅恭正・新井秀靖（編著）『インクルーシブ授業の国際比較研究』福村出版，42～57頁。

世界保健機関（2002）『ICF 国際生活機能分類——国際障害分類改訂版』厚生労働省（訳）中央法規，6～7頁。

外務省（2014）「障害者の権利に関する条約」（和文），6～7頁。

武田鉄郎（2017）『発達障害の子どもの「できる」を増やす提案・交渉型アプローチ——叱らないけど譲らない支援』学研プラス，8～12頁。

Nolet, V. & Mclaughlin, M. J. (2005) Accessing the general curriculum: Including students with disabilities in standards-based reform. Corwin Press, 76-91.

鳥居深雪（2020）「学びの多様性をふまえたインクルーシブ教育」『LD 研究』29(3)，165～169頁。

ノバック，K.（2019）「日本のインクルージョンを促進するフレームワークとしての学びのユニバーサルデザイン（UDL）」『LD 研究』28(2)，185～191頁。

新井秀靖（2018）「インクルーシブ授業の国際比較研究の目的と方法」湯浅恭正・新井秀靖（編著）『インクルーシブ授業の国際比較研究』福村出版，15―24頁。

吉利宗久（2017）「これからの特別支援学級の取組課題（交流及び共同学習）」柘植雅義（編）『新しい特別支援教育——インクルーシブ教育の今とこれから』ぎょうせい，41～49頁。

田村緑・川合紀宗（2018）「小学校における交流及び共同学習の現状と課題に関する研究——教科におけるアクティブな「協同」学習を目指して」『広島大学大学院教育学研究科附属特別支援教育実践センター研究紀要』16，93～102頁。

国立特別支援教育総合研究所（2008）「「交流及び共同学習」の推進に関する実際的研究」『プロジェクト研究成果報告書』17～34頁。

稲荷邦仁・蒲池慎一・信藤昭子ほか（2014）「交流及び共同学習における教師間の連携の在り方に関する研究——特別支援学級と通常の学級の連携に関する実態調査の分析を通して」『愛媛県総合教育センター教育研究紀要』81，38～48頁。

（北岡大輔）

あとがき

　これまで，学校教育では“授業の名人”と呼ばれる先達が数多くおられ，優れた授業と実践から生まれた授業理論が残されています。代表的な方としては，長岡文雄先生，東井義雄先生，大村はま先生，斎藤喜博先生などが挙げられます。

　しかしながら，いまを生きる私たち教師は，過去の授業理論から学び，新たな授業創造へと歩みを進めているでしょうか。残念ながら，授業づくりよりも目の前に突き付けられた様々な問題の解決に力を削がれてしまっているのが現実ではないでしょうか。これでは，新たな実践を創造することができないばかりか，いつまでたっても画一的な一斉指導から脱却できない現実を打破することはできません。

　社会科・合科教育の実践で著名な長岡文雄先生は，「子どもから学ぶ」と言われました。これは，教師が「教える」専門家であると同時に「学ぶ」専門家でもあることを示す言葉です。つまり，教師は生涯に亘って“よい授業（good practice）”を求め，自らを成長・発達させていくために，惜しみない努力を続ける存在なのです。この歩みは“教師道”と言い換えることができるかもしれません。

　わが国には，古来より「道（どう・みち）」の精神が脈々と受け継がれてきました。具体的には，武道，華道，茶道，能楽道などがその代表です。これら「道（どう・みち）」は，“熟練思想（習熟―熟練―熟達）”に根ざした教育実践として脈々と受け継がれています。なかでも，最も古い稽古論として現存するのが世阿弥の「風姿花伝」です。この稽古論には現代の私たちへの戒めがちりばめられています。

　その一つが，「形木」と呼ばれる能楽の基礎・基本を徹底的に習得することの必要性です。世阿弥は，当時の立会能（異なる能楽座による演技の勝負）で勝利するために，基礎・基本の習得よりも風変わりな舞の珍しさ，奇抜的な動き

を追求し，それを優れた能と思い込む能楽師を痛烈に批判しました。

　これは，現代の授業づくりにおいても決して看過できない批判です。

　世阿弥は，自らの稽古論において，能楽師の成長・発達させていくために，「自然（じねん）」の考え方を実践原理に据えています。

　「自然（じねん）」とは，親鸞が示した「自（おのずから）」と「然（しからしむ）」の思想に通じる自然主義的な考え方です。例えば，自然界に咲く花は，時節に応じて花を咲かせ，実を結びます。花は，自ら然るべきところ（空間）に，然るべき時節（時間）に開き，種を残すのです（観世寿夫『心より心に伝ふる花』）。このことは，「自然（じねん）」が流動する，つまり「動き去り，動き来る」ことを意味しています。このように，花を咲かせやがて種を残す（熟する）姿に私たちは惹かれるのです。ここに，花が"いま，ここ"に咲く意味が生まれるのです。

　ところで，世阿弥は，優れた能楽師を「有主風」，そこに至らない能楽師を「無主風」とそれぞれ呼んで差異化しています。「有主風」とは，師匠の「形」を模倣するだけでなく，自らの主体的な動きとして「態（わざ）」を身につけた能楽師のことであり，「無主風」とは，物まねに終始するだけの能楽師のことです。これを教師に置き換えれば，優れた教師とは，授業理論に実践を当てはめたり，優れた教師の形を真似したりするだけにとどまらず，その内面（哲学，信念）までもわが物にすることができた教師ということになります。

　他方，エリクソン研究の第一人者である西平直氏は「発達」に内在する物語の一つに「〈発達〉を〈世代継承〉につなぐ論理」を見出しています（『エリクソンの人間学』）。この論理には，死において完結する「自己完結性」と前の世代から後の世代に継承する「世代連鎖性」の2つの意味が込められています。これより，優れた教師の授業に咲く「花」は時が来れば枯れてしまいますが（自己完結性），授業理論は世代を超えて，次の世代で新たな「花」を咲かせることが可能となるのです（世代連鎖性）。そのためには，今を生きる教師が過去の優れた授業とその理論に捨てがたい魅力を感じ取るとともに，自らを「有主風」へと鍛え上げることが必要です。そしてこのプロセスこそが教師としての"熟練思想（習熟―熟練―熟達）"に根ざした成長過程といえるのです。

　こうした思いから，本書の第Ⅰ部では過去の優れた実践と授業理論を紐解く

ことによって現在を見つめ直し，第Ⅱ部では未来の新たな授業を構想する実践試案を提示しました。

　最後に，読者の皆様の忌憚のないご意見・ご批判をお願いするとともに，本書の内容が，先生方の授業づくりを支え，新たな授業づくりへと向かう道標になることを願って止みません。

　2023年9月

林　　　修

事項索引

人名索引

《執筆者紹介》所属，執筆分担，執筆順。＊は編者。

＊梅野圭史　編著者紹介参照　**序論Ⅰ，Ⅱ，実践知1，2，3，7，8，9，11，実践課題4**

山口孝治　佛教大学教育学部教授，博士（学校教育学）　**実践知4，8，実践課題2**

池上哲也　岡山市立芳田小学校教諭，修士（教育学）　**実践知5，実践課題6**

＊林　修　編著者紹介参照　**実践知6，7，12，実践課題4**

藤澤薫里　岡山市立御南小学校教諭，博士（学校教育学）　**実践知7，10，11**

田邊　豪　倉敷市教育委員会学事主事　**実践知11**

北岡大輔　和歌山大学教育学部講師，修士（教育学）　**実践課題1，9**

田中裕貴　三田市立あかしあ台小学校校長　**実践課題3**

杉山友太　玉野市立宇野小学校教諭，修士（教育学）　**実践課題5**

亀津貴広　笠岡市立笠岡小学校教諭，修士（教育学）　**実践課題6**

武田庸助　三木市教育センター主査兼指導主事，修士（教育学）　**実践課題7**

湊本祐也　和歌山大学教育学部附属小学校教諭，修士（教育学）　**実践課題8**

《編著者紹介》

梅野圭史（うめの　けいじ）

1954年神戸市生まれ。鳴門教育大学名誉教授。
現在，大阪信愛学院大学教育学部教授，博士（体育科学）。
【主要論文】
・「体育科の授業に対する態度尺度作成の試み―小学校低学年児童について―」『体育学研究』
　25-2，1980年
・「小学校体育科における学習成果（態度得点）に及ぼす教師行動の影響」『スポーツ教育学研
　究』17-1，1997年（日本スポーツ教育学会賞）
・「課題形成的学習における『共有課題』のもつ教育学的意義に関する一考察―モレンハウ
　アーの教育論を考察視座にして―」『体育・スポーツ哲学研究』17-2，1995年
・「アメリカの Teaching Expertise 研究にみる教師の実践的力量に関する文献的検討」『教育
　実践学論集』11，2010年

林　　修（はやし　おさむ）

1959年瀬戸内市生まれ。
現在，和歌山大学教育学部教授，修士（学校教育学）。
【主要論文】
・「身体教育における人格発達に関する一考察―エリクソンの自我発達論の体育実践への読み
　替え―」『体育・スポーツ哲学研究』27-1，2005年
・「『花伝書』にみる〈態〉の習得過程における身体論的アプローチ―青少年期の稽古論に着目
　して―」『体育・スポーツ哲学研究』38-1，2016年
・「幼稚園の『自由保育』が有する教育学的意義に関する一考察―倉橋惣三の『根の教育』を
　手がかりとして―」『和歌山大学教育学部紀要』69，2019年

教師のための授業実践学

――学ぶ力を鍛える創造的授業の探究――

| 2024年1月30日　初版第1刷発行 | 〈検印省略〉 |
| 2024年4月10日　初版第2刷発行 | |

定価はカバーに
表示しています

編 著 者	梅 野 圭 史
	林 　 　 修
発 行 者	杉 田 啓 三
印 刷 者	中 村 勝 弘

発行所　株式会社　ミネルヴァ書房

607-8494　京都市山科区日ノ岡堤谷町1
電話代表　（075）581-5191番
振替口座　01020-0-8076番

© 梅野圭史・林修ほか，2024　　中村印刷・吉田三誠堂製本

ISBN978-4-623-09687-9
Printed in Japan

生徒指導提要 改訂の解説とポイント　中村　豊 編著　A5判二四〇頁 本体二四〇〇円

小学校教育用語辞典　細尾萌子／柏木智子 編著　四六判四〇八頁 本体二四〇〇円

シリーズ学級経営　田中耕治 監修

学級経営の理論と方法　田中耕治 編著　A5判二九六頁 本体二六〇〇円

事例で読む学級経営　岸田蘭子／盛永俊弘 編著　A5判二四四頁 本体二五〇〇円

———— ミネルヴァ書房 ————
https://www.minervashobo.co.jp/